古典文獻研究輯刊

三六編

潘美月・杜潔祥 主編

第 16 冊

《經史雜記》探源（下）

司馬朝軍、王朋飛 著

國家圖書館出版品預行編目資料

《經史雜記》探源（下）／司馬朝軍、王朋飛 著 -- 初版 --
新北市：花木蘭文化事業有限公司，2023〔民112〕
目 8+210 面；19×26 公分
（古典文獻研究輯刊 三六編；第 16 冊）
ISBN 978-626-344-274-0（精裝）
1.CST：經史雜記 2.CST：研究考訂
011.08 111022053

ISBN-978-626-344-274-0

9 786263 442740

古典文獻研究輯刊
三六編　第十六冊　　　　　　　　ISBN：978-626-344-274-0

《經史雜記》探源（下）

作　　者	司馬朝軍、王朋飛	
主　　編	潘美月、杜潔祥	
總 編 輯	杜潔祥	
副總編輯	楊嘉樂	
編輯主任	許郁翎	
編　　輯	張雅淋、潘玟靜　美術編輯　陳逸婷	
出　　版	花木蘭文化事業有限公司	
發 行 人	高小娟	
聯絡地址	235 新北市中和區中安街七二號十三樓	
	電話：02-2923-1455／傳真：02-2923-1452	
網　　址	http://www.huamulan.tw 信箱 service@huamulans.com	
印　　刷	普羅文化出版廣告事業	
初　　版	2023 年 3 月	
定　　價	三六編 52 冊（精裝）新台幣 140,000 元	版權所有・請勿翻印

《經史雜記》探源（下）

司馬朝軍、王朋飛　著

目

次

上　冊

下　冊

《經史雜記》探源卷五

115. 康王冕服見群臣

　　案《曲禮》天子未除喪稱「予小子」,《春秋》嗣王在喪則書名。《尚書》大斂後,王麻冕黼裳受策,即繼體之位,所以示臣民不可一日無君也。釋冕反喪,明未稱王以御事也。至踰年方稱即位,緣始終之義,一年不得有二君也。《南史‧沈文阿傳》「陳文帝即位,文阿議:『千人無君,不敗則亂。當隆周之日,公旦叔父,呂召爪牙,成王在喪,禍幾覆國。是以既葬便有公冠之儀,始殯受麻冕之策,斯蓋示天下以有主,慮社稷之艱難』」云云,此千古嗣王不易之常經也。至宋元祐間,孫莘老覺等竟議康王冕服見群臣為非禮者,後儒不察,從而附和之,遂至紛紜而不已。若謂陳設華美,非喪中所宜,則《春官‧天府》「大喪陳寶器」,《典路》「大喪出路」,經固有明文也。若謂吉服非禮,《曾子問》曰:「天子嘗禘郊社五祀之祭,簠簋既陳,天子崩,后之喪如之何?孔子曰:『廢。』」此蓋專指初崩而言。若既殯之後,仍有不廢祭者。《王制》云:「喪三年不祭,惟祭天地社稷,為越紼而行事。」《漢志》引《伊訓》「太甲當喪,越紼行事」是也。郊之日喪者,不哭,不敢凶服。蓋不獨王被大裘龍袞,戴冕璪,抑且畿內臣庶,雖有私喪之服,盡釋之而即吉,以聽命乎上,其嚴於事天如此。推之於地社若稷,一歲之間,蓋不啻疊舉服,亦屢釋矣。嗣王受策見群臣,亦當視此例。其祭於殯宮,特比朝夕饋奠稍有加,固無害也。若謂受策見群臣,在路寢,喪次以哭踊從事,則《曾子問》曰:「君薨,世子生。卿大夫士從攝主北面於西階南,太祝裨冕,執束帛,升自西階盡等,不升堂,命毋哭。」注云:「將有事,宜清靜也。」彼世子甫生,尚且止其哭,以致祝辭,

況真即繼體位，猶當以哭踊為禮哉？諸儒之議非也。

【探源】《尚書後案》卷二十五《周書》：

王麻冕黼裳，此斂之後也。王者既殯而即繼體之位何？緣民臣之心不可一日無君。……緣始終之義一年不可有二君也。……釋冕藏銅反喪，明未稱王以統事也。……《曲禮》天子未除喪稱「子小子」，《春秋》嗣王在喪則書名之例，至踰年方即位。……《南史·沈文阿傳》：陳文帝即位，文阿議：「千人無君，不敗則亂。當隆周之日，公旦叔父，呂召爪牙，成王在喪，禍幾覆國。是以既葬便有公冠之儀，始殯受麻冕之策，斯蓋示天下以有主，慮社稷之艱難。」……至宋元祐間，孫覺莘老遂論康王冕服見群臣為非禮，蘇氏軾作《書傳》推衍其說，俗人從而掇拾之，紛嘵不已。愚謂若以陳設華美，非喪中應有，則《春官·天府》「大喪陳寶器」，《典路》「大喪出路」，經固有明文也。以吉服非禮，《曾子問》云：「天子嘗禘郊社五祀之祭，簠簋既陳，天子崩，後之喪如之何？孔子曰：『廢。』」此乃專指初崩而言。若既殯之後，仍有不廢祭者。《王制》云：「喪三年不祭，惟祭天地社稷，為越紼而行事。」《漢志》引《伊訓》「太甲當喪，越紼行事」是也。郊之日喪者，不哭，不敢凶服。蓋不獨王被大裘龍袞，戴冕璪，抑且合畿內臣庶，雖有私喪之服，盡釋之而即吉，以聽命乎上，其嚴於事天如此。推之於地社若稷，一歲之間，蓋不啻迭舉服，亦屢釋矣。傳顧命亦可視此例。其祭於殯宮，特比朝夕饋奠稍有加，固無害也。若謂受冊見群臣，當在路寢，喪次以哭踊行事，則《曾子問》云：「君薨，世子生。大夫士從攝主北面於階南，太祝裨冕，執束帛，升自西階盡等，不升堂，命毋哭。」證曰：「將有事，宜清靜也。」彼世子甫生，尚且止其哭，以致祝辭，況真即繼體位，自不當徒以哭踊為禮，諸儒之說皆非也。

【小結】此條抄自《尚書後案》卷二十五《周書》。作偽方式有二。第一，點竄字句；第二，增加句子。

116. 諒陰謂居廬

【A】案《論語·子張》引「高宗諒陰」，何晏《集解》載孔安國注云：

「諒，信也。陰，猶默也。」馬融從之，遂採《論語》注入之《說命》傳中，而邢昺《論語疏》亦用之，皆非。【B】《尚書·說命》、《無逸》「諒陰」皆作「亮陰」，《禮記·喪服四制》則作「諒闇」。鄭注云：「諒，古作梁，楣謂之梁。闇讀如鶉鷃之鷃，闇謂廬也。」當從鄭說作「居倚廬」為是。【C】考《晉書·杜預傳》，元皇后崩，依漢魏制，既葬，帝及群臣皆除服，疑皇太子亦應除否，詔尚書會僕射盧欽論之。預以為：「古者天子、諸侯三年之喪，始服齊、斬，既葬除喪服，諒陰以居，心喪終制，不與士庶同。」盧欽問證據，預曰：「《春秋》晉侯享諸侯，子產相鄭伯，時簡公未葬，請免喪以聽命，君子謂之得禮。『宰咺歸惠公、仲子之賵』，《傳》曰『弔生不及哀』。此皆既葬除服，諒闇之證也。周景王有后、世子之喪，既葬除服而宴樂。叔向譏之曰：『三年之喪，雖貴遂服，禮也。王雖不遂，宴樂以早。』稱高宗不言喪服三年，而云諒闇三年，此釋服心喪之文也。譏景王，不譏其除喪，而譏其宴樂早，則既葬應除，而違諒闇之節也。堯喪，舜諒闇三年，故稱遏密八音。由此言之，天子居喪，齊、斬既葬而除，諒闇以終之，三年無改於父之道。」玩預說，知梁闇乃凶廬，謂居倚廬柱楣，非信默之謂也。信默之解，出於安國，鄭不襲其說，知鄭學之宏通，非諸儒所及也。

【探源】《尚書後案》卷二十一《周書》：

【B】「亮陰」，《說命》同。《論語》作「諒陰」，《喪服四制》作「諒闇」。……鄭於《喪服四制》注云：「諒，古作梁，楣謂之梁。闇讀如鶉鷃之鷃，闇謂廬也。」

【A】《論語·子張》引《書》「高宗諒陰」云云。何晏《集解》採孔安國注云：「……諒，信也。陰，猶默也。」……馬融從之。古文《尚書》偽本，……亦採《論語注》入之。《說命》傳同。……邢昺《論語疏》亦用之，尤妄中之妄矣。

【C】《晉書·杜預傳》：元皇后崩，依漢魏制，既葬，帝及群臣皆除服，疑皇太子亦應除否，詔諸尚書會僕射盧欽論之。預以為：「古者天子、諸侯三年之喪，始服齊、斬，既葬除喪服，諒闇以居，心喪終制，不與士庶同禮。」盧欽問證據，預曰：「《春秋》晉侯享諸侯，子產相鄭伯，時簡公未葬，請免喪以聽命，君子謂之得禮。『宰咺歸惠公、仲子之賵』，《傳》曰『弔生不及哀』。此皆既葬除服，諒闇之證也。周景王有后、世子之喪，既葬除服而宴樂。叔向議之

曰：『三年之喪，雖貴遂服，禮也。王雖不遂，宴樂以早。』稱高宗
不言喪服三年，而云諒闇三年，此釋服心喪之文也。譏景王，不譏
其除喪，而譏其宴樂早，則既葬應除，而違諒闇之節也。堯喪，舜
諒闇三年，故稱遏密八音。由此言之，天子居喪齊、斬，既葬而除，
諒闇以終之，三年無改於父之道。」玩預說，知梁闇乃凶廬，非信
默之謂。信默之解，出於安國。鄭師祖孔學，而不襲其說，知鄭學
之宏通，非諸儒所及也。

【小結】此條抄自《尚書後案》卷二十一《周書》。原文順序為 B、A、C。
作偽方式有三。第一，點竄字句；第二，增加句子；第三，改變順序。

117. 祥禫不同月

【A】《禮記・間傳》：「父母之喪，期而小祥，又期而大祥，素縞麻衣，中
月而禫。禫而纖，無所不佩。」疏云：「中，間也。」（《喪服小記》：「妾祔於
妾祖姑，亡則中一以上而祔。」又《學記》云：「中年考校。」皆以中為間）。

【B】「大祥之後，更間一月而為禫祭。二十五月而祥，二十七月而禫。」此經
疏甚明。王肅乃以「中月」為「月中」，則二十六月即可即吉。蓋據《檀弓》
「祥而縞，是月禫，徙月樂」而云，然也。然鄭於「祥而縞」下云：「縞，冠
素紕也。」於「是月禫，徙月樂」下云：「言禫明月可以用樂。」隔，別言之，
不相連屬。明是月者不蒙。上祥縞之文，特以發下徙月耳。又《檀弓》：「孟獻
子禫，縣而不樂，比御而不入。」疏云：「鄭必以二十七月為禫者，《雜記》云：
『父在為母為妻十三月大祥，十五月禫。為母、為妻尚祥、禫異月，豈容三年
之喪乃祥、禫反同月？若以父在為母，屈而不申，故延禫月，為妻當亦不申
祥、禫異月乎？』」【C】其「魯人朝祥暮歌」及《喪服四制》「祥之日，鼓素
琴」，及「夫子既祥，五日彈琴不成聲」，皆據省樂忘哀非正樂也。其《三年問》
云：「三年之喪，二十五月而畢。」據喪事終，除衰去杖，餘哀未盡，更延兩
月，非喪之正也。王肅難鄭云：「若二十七月禫，其歲末遭喪，則出入四年，
《喪服小記》何以云『再期之喪三年』？」如王肅此難，則為母十五月而禫，
出入三年，《小記》何以云「期之喪二年」？明《小記》所云，據喪之大斷也。
疏駁王說甚精，蓋大祥之後間月而禫，徙月而樂即吉，有漸不忍忘親。王肅異
說害教，不可從也。

【D】案沈堯中又謂三年之喪當為三十六月者。此說倡自唐王元感，當時
已為禮官所駁，其議遂寢。錢唐張文嘉又據宣公新宮災在薨後二十九月，其時

主猶在寢，證古人喪不止二十七月之說，亦非。考成三年：「二月甲子，新宮災。」杜注：「三年喪畢，宣公神主新入廟，故謂之新宮。」據此，知宣公之主已入廟矣。

【探源】《四庫全書總目》卷二十五經部二十五《齊家寶要》提要：

【D】但據沈堯中之說，謂三年之喪當三十六月。……至謂喪三十六月，則始於唐王元感，而張柬之駁之。其議遂寢。……文嘉乃取唐人已廢之說，謂宣公新宮災在薨後二十九月，其時主猶在寢。證古人喪不止於二十七月，尤為誤中之誤。考《成三年》：「二月甲子，新宮災。」杜注：「三年喪畢，宣公神主新入廟，故謂之新宮。」據此則宣公之主已入廟矣。

孔穎達《禮記正義》卷六：

【B】鄭必以二十七月禫者，以《雜記》云：「父在為母為妻十三月而大祥，十五月而禫。」為母、為妻尚祥、禫異月，豈容三年之喪乃祥、禫同月？若以父在為母，屈而不伸，故延禫月，其為妻當亦不申祥、禫異月乎？

【A】案《喪服小記》云：「妾祔於妾祖姑，亡則中一以上而祔。」又《學記》云：「中年考校。」皆以中為間謂。

【C】其「魯人朝祥而莫歌」及《喪服四制》云「祥之日，鼓素琴」，及「夫子五日彈琴不成聲，十日成笙歌」，並此「獻子禫縣」之屬，皆據省樂忘哀非正樂也。……《三年問》云：「三年之喪，二十五月而畢。」據喪事終，除衰去杖，其餘哀未盡，故更延兩月，非喪之正也。王肅難鄭云：「若以二十七月禫，其歲未遭喪，則出入四年，《喪服小記》何以云『再期之喪三年』？」如王肅此難，則為母十五月而禫，出入三年，《小記》何以云「期之喪二年」？明《小記》所云，據喪之大斷也。

【小結】此條抄自《四庫全書總目》卷二十五《齊家寶要》提要、《禮記正義》卷第六。作偽方式有四。第一，點竄字句；第二，增加句子；第三，改變順序；第四，多源組合，B、A、C 段抄自《禮記正義》，D 抄自《齊家寶要》提要。

118. 喪服無定制

【A】案西漢河間王良喪太后，服三年，哀帝特詔以為宗室儀表，益封萬

戶。東漢濟北王次守喪，梁太后詔曰：「王諒闇以來二十八月，自諸國有憂，未之聞也。」薛宣後母死，弟修去官持服，宣以為三年喪人罕行之。兄弟自相駁，修竟服。兄弟一也，而一服一不服，無定制故也。鄧衍不服父喪，明帝雖薄其為人，然本無服喪定例，故亦不能以此罪之。其臣下丁憂，有自願持服者，則上書陳請，有聽者，有不聽者，亦有暫聽而朝廷為之起復者。如太尉趙憙遭母喪，乞身持服，明帝不許，遣使者為釋服。太僕鄧彪遭母喪，乞身，詔以光祿大夫行服。桓郁遭母喪，乞身，詔以侍中行服。桓焉以母喪乞身，詔以大夫行服，踰年，詔賜牛酒釋服是也。霍諝為金城太守，崔寔為遼東太守，俱以母憂自上歸行喪服。因無定制，聽人自為輕重，故狥名義者寧過無不及。如江華遭母憂，三年服竟猶不忍除，郡守丞掾為除服。東海王臻喪母，服闋，又追念喪父時幼小，哀禮有闕，乃重行喪制。袁紹母死，去官。三年禮畢，追念幼孤，又行父喪。青州民趙宣葬親而不閉埏，隧居其中。行服二十餘年，鄉里稱孝，然五子皆服中生。皆狥名之過也。【B】甚至有期功之喪，亦得棄官持服者。如賈逵以祖父喪，戴封以伯父，韋義以兄順喪，楊仁以兄喪，陳寔以期喪，西鄂長楊弼以伯母，繁陽令楊君以叔父，上虞長度尚以從父，勃海王郎中劉衡以兄，思善侯相楊著以從兄，太常丞譙元、槐里令曹全以弟，廣平令仲定以姊，王純以妹，馬融以兄子，皆以憂去官。范滂父字叔矩，博士徵，以兄喪不行；圍令趙君，司徒楊公辟，以兄憂不至；陳重當遷會稽太守，亦以姊憂去職。《通典》云：「安帝初，長吏多避事棄官，乃令自非父母服，不得去職。」雖當時詔令綦嚴，當亦有依違不行者。至晉稽紹拜徐州刺史，猶以長子喪去職。陶淵明以程氏妹喪自免，作《歸去來辭》，是猶沿兩漢之風也。

【探源】《廿二史劄記》卷三「兩漢喪服無定制」：

【A】西漢河間王良喪太后，服三年，哀帝特詔以為宗室儀表，益封萬戶。(《良傳》)東漢濟北王次守喪，梁太后詔曰：「王諒闇以來二十八月，自諸國有憂，未之聞也。」(《次傳》)薛宣後母死，弟修去官持服，宣以為三年喪人罕行之，兄弟自相駁，修遂竟服。兄弟一也，而一服一不服，可見朝廷本無定制也。鄧衍不服父喪，明帝聞之，雖薄其為人，然本無服喪定例，故亦不能以此罪之。其臣下丁憂，自願持服者則上書自陳，有聽者有不聽者，亦有暫聽而朝廷為之起復者。如太尉趙熹遭母憂，乞身行喪，明帝不許，遣使者為釋服。(《熹傳》)太僕鄧彪遭母憂，乞身，詔以光祿大夫行服。(《彪

傳》）桓郁遭母憂，乞身，詔以侍中行服。桓焉以母憂乞身，詔以大夫行服，踰年，詔賜牛酒釋服。（《郁》、《焉傳》）霍諝為金城太守，崔寔為遼東太守，俱以母憂，自上歸行喪服。……惟其無定制，聽人自為輕重，於是狥名義者寧過無不及。如江革遭母憂，三年服竟猶不忍除，郡守遣丞掾為除服。（《革傳》）東海王臻喪母，服闋，又追念喪父時幼小，哀禮有闕，乃重行喪制。（《臻傳》）袁紹母死，去官三年，禮畢，追感幼孤，又行父喪。……青州民趙宣葬親而不閉埏隧，居其中，行服二十餘年，鄉里稱其孝。然五子皆服中生。

《日知錄》卷十五「期功喪去官」：

【B】古人於期功之喪，皆棄官持服。《通典》：「安帝初，長吏多避事棄官。乃令自非父母服，不得去職。」考之於書，如韋義以兄順喪去官，楊仁以兄喪去官，譙玄以弟服去官，戴封以伯父喪去官，馬融遭兄子喪自劾歸，陳寔以期喪去官，賈逵以祖父喪去官。又《風俗通》云：「范滂父字叔矩，博士徵，以兄憂不行。」《劉衡碑》云：「為勃海王郎中令，以兄琅邪相憂，即日輕舉。」《圍令趙君碑》云：「司徒楊公辟，以兄憂，不至。」則兄喪亦謂之憂也。《曹全碑》云：「遷右扶風槐里令，遭同產弟憂棄官。」則弟喪亦謂之憂也。《度尚碑》云：「除上虞長，以從父憂去官。」《楊著碑》云：「高陽令，遭從兄沛相憂，篤義忘寵，飄然輕舉。」則從父、從兄喪亦謂之憂也。《陳重傳》云：「舉尤異，當遷為會稽太守，遭姊憂去官。」則姊喪亦謂之憂也。……《王純碑》云：「拜郎，失妹寧歸，遂釋印綬。」晉陶淵明作《歸去來辭》，自序曰：「尋程氏妹喪於武林，情在駿奔，自免去職。」則已嫁之妹，猶去官以奔其喪也。晉《嵇紹傳》：「拜徐州刺史，以長子喪去職。」則子之喪亦可以去官也。

【小結】此條抄自《廿二史劄記》卷三「兩漢喪服無定制」條、《日知錄》卷十五「期功喪去官」條。作偽方式有三：第一，點竄字句；第二，增加句子；第三，多源組合，A段抄自「兩漢喪服無定制」條，B由《日知錄》而來。

119. 屬吏為長官持服

案《晉·丁潭傳》，潭為琅邪王裒郎中令，裒薨，潭上書求終喪禮，曰：「今制，王侯之喪，官僚服斬，既葬而除。今國無嗣子，喪廷乏主，臣宜終

喪。」詔下博議,令既葬除服,心喪三年。又《桓玄傳》,桓溫卒,服終,府州文武咸辭去。《齊書·王儉傳》,皇太子妃薨,宮臣未知應服否,王儉議,宮僚本屬臣隸,存既盡敬,亡自應服。褚淵由司徒改司空,未拜而卒,司空掾屬疑應服與否,王儉議,依婦在途,聞夫家喪,改服而入之禮,其司空掾屬,宜居官持服。《魏書·公孫邃傳》,邃為青州刺史,卒,佐史疑所服,孝文帝詔曰:「專古也理與今違,專今也大乖曩義。主簿云,近代相承服斬,過葬而除,自余無服,如此則太寥落,可准諸境內為齊衰三月。」據此是晉以後屬吏為長官持服並有定制,非如漢時自以意為之也。

【探源】《廿二史劄記》卷三「長官喪服」:

> 《晉書》,丁潭為琅邪王裒郎中令,裒薨,潭上書求終喪禮,曰:「今制,王侯之喪,官僚服斬,既葬而除。今國無嗣子,喪廷乏主,臣宜終喪。」詔下博議,令既葬除服,心喪三年。(《潭傳》)桓溫卒,服終,府州文武咸辭去。(《桓玄傳》)《齊書》,皇太子妃薨,宮臣未知應服與否。王儉議宮僚本屬臣隸,存既盡敬,亡自應服。褚淵由司徒改司空,未拜而卒,司空掾屬疑應服與否。王儉議依婦在途,聞夫家喪,改服而入之禮,其司徒掾屬,宜居官持服。(《王儉傳》)《魏書》,公孫邃為青州刺史,卒,佐史疑所服。孝文帝詔曰:「專古也理與今違,專今也大乖曩義。主簿云近代相承服斬,過葬而除,自余無服。如此則太寥落,可准諸境內為齊衰三月。」(《邃傳》)是晉以後屬吏為長官持服並有定制,非如漢時之自以意為之也。

【小結】此條抄自《廿二史劄記》卷三「長官喪服」條。作偽方式為點竄字句。

120. 弟子為師持服

案《晉書·禮志》云:「喪服無弟子為師服之制。新禮弟子為師齊衰三月。摯虞以為自古無師服之制,故仲尼之喪,門人心喪三年。此則懷三年之哀,而無齊衰之制也。先聖為禮,必易從而可傳。師徒義誠重而服制不著,歷代相襲,不以為缺。且尋師者以彌高為得,故屢遷而不嫌;修業者以日新為益,故捨舊而不疑。仲尼稱:『三人行,必有我師焉。』子貢云:『夫何常師之有。』淺教之師,暫學之徒,不可皆為之服。義有輕重,服有廢興,則臧否由之而起,是非因之而爭。愛惡相攻,悔吝生焉。宜定新禮無服如舊。詔從之。」據此知晉

時新禮，弟子為師齊衰三月，正準情酌理，足以輔翼先王之制，可以心喪三年，內外並行，誠不刊之典也。存此，庶足以振澆薄、敦禮義，於師友一倫，所裨豈淺鮮哉！

【探源】《經義雜記》卷六「為師齊衰三月」：

> 《晉書‧禮志》云：「喪服無弟子為師服之制。新禮弟子為師齊衰三月。摯虞以為自古無師服之制，故仲尼之喪，門人心喪三年。此則懷三年之哀，而無齊衰之制也。先聖為禮，必易從而可傳。師徒義誠重而服制不著，歷代相襲，不以為缺。且尋師者以彌高為得，故屢遷而不嫌；修業者以日新為益，故捨舊而不疑。仲尼稱：『三人行，必有我師焉。』子貢云：『夫何常師之有。』淺教之師，暫學之徒，不可皆為之服。義有輕重，服有廢興，則臧否由之而起，是非因之而爭。愛惡相攻，悔吝生焉。宜定新禮無服如舊。詔從之。」據此知晉時新禮，弟子為師服齊衰三月，琳謂準情當理，足以輔翼先王之制，可與心喪三年，內外並行，誠不刊之典也。存此，庶足以振澆薄、敦禮義，於師友一倫，所裨匪淺。

【小結】此條抄自《經義雜記》卷六「為師齊衰三月」。作偽方式為點竄字句。

121. 魯公居喪即戎

案《禮記‧曾子問》篇：子夏曰：「金革之事無辟也者，非與？」孔子曰：「吾聞諸老聃曰：『昔者魯公伯禽有為，為之也。』」注言：「伯禽時，有戎夷作難。雖有三年之喪，卒哭往征，作《粊誓》。」王應麟《困學紀聞》云：「《書‧多方》注云：周公歸政，明年，魯征淮夷，作《費誓》。《魯世家》：伯禽即位後，淮夷、徐戎並興，率師伐之，作《肸誓》。據此，則伯禽征淮、徐在周公未沒時，非居喪即戎也。《左傳》：『殽之役，晉始墨。』若伯禽行之，則晉非始。《禮記》之言恐非。」然《曾子問》疏明言伯禽所遭為母喪，伯厚偶未照察，遽議《禮記》之非，非也。父在，為母雖期，其實則是三年，故以為三年之喪也。

【探源】《尚書後案》卷二十六《周書》：

> 又案曰《禮記‧曾子問》篇為經注言：「伯禽時，有戎夷作難。雖有三年之喪，卒哭往征，作《粊誓》。」王應麟《困學紀聞》云：

「《書·多方》注云：周公歸政明年，魯征淮夷，作《費誓》。《魯世家》：伯禽即位後，淮夷、徐戎並興，率師伐之，作《肸誓》。據此，則伯禽征淮、徐在周公未沒時，非居喪即戎也。《左傳》：『殽之役，晉始墨。』若伯禽行之，則晉非始。《禮記》之言恐非謂《費誓》。」……應麟固不足與語此，但《曾子問》疏明言伯禽所遭是母喪，亦不檢照。……如此父在，為母雖期，其實則是三年，故以為三年之喪也。

【小結】此條抄自《尚書後案》卷二十六《周書》。作偽方式有二。第一，點竄字句；第二，增加句子。

122. 公劉非后稷曾孫

【A】據《史記·周本紀》，后稷子不窋，孫鞠陶，曾孫公劉，是序其世次。直謂公劉為后稷之曾孫，與《左傳》郯子自稱高祖少皞，蒯聵自稱皇祖文王，泛引遠祖者不同矣。既以世次而論，【B】則《史記》、《漢書》並云公劉避桀居豳，【C】由后稷至桀時已四百餘年，安得公劉為其曾孫哉？【D】蓋不窋失官，竄於戎翟之間。其時不過西陲一小部落耳，國無史官，家無譜牒。及傳至鞠陶，又不知凡閱幾何世矣。公劉居豳，始復為聲教之國，始有文字紀事，故其後君長名氏歷歷可考。【E】然自公劉至文王，中歷慶節、皇僕、差弗、毀隃、公非、高圉、亞圉、公叔祖紺、古公亶父、季歷，亦僅十二世，歷商六百餘歲。必每世在位皆五十許年，又必即位後二三十年生冢嗣，方可充其數。不然，有一甫即位生子者，子且如百齡之文王，享國百年之穆王矣。揆之情理，實難據信。然則史冊之失於紀載者甚多，豈僅后稷至公劉之世次乎？

【探源】《四庫全書總目》卷三十五《論語集注考證·孟子集注考證》提要：

【C】至於辨公劉后稷之曾孫一條，謂公劉避桀居邠，去后稷世遠，非其曾孫。

【A】不知古人凡遠祖多稱高祖，《左傳》郯子稱「我高祖少皞」是也。凡遠孫多稱曾孫，《左傳》蒯聵稱「曾孫蒯聵，敢昭告皇祖文王」是也。

《尚書古文疏證》卷四第五十七：

【D】不窋失官……惟不窋竄於戎翟間，其時不過西戎一部落

耳，國無史官，家無譜牒，及傳至鞠，不知凡幾世矣。公劉遷豳，
始復為聲教之國，始有文字紀事，故後君長名氏悉歷歷可數。

【B】然《史》、《漢》並稱居豳由避桀，

【E】公劉至文王亦僅十二世。以十二世歷商六百二十九歲，必
每世在位皆五十許年，又必即位後二三十年生冢嗣，方可充其數。
不然，有一甫即位生子者，子且如百齡之文王享國、百年之穆王矣。
以情以理，實難據信。

【小結】此條抄自《四庫全書總目》卷三十五《論語集注考證·孟子集
注考證》提要、閻若璩《尚書古文疏證》卷四第五十七。作偽方式有四：第
一，點竄字句；第二，增加句子；第三，改變順序；第四，多源組合，C、A
段抄自《論語集注考證·孟子集注考證》提要，D、B、E段抄自《尚書古文
疏證》。

123. 父師、少師非疵強

《史記·殷本紀》云：「紂淫亂不止，微子數諫不聽，與太師、少師謀，
遂去。比干曰：『為人臣者，不得不以死爭。』乃強諫。紂剖比干心。箕子懼，
乃佯狂為奴，紂又囚之。殷之太師、少師乃持其祭器奔周。」《周本紀》云：
「紂殺比干，囚箕子。太師疵、少師強抱其樂器奔周。」《宋世家》云：「微子
數諫，紂弗聽，欲死之。及去，未能自決，乃問於太師、少師。箕子被髮佯狂
為奴，比干諫紂，剖其心。太師、少師乃勸微子去，遂行。」於比干已死後，
復言太師、少師勸微子去，則《尚書·微子》篇所云父師、少師者，別有其人，
即名疵、強者是。此司馬遷說也。裴駰不明遷之意，於《世家》所引《微子》
篇文，仍引孔傳、鄭注，而又云：「比干已死，而云少師，似誤。」蓋錯會《史
記》之文耳。然《史記》雜採古書，不必悉本安國，其言不足據。而鄭康成注
《微子》云：「箕子，紂諸父。少師不答，志在必死。」則鄭意固以微子所告
父師、少師為箕子、比干矣，非疵、強也。鄭師祖孔學，其說本於安國，不可
易也。且太師是樂官，故抱樂器奔周。太師不可稱父師，父師必是箕子，而少
師之為比干可知矣。又《左傳》：「楚克許，許男面縛、銜璧、衰絰、輿櫬以見
楚子。楚子問諸逢伯，逢伯曰：『昔武王克商，微子啟如是，武王親釋其縛，
受其璧而祓之，焚其櫬，禮而命之。』」《史記》亦云：「周武王克商，微子持
其祭器造軍門，肉袒面縛，左牽羊，右把茅，膝行而前。武王乃釋微子，復其

位。」案武王克商時，微子未必面縛自詣。《左傳》、《史記》皆不足信也。《論語》「微子去之」，馬融注云：「微子見紂無道，早去之。」下一「早」字，知微子與父師、少師商論去就，即先決計長往，武王求之不得，故封武庚以續殷祀，直至武王崩，武庚以叛誅，微子方歸周受封於宋。若使宗國阽危之時，則翛然遠引；新王革命之際，則抱器來歸，孔子肯以「仁」許之耶？

【探源】《尚書後案》卷九《商書》：

> 又案曰：《史記・殷本紀》云：「紂淫亂不止，微子數諫不聽，與太師、少師謀，遂去。比干曰：『為人臣者，不得不以死爭。』乃強諫。紂剖比干心。箕子懼，乃佯狂為奴，紂又囚之。殷之太師、少師乃持其祭器奔周。」《周本紀》云：「紂殺比干，囚箕子。太師疵、少師強抱其樂器奔周。」《宋世家》云：「微子數諫，紂弗聽，欲死之。及去，未能自決，乃問於太師、少師。箕子被髮佯狂為奴，比干諫，紂剖其心。太師、少師乃勸微子去，遂行。」於比干已死後，復言太師、少師勸微子去，則《尚書・微子》篇所云父師、少師者，別有其人，即名疵、強者是。此司馬遷說也。……裴駰不明遷之意，於《世家》所引《微子》篇文，仍引孔傳、鄭注，而又云：「比干已死，而云少師，似誤。」此蓋錯會《史記》之文耳。然《史記》雜採古書，不必悉本安國，其言不足據。而鄭康成注《微子》云：「箕子，紂諸父。少師不答，志在必死。」則鄭意固以微子所告父師、少師為箕子、比干矣，非疵、強也。……鄭師祖孔學，其說本於安國，不可易也。且太師是樂官，故抱樂器奔周。太師不可稱父師，父師必是箕子，而少師之為比干可知矣。又《左傳》：「楚克許，許男面縛、銜璧、衰絰、輿櫬以見楚子。楚子問諸逢伯，逢伯曰：『昔武王克商，微子啟如是，武王親釋其縛，受其璧而被之，焚其櫬，禮而命之。』」《史記》亦云：「周武王伐紂克殷，微子持其祭器造軍門，肉袒面縛，左牽羊，右把茅，膝行而前。武王乃釋微子，復其位。」愚謂武王克殷時，微子未必面縛自詣。《左傳》、《史記》皆不可信也。《論語》「微子去之」，馬融注云：「微子見紂無道，早去之。」下一「早」字，知微子與父師、少師商論去就既定，即先決計長往，武王求之不得，故封武庚以續殷祀，直至武王崩，武庚以叛誅，微子方歸周而受封於宋也。若使宗國阽危之時，則翛然而遠

引；新王革命之際，則抱器而來歸，孔子肯以「仁」許之耶？

【小結】此條抄自《尚書後案》卷九《商書》。作偽方式為點竄字句。

124. 太姒為文王繼妃

案《關雎》之詩，鄒氏忠允以太姒為文王繼妃。龍眠錢飲光著《田間詩學》推明其說，曰：「朱子宗毛氏，以淑女為后妃。或疑宮人，不知何指。如謂王季之宮人，古者命士，父子異宮，彼淑女何豫於王季宮人之憂樂也？如謂文王之宮人，古者諸侯一娶九女，姪娣從之，未有夫人未至，先有宮人者也。考胡宏《皇王大紀》，昌為世子，娶於有莘，曰太姒。謂太姒至時，王季故在，文王無宮人審矣。然嘗讀《大明》之詩曰：『文王初載，天作之合。』明為文王即位之初年。其曰：『文定厥祥，親迎于渭，造舟為梁。』一皆由於文王。夫娶妻必待父母之命，父在，子得自主乎？《書·無逸》云：『文王受命惟中身，厥享國五十年。』《史記》載文王年九十七，而云享國五十年，當以四十七即位，不知太姒此時為年幾何？若正當及笄，則文王且五十，齒不相當也。《大明》又曰：『纘女維莘。』纘，繼也。疑太姒為文王繼妃，因悟《大紀》稱昌為世子，娶於有莘者，非太姒也。意必前有莘女，不祿無子，文王中年再娶於莘而得太姒，有不妒之德，因有『則百斯男』之慶。若是，則《關雎》為文王宮人之作，亦足據矣。」又注《大明》詩云：「文王為世子時，所娶之莘女非太姒，姒之姊也。故曰：『倪天之妹。』明有姊也。曰：『纘女維莘。』明以莘女繼莘女也。其『長子維行』，行，嫁也。『女子有行』之行。此自有莘氏珍重其女而尊稱之，以禮重嫡長故也。然則仲任與太姒皆不居長，厥後周人凡稱女，每以季女為貴，豈不以此哉？」

【探源】《韓門綴學》卷一「田間釋《關雎》詩義」：

　　《關雎》之詩，鄒氏忠允以太姒為文王之繼妃。龍眠錢飲光，……著《田間詩學》推明其說，曰：「朱子宗毛氏，以淑女指后妃。或疑宮人，不知何指。如謂王季之宮人，古者命士，父子異宮，彼淑女何預於王季宮人之憂樂也？如謂文王之宮人，古者諸侯一娶九女，姪娣從之，未有夫人未至，先有宮人者也。考《皇王大紀》，昌為世子，娶於有莘，曰太姒。謂太姒至時，王季故在，文王無宮人審矣。然嘗讀《大明》之詩曰：『文王初載，天作之合。』明為文王即位之初年。其曰：『文定厥祥，親迎于渭，造舟為梁。』一皆由於文王。夫娶妻必待父母之命，父在，子得自主乎？《書·無逸》云：

『文王受命惟中身，厥享國五十年。』《史記》載文王年九十七，而云享國五十年，當以四十七即位，不知太姒此時為年幾何？若正當及笄，則文王且五十，齒不相當也。《大明》又曰：『纘女維莘。』纘，繼也。疑太姒為文王繼妃，因悟《大紀》稱昌為世子，娶於有莘者，非太姒也。意必前有莘女，不祿無子，文王中年再娶於莘而得太姒，有不妒之德，因有『則百斯男』之慶。若是，則《關雎》為文王宮人之作，亦足據矣。」……又注《大明》詩云：「文王為世子時，所娶之莘女非太姒，姒之姊也。故曰：『俔天之妹。』明有姊也。曰：『纘女維莘。』明以莘女繼莘女也。其曰：『長子維行。』行，嫁也，『女子有行』之『行』。此自有莘氏珍重其女而尊稱之，以禮重嫡長故也。然則仲任與太姒皆不居長，厥後周人凡稱女，每以季女為貴，豈不以此哉？」

【小結】此條抄自《韓門綴學》卷一「田間釋《關雎》詩義」條。作偽方式為點竄字句。

125. 文王十子序次

考《管蔡世家》云：「武王同母弟十人。母曰太姒，文王正妃也。其長子曰伯邑考，次曰武王發，次曰管叔鮮，次曰周公旦，次曰蔡叔度，次曰曹叔振鐸，次曰郕叔武，次曰霍叔處，次曰康叔封，次曰冉季載。」據此則十人同母。《後漢書·襄楷傳》云：「文王一妻，誕致十子。」與《史記》合。《史記》當據《世本》，言必可信。乃《定四年傳》萇宏言蔡叔，康叔之兄，而賈逵、杜預並以蔡叔為周公兄，蓋據《僖二十四年傳》富辰言文之昭十六國，蔡在魯上為說。然富辰或可隨便言之，未足據也。又祝佗言：「武王之弟八人，周公為太宰，康叔為司寇，冉季為司空，五叔無官，豈尚年哉？」八人者，伯邑考前死，不數武王，故八也。無官者，非無爵邑之謂也。若管、若蔡、若曹、若郕、若霍，皆其封邑，但非周公等為六卿之長可比，故曰世官耳。周公於管叔為弟，康叔、冉季於曹、郕、霍皆為弟，而並為六卿。佗言此，以明不尚年之義。其下遂言：「曹，文之昭也；晉，武之穆也。曹為伯甸，非尚年也。」蓋曹之祖振鐸，文王子，晉之祖唐叔虞，武王子也。曹乃晉之叔父，行齒尊長，晉侯爵而曹伯爵，故非尚年也。此就五叔中抽出言之耳。而杜以振鐸與武王異母，解五叔於管、蔡、郕、霍外，去振鐸而易以毛叔聃。毛叔聃無可考。此皆諸說之

與《史記》互異者。至管叔為周公兄，自古相傳，初無異議。而《白虎通·姓名》篇云：「文王十子，伯邑考、武王發、周公旦、管叔鮮、蔡叔度、曹叔振鐸、郕叔處、霍叔武、康叔封、南季載。」是又以管叔為周公弟，恐不足信，究當以《史記》為定。

【探源】《尚書後案》卷十三《周書》：

《管蔡世家》云：「武王同母兄弟十人，母曰太姒，文王正妃也。其長子曰伯邑考，次曰武王發，次曰管叔鮮，次曰周公旦，次曰蔡叔度，次曰曹叔振鐸，次曰郕叔武，次曰霍叔處，次曰康叔封，次曰聃季載。」據此則十人同母。《後漢·襄楷傳》云：「文王一妻，誕致十子。」與《史記》合也。《史記》所列十人序次，當據《世本》，言必可信。乃《定四年傳》萇宏言蔡叔，康叔之兄，而賈逵、杜預並以蔡叔為周公兄，蓋據《僖二十四年傳》富辰言文之昭十六國，蔡在魯上為說。然富辰或可隨便言之，未足據也。又祝佗言：「武王之母弟八人，周公為太宰，康叔為司寇，聃季為司空，五叔無官，豈尚年哉？」八人者伯邑考前死，不數武王，故八也。無官者，非無爵邑之謂，若管、若蔡、若曹、若郕、若霍，皆其封邑，但非周公等為六卿之長可比，故曰無官耳。周公於管叔為弟，康叔、聃季於曹、郕、霍皆為弟，而並為六卿，佗言此，以明不尚年之意。其下遂言：「曹，文之昭也，晉，武之穆也。曹為伯甸，非尚年也。」蓋曹之祖振鐸，文王子，晉之祖唐叔虞，武王子。曹乃晉之叔父，行齒尊長，晉侯爵而曹伯爵，故非尚年也。此就五叔中抽出言之耳。而杜以振鐸與武王異母，解五叔於管、蔡、郕、霍外，去振鐸而易以毛叔聃。毛叔聃無可考。……此皆諸說之與《史記》互異者，……至於管叔為周公兄，則自古相傳，初無異說。……獨有偽孔及《白虎通》卷下《姓名》篇，彼文云：「文王十子，伯邑考、武王發、周公旦、管叔鮮、蔡叔度、曹叔振鐸、成叔處、霍叔武、康叔封、南季載。」……恐不足信，究當以《史記》為正。

【小結】此條抄自《尚書後案》卷十三《周書》。作偽方式為點竄字句。

126.《左傳》繼室有二

案《左傳》：「惠公元妃孟子卒，繼室以聲子。」注云：「元妃死，則次妃

攝治內事，猶不得稱夫人，故謂之繼室。」此繼室即元妃之娣姪，始娶元妃時之媵也。又昭公二年，晉平公少姜卒，三年，齊侯使晏嬰請繼室於晉，晉韓起如齊逆女。此繼室乃娶於夫人卒之後者也，未有兩在而一稱繼者。昔晉文公出亡，狄人以廧咎如二女叔隗、季隗納諸公子，公子取季隗，以叔隗妻趙衰。後歸國，文公以女妻趙衰，是曰趙姬。趙姬請逆叔隗，叔隗來，趙姬以叔隗為內子，而已下之，是文公貴女為妾也。文公已妻季隗矣，及其至秦，穆公以宗女五人妻之。公既歸，迎夫人於秦，是後娶為妻，不以季隗為夫人也。亦有兩在而不同室者。如《晉書·禮志》所載二妻者王昌、劉仲武、吳國朱某、鄭子群，皆處亂世。昌、子群皆以前妻隔絕，仲武以出其妻別舍，朱以入晉，晉賜之妻是也。亦有兩在同室者。如延康中，陳誼妻李遭賊，請活姑命，為賊掠去。誼更娶盧氏，後得李消息，迎還。李亡，誼疑服制。司馬王愆期議曰：「誼有老母，不可莫之養，妻無歸期，納妾可也。李雖沒賊，尚有生冀，誼尋求之理未盡，而便娶妻，誠誼之短也。」應以盧氏為繼室是也。若他史所載，晉程諒之立二嫡，賈充之左右夫人，五代晉高祖於安重榮兩妻並封，陸定國娶河東柳氏，又納范陽盧氏，俱為舊族，嫡庶不分，以至溫嶠之後妻王氏、何氏俱贈夫人，而不及前妻李氏，皆私意曲情，不足道矣。

【探源】《韓門綴學》卷一「娶妻先後」：

　　《左傳》：「惠公元妃孟子卒，繼室以聲子。」注云：「元妃死，則次妃攝治內事，猶不得稱夫人，故謂之繼室。」此繼室即元妃之娣姪，始娶元妃時之媵也。昭公二年，晉平公少姜卒，三年，齊侯使晏嬰請繼室於晉，晉韓起如齊逆女。此繼室乃娶於夫人卒之後者也。……未有兩在而一為繼者。……昔晉文公出亡，狄人以廧咎如二女叔隗、季隗納諸公子，公子取季隗，以叔隗妻趙衰。其後歸國，文公以女妻趙衰，是曰趙姬。趙姬請逆叔隗，叔隗來，趙姬以叔隗為內子，而已下之。文公之女豈不貴乎？貴女為妾，此見於傳者也。且文公已妻季隗矣，及其至秦，穆公以宗女五人妻之。公既歸，迎夫人於秦，不以季隗為夫人也。……至如《晉書·禮志》所載二妻者，王昌、劉仲武、吳國朱某、鄭子群，皆處亂世。昌、子群皆以與前妻隔絕，仲武以出其妻別舍，朱以入晉，晉賜之妻。……又延康中，陳誼妻李遭賊，請活姑命，為賊略去。誼更娶盧氏（一作嚴氏），後得李消息，迎還。李亡，誼疑制服。司馬王愆期議曰：「誼有老母，

不可以莫之養，妻無歸期，納妾可也。李雖沒賊，尚有生冀，說尋
求之理不盡，而便娶妻，誠說之短也。」……要以盧氏為繼室。……
其他史冊所載，晉程諒之立二嫡，賈充之左右夫人，五代晉高祖於
安重榮兩妻並加封爵，陸定國娶河東柳氏，又納范陽盧氏，以其俱
為舊族，嫡庶不分，又如溫嶠之後妻王氏、何氏俱贈夫人，而不及
前妻李氏，凡皆私意曲情，不足道也。

【小結】此條抄自《韓門綴學》卷一「娶妻先後」。作偽方式有二。第一，
點竄字句；第二，增加句子。

127. 象刑非畫像

【A】世俗以為治古無肉刑，有象刑。【B】其言出於戰國奸民遊士之口。
【C】案《堯典》：「象以典刑」，鄭康成注云：「正刑五，加之流宥、鞭、撲、
贖刑，謂之九刑。」正刑五者，墨、劓、宮、刖、殺，見《周禮・秋官》司刑、
掌戮諸職，其實起於唐虞以前。考苗民之劓、刵、椓、黥，用以殺戮無辜，故
舜遏絕之，非謂不用五刑也。《堯典》「象以典刑」及「五刑有服」，《皋陶謨》：
「五刑五用」皆是。《書序》：「穆王訓夏贖刑，作《呂刑》。」鄭注《司刑》引
《呂刑》，以為夏時之法。又《多方》「劓割夏邑」，此夏之刑也。《盤庚》「我
乃劓殄滅之，無遺育」，《康誥》「無或劓刵人」，此商之刑也。然則，肉刑三代
皆有之矣。《書大傳》則云：「唐虞象刑，而民不敢犯。苗民用刑，而民興犯漸。
唐虞之象刑，上刑赭衣不純，中刑雜屨，下刑墨幪，以居州里，而民恥之，而
反於禮。」又云：「唐虞象刑，犯墨者蒙帛，犯劓者赭其衣，犯臏者以墨幪臏
處而畫之，犯大辟者布衣無領。」又漢文帝十三年下令曰：「有虞氏之時，畫
衣冠、異章服，以為戮，而民弗犯。」諸說皆以象刑為畫像之象，【D】故荀卿
非之：【E】「以為治古人莫觸罪邪？豈獨無肉刑，亦不待象刑矣。以為人或觸
非而直輕其刑，是殺人者不死，而傷人者不刑。罪至重，刑至輕，民無所畏，
亂莫大焉。」所謂象刑者，言象天道而作刑，安有菲屨赭衣者哉！然則象刑即
鄭注五刑是也。

【探源】《尚書後案》卷一《虞夏書》：

　　【C】鄭以正刑五，兼流宥、鞭、撲、贖言之，傳與鄭合也。正
刑五者，墨、劓、宮、刖、殺，見《周禮・秋官》司刑、掌戮諸職，
其實則起唐虞以前。考苗民之劓、刵、椓、黥，用以殺戮無辜，故

舜遏絕之，非謂不用五刑。此經所言及下文「五刑有服」、《皋陶謨》「五刑五用」，皆是也。《書序》：「穆王訓夏贖刑，作《呂刑》。」鄭注《司刑》引《呂刑》，以為即夏時之法。又《多方》「劓割夏邑」，此夏之刑也。《盤庚》「我乃劓殄滅之，無遺育」，《康誥》「無或劓刵人」，此商之刑也。然則，肉刑三代亦皆有之。⋯⋯馬本《大傳》，彼文云：「唐虞象刑，而民不敢犯。苗民用刑，而民興犯漸。唐虞之象刑，上刑赭衣不純，中刑雜屨，下刑墨幪，以居州里，而民恥之，而反於禮。」又云：「唐虞象刑，犯墨者蒙帛。犯劓者赭其衣。犯臏者，以墨幪臏處而畫之。犯大辟者，布衣無領。」又漢文帝十三年下令曰：「有虞氏之時，畫衣冠、異章服，以為戮，而民弗犯。」諸說皆以象刑為畫像之象，

　　【B】其言出於戰國奸民遊士之口。

　　【D】故荀卿非之曰：

　　【A】「世俗以為治古無肉刑，有象刑。⋯⋯」

　　【E】「以為治古人莫觸罪邪？豈獨無肉刑，亦不待象刑矣。以為人或觸罪而輕其刑，是殺人者不死，而傷人者不刑也。罪至重，刑至輕，民無所畏，亂莫大焉。」所謂象刑，言象天道而作刑，安有菲屨赭衣者哉！然則象刑即五刑，斷從鄭注為正也。

　【小結】此條抄自《尚書後案》卷一《虞夏書》。作偽方式有三：第一，點竄字句；第二，增加句子；第三，改變順序，原文順序為C、B、D、A、E。

128. 刑罰世輕世重

　　《周書・呂刑》：「刑罰世輕世重」，傳云：「刑罰隨世輕重。刑新國用輕典，刑亂國用重典，刑平國用中典。」《荀子・正論》篇云：「刑稱罪則治，不稱罪則亂。故治則刑重，亂則刑輕。犯治之罪固重，犯亂之罪固輕。《書》曰：『刑罰世輕世重。』此之謂也。」楊倞注云：「治世家給人足，犯法者少，有犯則眾惡之，罪固當重也。亂世人迫於飢寒，犯法者多，不可盡用重典，當輕也。《書・甫刑》言：『世有治亂，故刑有輕重。』」此說與傳正相反，非也。傳雖魏晉間人偽撰，大略亦本漢經師古訓，非盡臆造也。若荀卿非《尚書》儒，所引或斷章取義耳，不必概從也。

　　【探源】《尚書後案》卷二十七《周書》：

　　　刑罰世輕世重。⋯⋯傳曰：「刑罰隨世輕重。刑新國用輕典，刑

亂國用重典，刑平國用中典。」……《荀子》卷十二《正論》篇云：「刑稱罪則治，不稱罪則亂。故治則刑重，亂則刑輕。犯治之罪固重，犯亂之罪固輕。《書》曰：『刑罰世輕世重。』此之謂也。」楊倞注云：「治世家給人足，犯法者少，有犯則眾惡之，罪固當重也。亂世人迫於飢寒，犯法者多，不可盡用重典，當輕也。《書·甫刑》言：『世有治亂，故法有輕重。』」此說與傳正相反，非也。傳雖魏晉人偽撰，大略亦本漢經師古訓，非盡臆造。……若荀卿非《尚書》儒，所引或斷章取義，不必概從也。

【小結】此條抄自《尚書後案》卷二十七《周書》。作偽方式為點竄字句。

129. 漢除肉刑

【A】案崔浩《漢律序》云：「文帝除肉刑而宮不易。」張斐《律注》云：「以淫亂人族序，故不易也。」考《漢書》晁錯對策曰：「除去陰刑。」張晏曰：「宮刑也。」則漢文已除宮刑矣，或後仍復之也。【B】《周書·呂刑》疏：「漢除肉刑，宮刑猶在」。大隋開皇之初始除。【C】《舜典》「鞭作官刑」及《武成》「罔有敵於我師」疏，皆稱「大隋」，乃隋儒語也。疏雖係孔穎達作，實取之顧彪、劉焯、劉炫，三人皆隋人，語有未經刪除盡淨，故元文猶有存者也。

【探源】《尚書後案》卷二十七《周書》：

> 【B】《疏》云：漢除肉刑，宮刑猶在。隋始除者。
>
> 【A】崔浩《漢律序》云：「文帝除肉刑而宮不易。」張斐《律注》云：「以淫亂人族序，故不易也。」考《漢書》晁錯對策曰：「除去陰刑。」張晏曰：「宮刑也。」則漢文亦除宮刑矣，或後仍復之。
>
> 【C】此與《舜典》「鞭作官刑」及《武成》「罔有敵於我師」疏，皆稱「大隋」，乃隋儒語也。此經疏名雖係孔穎達，其實皆取之顧彪、劉焯、劉炫，三人皆隋人，故未經刪淨處，元文猶有存者。

【小結】此條抄自《尚書後案》卷二十七《周書》。原文順序為B、A、C。作偽方法有二：第一，點竄字句；第二，改變順序；第三，改注文為正文。C段原為小字注文。

130. 援經決獄

【A】案張湯為廷尉，每決大獄，欲傅古義，乃請博士弟子治《尚書》、《春

秋》者補廷尉史，亭疑奏讞。倪寬為廷尉掾，以古義決疑獄，奏輒報可。張敞
為京兆尹，每朝廷大議，敞引古今，處便宜，公卿皆服。宣帝時有一男子詣闕，
自稱衛太子，舉朝莫敢發言。京兆尹雋不疑即令縛之。或以為是非未可知，不
疑曰：「昔蒯聵違命出奔，輒拒而不納，《春秋》是之。衛太子得罪先帝，已為
罪人矣。」帝及霍光聞之，曰：「公卿當用經術明大義者。」匈奴大亂，議者
遂欲舉兵滅之。蕭望之曰：「《春秋》：士匄侵齊，聞齊侯卒，引師還。君子善
其不伐喪。今宜遣使弔問，則四夷聞之，咸服中國之仁義。」宣帝從之，呼韓
邪單于遂內屬。朱博、趙元、傅晏等奏何武、傅喜雖已罷退，仍宜革爵。彭宣
劾奏博、元、晏等禁錮大臣，以專國權。詔下公卿議。龔勝引叔孫僑如欲專國，
譖季孫行父於晉，晉人執囚行父，《春秋》重而書之。今傅晏等職為亂階，宜
治其罪。帝乃削晏封戶，坐元罪。賈捐之與楊興迎合石顯，上書薦顯，為顯所
惡，下獄定讞，引《書》「讒說殄行」，《王制》「順非而澤」，請論如法。捐之
遂棄市，興減死一等。此皆無成例可援，而引經以斷事者也。援引古義，固不
免於附會然，有合於《王制》、《周禮》邦成比例之法。【B】《王制》：「凡聽五
刑，必察大小之比以成之。」注曰：「大小猶輕重。已行故事曰比。」《大司寇》：
「凡獄訟，以邦成比之。」注曰：「邦成，謂若今時決事比也。」疏曰：「邦成
是舊法成事品式，若今律其斷事皆依舊事斷之。」夫曰：「已行故事」，曰：「舊
法品式」，即所謂古義也。曰：「比之成之」，即所謂援引斷決也。

　　【探源】《廿二史劄記》卷二「漢時以經義斷事」：

　　　　【A】如張湯為廷尉，每決大獄，欲傅古義，乃請博士弟子治
　　《尚書》、《春秋》者補廷尉史，亭疑奏讞；(《湯傳》)倪寬為廷尉
　　掾，以古義決疑獄，奏輒報可；(《寬傳》)張敞為京兆尹，每朝廷大
　　議，敞引古今，處便宜，公卿皆服，是也。(《敞傳》)今見於各傳者，
　　宣帝時有一男子詣闕，自稱衛太子，舉朝莫敢發言。京兆尹雋不疑
　　至，即令縛之。或以為是非未可知，不疑曰：「昔蒯聵違命出奔，輒
　　拒而不納，《春秋》是之。衛太子得罪先帝，已為罪人矣。」帝及霍
　　光聞之，曰：「公卿當用經術明大義者。」(《不疑傳》)匈奴大亂，
　　議者遂欲舉兵滅之。蕭望之曰：「《春秋》：士匄侵齊，聞齊侯卒，引
　　師還。君子善其不伐喪。今宜遣使弔問，則四夷聞之，咸服中國之
　　仁義。」宣帝從之。呼韓邪單于遂內屬。(《望之傳》)朱博、趙元、
　　傅晏等奏何武、傅喜雖已罷退，仍宜革爵。彭宣劾奏博、元、晏等

欲禁錮大臣，以專國權。詔下公卿議，龔勝引叔孫僑如欲專國，贊季孫行父於晉，晉人執囚行父，《春秋》重而書之。今傅晏等職為亂階，宜治其罪。哀帝乃削晏封戶，坐元罪。（《朱博傳》）……賈捐之與楊興迎合石顯，上書薦顯，為顯所惡，下獄定讞，引《書》「讒說殄行」，《王制》「順非而澤」，請論如法。捐之遂棄市，與減死一等。（《捐之傳》）此皆無成例可援，而引經義以斷事者也。援引古義，固不免於附會。

《尚書後案》卷二十七《周書》：

> 【B】《王制》：「凡聽五刑，必察小大之比以成之。」注云：「小大猶輕重。已行故事曰比。」……《大司寇》：「凡獄訟，以邦成比之。」注云：「邦成，謂若今時決事比也。」疏云：「邦成是舊法成事品式，若今律其斷事皆依舊事斷之。」

【小結】此條抄自《廿二史劄記》卷二「漢時以經義斷事」條、《尚書後案》卷二十七《周書》。作偽方式有三。第一，點竄字句；第二，增加句子；第三，多源組合，A 段抄自「漢時以經義斷事」條，B 段抄自《周書》。

131. 莽託《尚書》

【A】王莽僭竊，動引經義以行其奸。使群臣奏曰：「周成王幼，不能修文、武之業。周公居攝，則周道成；不攝，則恐失墜天命。故《君奭》篇曰：『我嗣子孫，大不克共上下，遏失前人光，在家不知命不易。天應棐諶，乃亡隊命。』此言周公服天子袞冕，南面朝群臣，發號施令常稱王命，召公不知其意，故不悅也。《書‧嘉禾》逸篇曰：『周公奉鬯立於阼階，延登，贊曰：假王莅政，勤和天下。』此周公攝政贊者所稱也。又《康誥》篇：『王若曰：孟侯，朕其弟，小子封。』此周公居攝稱王之文也。」平帝疾，莽又作策，請於泰畤，植璧秉圭，願以身代，藏策金縢於前殿，敕左右勿言。又以漢高廟為文祖廟，取《虞書》「受終文祖」之意。此皆援《尚書》以行事也。【B】蓋漢重經術，經重家法，博士所習皆有師承。案據非能空造。莽之偽託，正為攝政，復辟古學如此，故得售其欺。倘本無此事，莽亦何由託之哉？後胡廣《中庸》、安石《周禮》，欲藉經術以行其私者，皆襲莽之故智耳。

【探源】《廿二史劄記》卷三「王莽引經義以文其奸」：

> 【A】王莽僭竊，動引經義以文其奸。……使群臣奏曰：「周成

王幼小，不能修文、武之烈。周公攝政，則周道成；不攝，則恐失墜天命。故《君奭》篇曰：『我嗣子孫，大不克共上下，遏失前人光，在家不知命不易，天應棐諶，乃亡隊命。』此言周公服天子袞冕，南面朝群臣，發號施令常稱王命，召公不知其意，故不悅也。《書》逸《嘉禾》篇曰：周公奉鬯立於阼階，延登，贊曰：假王蒞政，勤和天下。此周公攝政，贊者所稱也。」又：「《康誥》篇：『王若曰：孟侯，朕其弟，小子封。』此周公居攝稱王之文也。」平帝疾，莽又作策，請於泰畤，戴璧秉珪，願以身代，藏策金滕，置於前殿，敕諸公勿言。又以漢高廟為文祖廟，取《虞書》「受終文祖」之意。此皆援《尚書》以行事也。

《尚書後案》卷十九《周書》：

　　　　【B】但漢重經術，經重家法，博士所習皆有師承。案據非能空造。莽之假託，正為攝政，復辟古學如此，故得售其欺。倘本無此事，莽亦無由託之？

【小結】此條抄自《廿二史劄記》卷三「王莽引經義以文其奸」、《尚書後案》卷十九《周書》。作偽方式有三。第一，點竄字句；第二，增加句子；第三，多源組合，A 段抄自「王莽引經義以文其奸」條，B 段抄自《周書》。

132. 左右史得交相攝代

　　案《周禮·太史職》云：「太史抱天時，與太師同車。」《襄二十五年傳》曰：「太史書曰：『崔杼弒其君。』是太史記動作之事。在君左廂記事，則太史為左史也。」《周禮》內史掌王之八柄，其職云：「凡命諸侯及孤卿、大夫，則策命之。」《僖二十八年傳》曰：「內史叔興父策命晉伯為侯伯。」是皆言語之事。是內史所掌在君之右，故為右史也。若有闕，則得交相攝代，故《尚書·洛誥》史佚命周公伯禽。服虔注《文十五年傳》云：「史佚，周成王太史。」《襄二十年》：「鄭使太史命伯石為卿。」皆太史主爵命，以內史闕故也。若太史有闕，則內史亦攝之。《覲禮》賜「諸公奉篋服，太史是右」者，彼亦宣行王命，故居右也。《周書·史記》篇云：「維正月，王在成周。昧爽，召三公、左史、戎夫，乃取遂事之要戒，俾戎夫言之。」《汲郡古文》亦云：「穆王二十四年，命左史戎夫作記。」是左史記言矣。

　　【探源】《尚書後案》卷十六《周書》：

彼疏又引熊安期疏云：「《周禮·太史職》云：太史抱天時，與太師同車。《襄廿五年傳》曰：太史書曰『崔杼弑其君』。是太史記動作之事。在君左廟記事，則太史為左史也。《周禮》內史掌王之八柄，其職云：『凡命諸侯及孤卿、大夫，則策命之。』《僖廿八年傳》曰：『內史叔興父策命晉侯為侯伯。』是皆言誥之事。是內史所掌在君之右，故為右史。……」此論正法，若有闕，則得交相攝代，故《洛誥》史佚命周公伯禽。服虔注《文十五年傳》云：「史佚，周成王太史。」《襄廿年》：「鄭使太史命伯石為卿。」皆太史主爵命，以內史闕故也。若太史有闕，則內史亦攝之。《覲禮》賜「諸公奉篋服，太史是右」者，彼亦宣行王命，故居右也。《周書·史記》篇云：「維正月，王在成周。昧爽，召三公、左史、戎夫，乃取遂事之要戒，俾戎夫言之。」《汲郡古文》亦云：「穆王廿四年，命左史戎夫作記。」似左史記言矣。

【小結】此條抄自《尚書後案》卷十六《周書》。作偽方式為點竄字句。

133. 漢詔多天子自作

案：武帝以淮南王安工文詞，每賜安書，輒令司馬相如視草，是帝先具草而使詞臣潤色也。哀帝策董賢為大司馬，有「允執其中」之語，蕭咸謂此乃堯禪舜之文，非三公故事，長老莫不心懼，此必非代言者所敢作也。光武詔司徒鄧禹曰：「司徒，堯也；亡賊，桀也。宜以時進討。」立陰貴人為后，詔曰：「貴人鄉里良家，歸自微賤，自我不見，于今三年。宜奉宗廟，為天下母。」又帝疑侯霸薦士有私，賜書曰：「崇山、幽都何可偶？黃鉞一下無處所。欲以身試法耶？將殺身成仁耶？」明帝登極，詔曰：「今上無天子，下無方伯，實賴有德，左右小子。」章帝詔亦有云：「上無明天子，下無賢方伯。」此等詔詞，又豈人臣代草所敢出也？明德馬皇后答章帝請封外家詔曰：「吾為天下母，而身服大練，欲以身率下，以為外親見之當傷心自飭，但笑言太后素好儉。前過濯龍門，見外家車如流水，馬如遊龍，倉頭衣綠轎，領袖正白，顧視御者，不及遠矣。」又飭章帝曰：「吾素剛急，有胸中氣，不可不順也。」后好學能文，此詔當亦自作也。

【探源】《廿二史劄記》卷四「漢帝多自作詔」：

武帝以淮南王安工文詞，每賜安書，輒令司馬相如等視草，是

帝先具草而使詞臣討論潤色也。哀帝策董賢為大司馬，有「允執其中」之語，蕭咸謂此乃堯禪舜之文，非三公故事，長老莫不心懼，此必非代言者所敢作也。光武詔司徒鄧禹曰：「司徒，堯也；亡賊，桀也。宜以時進討。」立陰貴人為后，詔曰：「貴人鄉里良家，歸自微賤，自我不見，于今三年。宜奉宗廟，為天下母。」又帝疑侯霸薦士有私，賜書曰：「崇山、幽都何可偶？黃鉞一下無處所。欲以身試法耶？將殺身成仁耶？」……明帝登極，詔曰：「今上無天子，下無方伯，……實賴有德，左右小子。」章帝詔亦有云：「上無明天子，下無賢方伯。」按二帝方在位，而詔云上無天子，人臣代草敢為此語耶？……明德馬皇后答章帝請封外家詔曰：「吾為天下母，而身服大練，欲以身率下，以為外親見之當傷心自飭，但笑言太后素好儉。前過濯龍門，見外家車如流水，馬如遊龍，倉頭衣綠褠，領袖正白，顧視御者，不及遠矣。」又飭章帝曰：「吾素剛急，有胸中氣，不可不順也。」……后本好學能文，此詔亦必自作者也。

【小結】此條抄自《廿二史劄記》卷四「漢帝多自作詔」。作偽方式為點竄字句。

134. 漢定石經

【A】據《後漢書‧靈帝紀》及《儒林傳》皆謂熹平四年，靈帝詔諸儒正定五經，刊於石碑，樹之學門。據《蔡邕傳》又言，熹平四年，邕與五官中郎將堂溪典、光祿大夫楊賜、諫議大夫馬日磾、議郎張馴、韓說、太史令單揚等奏求正定六經文字，靈帝許之。邕自書丹於碑，使工鐫刻，立於太學門外。然考《宦者‧呂強傳》，則云：時宦者汝陽李巡「以為諸博士，試甲乙科，爭高下，更相告言，至有行賂定蘭臺漆書經字，以合其私文者。乃白帝，與諸儒共刻五經文於石，於是詔蔡邕等正其文字」。據此是熹平正定石經，雖有靈帝之詔，蔡邕之奏，而發端白帝，實自李巡始也，洵為有功聖經。【B】又《隋書‧經籍志》李巡注《爾雅》三卷。【C】夫後漢宦官如鄭眾、孫程、良賀、曹騰及呂強等，固皆屬清慎自守之輩，而求如巡之篤學有志者，曾有幾人？惟和帝時蔡倫始造紙，曾典東觀，校讎經傳。同時北海趙佑博學多覽，儒者稱之，庶堪與先後頡頏焉。【D】特身屬宦寺，不得與當時縉紳士大夫同見稱述於後世，為可惜也。

【探源】《經義雜記》卷二十五「李巡奏定石經」：

　　【A】范書《靈帝紀》云：「熹平四年春三月，詔諸儒正五經文字，刻石立於大學門外。」《儒林傳》云：「有私行金貨，定蘭臺漆書經字，以合其私文。熹平四年，靈帝乃詔諸儒正定《五經》，刊於石碑。為古文、篆、隸三體書法，樹之學門，以相參檢，使天下咸取則焉。」此功歸君上，以為靈帝意也。《蔡邕傳》云：「……熹平四年，乃與五官中郎將堂溪典、光祿大夫楊賜、諫議大夫馬日磾、議郎張馴、韓說、太史令單揚等，……奏求正定《六經》文字，靈帝許之。邕乃自書丹於碑，使工鐫刻，立於太學門外。」……《宦者‧呂強傳》云：「時宦者……汝陽李巡……以為諸博士，試甲乙科，爭第高下，更相告言，至有行略定蘭臺漆書經字，以合其私文者。乃白帝，與諸儒共刻《五經》文於石，於是詔蔡邕等正其文字。……」據此知熹平立石經，雖有靈帝之詔，蔡邕之奏，而發端白帝，實自李巡。

　　【D】特身為宦官，不能與帝王及士大夫並稱乎後世，為可惜耳。

　　【B】《隋書‧經籍志》有李巡注《爾雅》三卷，可謂篤學有志之士矣。

《廿二史劄記》卷五「宦官亦有賢者」：

　　【C】後漢宦官，……其中亦間有清慎自守者，……鄭眾謹敏有心，……蔡倫在和帝時，……創意用樹膚、麻頭、敝布、魚網以為紙，天下稱「蔡侯紙」。又典東觀，校讎經傳。……後與兄顯又欲援立外藩，宦官孫程不平。……良賀清儉退厚。……曹騰在省闥三十餘年，未嘗有過。……呂強盡忠奉公。……佑博學多覽，著作諸儒稱之。

【小結】此條抄自《經義雜記》卷二十五「李巡奏定石經」條、《廿二史劄記》卷五「宦官亦有賢者」條。作偽方式有四：第一，點竄字句；第二，增加句子；第三，改變順序；第四，多源組合，A、D、B 段抄自「李巡奏定石經」條，C 段抄自「宦官亦有賢者」條。

135. 漢文帝始置五經博士

　　《漢書‧武帝紀》，建元五年春置五經博士。疑《文帝紀》無立博士事。

然考《楚元王傳》,「文帝時聞申公為《詩》最精,以為博士」。又劉歆《移書太常博士》曰:「孝文皇帝始使掌故朝錯從伏生受《尚書》。《尚書》初出於屋壁,朽折散絕,今其書見在,時師傳讀而已。《詩》始萌芽,天下眾書,往往頗出,皆諸子傳說(『說』字誤,當作『傳記』),猶廣立於學官,為置博士。」《翟酺傳》:「上言:『孝文皇帝始置五經博士,武帝大合天下之書。』」又趙氏《孟子題辭》:「孝文帝欲廣遊學之路,《論語》、《孝經》、《孟子》、《爾雅》皆置博士。後罷傳記博士,獨立五經而已。」王應麟《玉海·藝文》云:「《爾雅》文帝立博士。」亦本之《孟子》、《漢書》也。而李賢注《翟酺傳》則云:「武帝建元五年始制五經博士,文帝時未遑庠序之事」云云,不知何據,殆未詳考耳。

【探源】《經義雜記》卷六「文帝始置博士」:

> 《漢書·武帝紀》,建元五年春置五經博士。《文帝紀》無立博士事。……《楚元王傳》:「文帝時聞申公為《詩》最精,以為博士。」又劉歆《移書太常博士》曰:「孝文皇帝始使掌故朝錯從伏生受《尚書》。《尚書》初出於屋壁,朽折散絕,今其書見在,時師傳讀而已。《詩》始萌牙,天下眾書往往頗出,皆諸子傳說,猶廣立於學官,為置博士。」《翟酺傳》:「上言:『孝文皇帝始置五經博士,武帝大合天下之書。』」又趙氏《孟子題辭》:「孝文帝欲廣遊學之路,《論語》、《孝經》、《孟子》、《爾雅》皆置博士。後罷傳記博士,獨立五經而已。」王氏《玉海·藝文》云:「《爾雅》文帝立博士。」本之《孟子》、《漢書》也。李賢注《翟酺傳》云:「武帝建元五年始置五經博士,文帝時未遑庠序之事。」酺之言不知何據,蓋未詳考也。

【小結】此條抄自《經義雜記》卷六「文帝始置博士」。作偽方式有二:第一,點竄字句;第二,增加句子。

136. 經策尺度

【A】案《儀禮·聘禮記》云:「百名以上書於策,不及百名書於方。」注云:「名,書文,今謂之字。策,簡也。方,板也。」疏云:「簡者,未編之稱,策是眾簡相連之名。」鄭《論語序》云:「《易》、《詩》、《禮》、《樂》、《春秋》策皆尺二寸,《孝經》謙半之,《論語》四寸,三分居一,又謙焉。是策長短

也。」鄭注《尚書》三十字一簡，服虔注《左氏》云：「古文篆書，一簡八字。」是簡容字多少也。【B】是《尚書》與《左氏》竹簡字數多寡不同，然亦大概言之，不必《尚書》定三十字，《左氏》定八字。故《漢書・藝文志》論語《酒誥》、《召誥》脫簡云：「率簡二十五字者，脫亦二十五字。簡二十二字者，脫亦二十二字。」蓋多不過三十字，少不過八字耳。

【探源】《經義雜記》卷八「《左傳》錯簡」：

> 【B】則《尚書》與《左氏》竹簡字數多寡不同，然亦止大概言之，不必《尚書》定三十字，《左氏》定八字。故《漢書・藝文志》論《酒誥》、《召誥》脫簡云：「率簡二十五字者，脫亦二十五字。簡二十二字者，脫亦二十二字。」蓋多不過三十字，少不過八字耳。

王鳴盛《尚書後案》卷十三《周書》：

> 【A】《儀禮・聘禮・記》云：「百名以上書於策，不及百名書於方。」注云：「名，書文，今謂之字。策，簡也。方，板也。」疏云：「簡者，未編之稱，策是眾簡相連之名。」鄭《論語序》云：「《易》、《詩》、《書》、《禮》、《樂》、《春秋》策皆尺二寸，《孝經》謙半之，《論語》四寸，三分居一，又謙焉。」是策長短。鄭注《尚書》三十字一簡，服虔注《左氏》云「古文一簡八字」，是簡容字多少。

【小結】此條抄自《經義雜記》卷八「左傳錯簡」條、《尚書後案》卷十三《周書》。作偽方式有二。第一，點竄字句；第二，多源組合，A 段抄自《周書》，B 段抄自「《左傳》錯簡」條。

137. 三族不得有異姓

【A】鄭康成注《堯典》云：「上自高祖，下至元孫，凡九族。」《毛詩・葛藟》序云：「周室道衰，棄其九族。」《傳》云：「九族者，據己上至高祖、下及元孫之親。」《正義》云：「此古《尚書》說，鄭取用之。《異義》：今《戴禮》、《尚書》歐陽說云：九族乃異姓有親屬者。父族四：五屬之內為一族，父母昆弟適人者與其子為一族，己女昆弟適人者與其子為一族，己之子適人者與其子為一族。母族三：母之父姓為一族，母之母姓為一族，母女昆弟適人者為一族。妻族二：妻之父姓為一族，妻之母姓為一族。古《尚書》說：九族者，上從高祖，下至元孫，凡九，皆為同姓。謹案：《禮》，緦麻三月以上，恩之所及。《禮》為妻父母有服，明九族不得但施於同姓。元之聞也，婦人歸宗，

女子雖適人，字猶繫姓，明不與父兄為異姓，其子則然。《昏禮》請期辭曰：『惟是三族之不虞。』欲及今三族未有不億度之事而迎婦也。如此所云，則三族不當有異姓。異姓其服皆緦麻，緦麻之服，不廢嫁女娶妻。是為異姓不在族中明矣。」

【B】案《爾雅》：內宗曰族，母妻則曰黨。古所謂族者，專指宗姓而言。後世誤以父母妻為三族，以致濫刑。顧寧人謂始於杜預，然《漢書》張晏三族注謂父母、兄弟、妻子也。如淳注則曰父族、母族、妻族也。則此誤不自杜預始矣。

【探源】《尚書後案》卷一《虞夏書》：

【A】鄭曰：「上自高祖，下至元孫，凡九族。」……《毛詩·葛藟》序云：「周室道衰，棄其九族。」《傳》云：「九族者，據己上至高祖、下及元孫之親。」《正義》云：「此古《尚書》說，鄭取用之。《異義》……今《戴禮》、《尚書》歐陽說云：九族乃異姓有親屬者。父族四：五屬之內為一族，父女昆弟適人者與其子為一族，己女昆弟適人者與其子為一族，己之子適人者與其子為一族。母族三：母之父姓為一族，母之母姓為一族，母女昆弟適人者為一族。妻族二：妻之父姓為一族，妻之母姓為一族。(《正義》述夏侯說亦如此) 古《尚書》說：九族者，上從高祖，下至元孫，凡九，皆為同姓。謹案：《禮》，緦麻三月以上，恩之所及。《禮》為妻父母有服，明九族不得但施於同姓。元之聞也，婦人歸宗，女子雖適人，字猶繫姓，明不與父兄為異族，其子則然。《昏禮》請期辭曰：『惟是三族之不虞。』欲及今三族未有不億度之事而迎婦也。如此所云，則三族不當有異姓。異姓其服皆緦麻，緦麻之服，不廢嫁女娶妻。是為異姓不在族中明矣。」

《廿二史劄記》卷十四「後魏刑殺太過」：

【B】《爾雅》：內宗曰族，母妻則曰黨。是古所謂族者，專指宗姓而言。……後世乃誤以父母妻為三族，以致濫殺益多。顧寧人謂始於杜預，……然《漢書》張晏三族注謂父母、兄弟、妻子也。如淳注則曰父族、母族、妻族也。則此誤不自杜預始矣。

【小結】此條抄自《尚書後案》卷一《虞夏書》、《廿二史劄記》卷十四「後魏刑殺太過」條。案文抄自「後魏刑殺太過」條。作偽方式有二。第一，

點竄字句；第二，多源組合，A 段抄自《虞夏書》，B 段抄自「後魏刑殺太過」條。

138. 漢重節義

【A】東漢人士尚氣節，重名義，好為苟難以邀聲譽，遂成風俗。有盡力於所事以著其忠義者。如李固被戮，弟子郭亮負斧鑕上書，請收固屍。杜喬被戮，故掾楊匡守護其屍不去，由是皆顯名。第五種為衛相，善門下掾孫斌，種以劾宦官單超兄子匡，坐徙朔方。朔方太守董援，乃超外孫，斌知種往必被害，乃追及種於途，格殺送吏，俱逃以脫其禍。太原守劉瓆，以考殺小黃門趙津下獄死，王允為郡吏，送瓆喪還平原，終三年乃歸。公孫瓚為郡吏，太守劉君坐事徙日南，瓚身送之，自祭父墓曰：「昔為人子，今為人臣。送守日南，恐不得歸，便當長辭。」乃再拜而去是也。有感知遇之恩，而制服過厚者。如傅奕聞舉將沒，即棄官行服。李恂為太守李鴻功曹，而州辟為從事，會鴻卒，恂不應州命，而送鴻喪歸葬，持喪三年。樂恢為郡吏，太守坐法誅，恢獨行喪服。桓典以國相王吉誅，獨棄官收葬，服喪三年，負土成墳。袁逢舉荀爽有道，爽不應，及逢卒，爽制服三年是也。有辭爵以為高者。如西漢時韋賢卒，子元成應襲爵，讓於庶兄宏，宣帝高其節，許之。至東漢鄧彪亦讓爵於異母弟，明帝亦許之。劉愷讓封於弟憲，逃去十餘年，有司請絕其封，帝不許，賈逵奏當成其讓國之美，乃詔憲嗣是也。亦有讓不得請者。如桓榮卒，子郁讓爵於兄子泛，明帝不許，乃受封。丁琳卒，子鴻請讓爵於弟盛，不報，鴻乃逃去，以採藥為名。後友人鮑駿遇之東海，責以兄弟私恩絕其父不滅之基，鴻感悟，乃歸受封。郭躬子賀當襲，讓與小弟而逃去，詔下州郡追之，不得已乃出就封。徐防卒，子賀當襲，讓於弟崇，數歲不歸，不得已乃就封是也。有輕生報讎，發於義憤者。如崔瑗兄為人所害，手刃報讎亡去。魏朗兄亦為人所害，朗白日操刀，殺其人於縣中。蘇謙為司隸校尉李暠按罪死獄中，謙子不韋與賓客掘地道至暠寢，值暠入廁，乃殺其妾與子，又疾馳至暠父墓，掘得其父頭以祭父是也。又有代人報讎，徇友忘身者。如何容有友虞緯高，父讎未報而病將死，泣訴於容，容即為復讎，以頭祭其父墓。郅惲有友董子張，父為人所殺，子張病且死，對惲欷歔不能言。惲曰：「子以父讎未報也。」乃將賓客殺其人，以頭示子張，子張見而氣絕是也。

【B】凡此皆氣節相尚，一意孤行，【C】徇人刻己而不自知其過當也。然

倘值國家緩急，友朋患難，尚可藉以扶持顛危。若皆優游恬退，置身局外，稱無心，老作自了漢，其於斯世何賴焉？令人思漢代之風不置也。

【探源】《廿二史劄記》卷五「東漢尚名節」：

【B】自戰國豫讓、聶政、荊軻、侯嬴之徒，意氣相尚，一意孤行，能為人所不敢為，世競慕之。

【A】馴至東漢，其風益盛。蓋當時薦舉徵辟，必採名譽，故凡可以得名者，必全力赴之，好為苟難，遂成風俗。……如李固被戮，弟子郭亮負斧鑕上書，請收固屍。杜喬被戮，故掾楊匡守護其屍不去，由是皆顯名。（《固》、《喬》二傳）第五種為衛相，善門下掾孫斌，種以劾宦官單超兄子匡，坐徙朔方。朔方太守董援，乃超外孫也，斌知種往必被害，乃追及種於途，格殺送吏，與種俱逃以脫其禍。（《種傳》）太原守劉瓆，以考殺小黃門趙津下獄死，王允為郡吏，送瓆喪還平原，終三年乃歸。（《允傳》）公孫瓚為郡吏，太守劉君坐事徙日南，瓚身送之，自祭父墓曰：「昔為人子，今為人臣，送守日南，恐不得歸，便當長辭。」乃再拜而去。（《瓚傳》）此盡力於所事，以著其忠義者也。傅奕聞舉將沒，即棄官行服。（《奕傳》）李恂為太守李鴻功曹，而州辟恂為從事，會鴻卒，恂不應州命，而送鴻喪歸葬，持喪三年。（《恂傳》）樂恢為郡吏，太守坐法誅，恢獨行喪服。（《恢傳》）桓典以國相王吉誅，獨棄官收葬，服喪三年，負土成墳。（《典傳》）袁逢舉荀爽有道，爽不應，及逢卒，爽制服三年。……又有以讓爵為高者。西漢時韋賢卒，子元成應襲爵，讓於庶兄宏，宣帝高其節，許之。（《元成傳》）至東漢鄧彪亦讓封爵於異母弟，明帝亦許之。（《彪傳》）劉愷讓封於弟憲，逃去十餘年，有司請絕其封，帝不許，賈逵奏當成其讓國之美，乃詔憲嗣。（《愷傳》）此以讓而得請者也。桓榮卒，子郁請讓爵於兄子汎，明帝不許，乃受封。（《郁傳》）丁綝卒，子鴻請讓爵於弟盛，不報，鴻乃逃去，以採藥為名，後友人鮑駿遇之於東海，責以兄弟私恩絕其父不滅之基，鴻感悟，乃歸受爵。（《鴻傳》）郭躬子賀當襲，讓與小弟而逃去，詔下州郡追之，不得已乃出就封。（《躬傳》）徐防卒，子賀當襲，讓於弟崇，數歲不歸，不得已乃就封。……又有輕生報讎者。崔瑗兄為人所害，手刃報讎，亡去。魏朗兄亦為人所害，朗白日操刀，殺其人於縣中。

蘇謙為司隸校尉李暠按罪死獄中，謙子不韋與賓客掘地道至暠寢室，值暠如廁，乃殺其妾與子，又疾馳至暠父墓，掘得其父頭以祭父。……然此猶曰出於義憤也。又有代人報讎者。何容有友虞緯高，父讎未報而病將死，泣訴於容，容即為復讎，以頭祭其父墓。郅惲有友董子張，父為人所殺，子張病且死，對惲欷歔不能言，惲曰：「子以父讎未報也。」乃將賓客殺其人，以頭示子張，子張見而氣絕。……此則徒徇友朋私情，而轉捐父母遺體……

【C】……而不自知其非也。……故國家緩急之際尚有可恃，以揹拄傾危。

【小結】此條抄自《廿二史劄記》卷五「東漢尚名節」條。作偽方式有四：第一，點竄字句；第二，增加句子；第三，改變順序（趙翼原文順序為B、A、C）；第四，改變標題。

139. 六朝世族

【A】案陶侃微時，郎中令楊晫與之同乘，溫雅謂晫曰：「奈何與小人同載？」楊方在都，縉紳咸厚之，方自以地寒不願留京，求補遠郡，乃出為高梁太守。王僧虔為吳興郡守，聽民何係先等一百十家為舊門，遂為阮佃夫所劾。張敬兒斬桂陽王休範，以功高當乞鎮襄陽。齊高輔政，以敬兒人位本輕，不欲便處以襄陽重鎮。侯景請婚王、謝，梁武曰：「王、謝門高，可於朱、張以下求之。」【B】陳顯達既貴，自以人微位重，每遷官，常有愧懼之色，誡諸子曰：「我本志不及此，汝等勿以富貴驕人。」王敬則與王儉同拜開府，褚淵戲儉以為連璧，儉曰：「老子遂與韓非同傳。」敬則聞之曰：「我本南沙小吏，今得與王衛軍同拜三公，復何恨？」【C】據此知當時門第之見，習為固然。有出自寒微，即官高位重，亦不敢與世族比。【D】如晉之顧榮、卞壺、毛寶、朱伺、朱序、劉牢之、劉毅等，宋之檀道濟、朱齡石、沈田子、毛修之、朱修之、劉康祖、到彥之、沈慶之等，齊之王敬則、張敬兒、陳顯達、崔慧景等，梁之陳伯之、陳慶之、蘭欽、曹景宗、張惠紹、昌義之、王琳、杜龕等，陳之周文育、侯安都、黃法氍、吳明徹等，皆身出素族，而能禦侮戡亂，為國家所倚重。而所謂高門大族者，【E】除王導、謝安，尚稱朝廷柱石，餘如王宏、王曇首、褚淵、王儉等，與時推遷，為興朝佐命。【F】雍容令僕，裵屜相高，【G】一時咸以士庶之別為貴賤之分，積習相沿，遂成此風俗耳。

【探源】《廿二史劄記》卷十二「江左世族無功臣」：

【G】以士庶之別為貴賤之分，積習相沿，遂成**定制**。

【A】陶侃微時，郎中令楊晫與之同乘，溫雅謂晫曰：「奈何與小人同載？」……楊方在都，縉紳咸厚之，方自以地寒不願留京，求補遠郡，乃出為高梁太守。王僧虔為吳興郡守，聽民何係先等一百十家為舊門，遂為阮佃夫所劾。張敬兒斬桂陽王休範，以功高當乞鎮襄陽。齊高輔政，以敬兒人位本輕，不欲便處以襄陽重鎮。侯景請婚王、謝，梁武曰：「王、謝門高，可於朱、張以下求之。」

【C】一時風尚如此，即有出自寒微，奮立功業，官高位重，而其自視猶不敢與世族較。

【B】陳顯達既貴，自以人微位重，每遷官，常有愧懼之色，誡諸子曰：「我本志不及此，汝等勿以富貴驕人。」……王敬則與王儉同拜開府，褚淵戲儉以為連璧，儉曰：「老子遂與韓非同傳。」或以告敬則，敬則欣然曰：「我本南沙小吏，今得與王衛軍同拜三公，復何恨？」……

【D】如顧榮、卞壼、毛寶、朱伺、朱序、劉牢之、劉毅等之於晉，檀道濟、朱齡石、沈田子、毛修之、朱修之、劉康祖、到彥之、沈慶之等之於宋，王敬則、張敬兒、陳顯達、崔慧景等之於齊，陳伯之、陳慶之、蘭欽、曹景宗、張惠紹、昌義之、王琳、杜崱等之於梁，周文育、侯安都、黃法氍、吳明徹等之於陳，皆纛武戡亂，為國家所倚賴。而所謂高門大族者，

【F】不過雍容令僕，裙屐相高。

【E】求如王導、謝安柱石國家者，不一二數也。次則如王宏、王曇首、褚淵、王儉等，與時推遷，為興朝佐命。

【小結】此條抄自《廿二史劄記》卷十二「江左世族無功臣」條。作偽方式有三：第一，點竄字句；第二，改變順序（趙翼原文順序為 G、A、C、B、D、F、E）；第三，改變標題。

140. 朱陸異同

朱陸異同，**後之論者齗齗不已**，蓋始於鵝湖之詩。初，朱子送呂東萊先生至鵝湖，東萊約陸子壽、子靜二先生來會。子壽賦詩云：「孩提知愛長知欽，

古聖相傳只此心。大抵有基方築室，未聞無址忽成岑。留情傳注翻榛塞，著意精微轉陸沉。珍重友朋勤琢切，須知至樂在於今。」孩提知愛，稍長知敬，即孟子所謂人心之所固有，使人知**省察擴充**。如築室有基，成岑有址也。固也。但築室成岑，自有許多結構積纍之功，非基即是室，址即是岑也。正賴聖經賢傳辨別是非邪正，不至鹵莽滅獵，以求得其精微之蘊。乃謂傳注可不留情，精微可不著意乎？子靜和云：「墟墓興衰宗廟欽，斯人千古不磨心。涓流積至滄溟水，卷石崇成泰華岑。簡易工夫終久大，支離事業竟浮沉。欲知自下升高處，真偽先須辨自今。」前四句正見欲多識前言往行，以畜德集義，以生其浩然之氣也。固也。乃謂自有簡易工夫，則是博學、審問、慎思、明辨、篤行皆屬多事，終日止謂心即理，冥心寂坐而已。其真偽何由以辨，何由能自下升高乎？朱子三年後乃和以寄懷云：「德義風流夙所欽，別離三載更關心。偶扶藜杖出寒谷，又枉籃輿度遠岑。」此追憶當日相會時事也。「舊學商量加邃密，新知培養轉深沉。」此探問別後工夫也。因子壽脫離傳注，子靜自矜簡易，恐開蹈空之弊。故下結云：「只愁說到無言處，不信人間有古今。」後朱子《答項平甫書》云：「近世學者務返求者，以博觀為外馳，務博觀者以內省為狹隘。左右佩劍，各主一偏。而道術分裂，不可復合。此學者之大病。」又云：「子靜所說，專是尊德性事。而某平日所論，卻是道問學上多了。今當反身用力，去短集長，庶幾不墮一偏。」朱子之心可謂虛公廣大，所以為百世儒宗。朱子《答呂東萊書》云：「近兩得子壽兄弟書，卻自訟前見之誤。」東萊《與朱子書》云：「陸子壽前日經過，留此二十餘日，翻然以鵝湖所見為非。」然則二陸先生之學，固不可以鵝湖之詩定其生平也。

【探源】鄭之僑［註1］《鵝湖講學會編》卷九《鵝湖詩說》：

朱陸異同，聚訟至今，始於鵝湖之詩。試與諸生言之。當日朱子送呂東萊先生至鵝湖，東萊約陸子壽、子靜二先生來會。子壽賦詩云：「孩提知愛長知欽，古聖相傳只此心。大抵有基方築室，未聞無址忽成岑。留情傳注翻榛塞，著意精微更陸沉。珍重友朋勤切琢，須知至樂在於今。」孩提知愛，稍長知敬，此孟子指出人人本心所

［註1］鄭之僑（1707～1784），字茂雲，號東里，潮陽舉練都金浦鄉人。為鄭氏金浦系十九世裔孫。雍正十三年舉人，乾隆二年（1737）進士，授江西鉛山縣令，兼弋陽縣令，歷升饒州府同知，署廣西柳州府知府，湖南寶慶知府，山東濟東泰武道員，湖廣安襄鄖兵備道。致仕後家居近 20 年。《鵝湖講學彙編》成於任鉛山縣令時。

固有，使知僚識而擴充。即如築室之有基，成岑之有址。子壽此詩，夫何間然。但以築室成岑，正有結構積累之功，非即以基為室，以址為岑也。聖經賢傳辯別是非邪正，……正恐鹵莽涉獵，不得其精微之意耳。顧謂傳注可不留情，精微可不著意乎？……子靜和云：「墟墓興哀宗廟欽，斯人千古不磨心。涓流積至滄溟水，拳石崇成泰華岑。易簡工夫終久大，支離事業竟浮沉。欲知自下升高處，真偽先須辯只今。」……多識前言往，但以蓄德集義以生浩然之氣，正如是也。如謂自有易簡工夫，則……「博學、審問、慎思、明辯、篤行」亦為多事。……則真偽之辯明，自下升高。……朱子三年後乃和詩以寄懷云：「德義風流夙所欽，……別離三載更關心。……偶扶藜杖出寒谷，又枉籃輿度遠岑。」此追憶當日相會時事也。「舊學商量加邃密，新知培養轉深沉。」此探問別後工夫也。因子壽脫離傳注，子靜自矜易簡，恐開踏空之弊。故曰：「卻愁說到無言處，不信人間有古今。」厥後朱子《答項平甫書》云：「近世學者務反求者，以博觀為外馳，務博觀者以內省為狹隘。左右佩劍，各主一偏。而道術分裂，不可復合。此學者之大病。」又云：「子靜所說，專是尊德性事。而某平日所論，卻是道問學上多了。今當反身用力，去短集長，庶幾不墮一偏。」朱子之心虛公廣大，所以為萬世儒宗。……朱子《答呂東萊書》云：「近兩得子壽兄弟書，卻自訟前日偏見之說。」東萊《與朱子書》云：「陸子壽前日經過，留此二十餘日，幡然以鵝湖所見為非。」

【小結】此條抄自鄭之僑《鵝湖講學會編》卷九《鵝湖詩說》。作偽方式有三：第一，點竄字句；第二，增加觀點句──「終日止謂心即理，冥心寂坐而已」，「然則二陸先生之學，固不可以鵝湖之詩定其生平也」；第三，改變標題──將「鵝湖詩說」改為「朱陸異同」。

141. 元尚風雅

【A】案有元一代，文學甚輕，當時有「九儒十丐」之謠，科舉亦屢興屢廢，宜乎風雅之事棄如弁髦矣。而縉紳之徒往往以文墨相尚，每歲必聯詩社，四方名士畢集，燕賞窮日夜，詩勝者輒有厚贈。饒介為淮南行省參政，豪於詩，自號醉樵。嘗大集諸名士，賦《醉樵歌》，張簡詩第一，贈黃金一餅；高

啟次之，得白金三斤；楊基又次之，猶贈白金一鎰。見《明史・文苑傳》。然此猶仕宦者之提唱也。貫酸齋工詩文，所至士大夫從之若云，得其片言尺牘如獲拱璧。見《元史・小雲石海涯傳》。浦江吳氏結月泉社，聘謝皋羽為考官，《春日田園雜興》題，取羅公福為首。見《懷麓堂詩話》。松江呂璜溪嘗走金帛，聘四方能詩之士，請楊鐵崖為主考，第其甲乙，厚有贈遺，一時文人畢至，傾動三吳。見《四友齋叢說》。又顧仲瑛玉山草堂，楊廉夫、柯九思、倪元鎮、張伯雨、於彥成諸人嘗寓其家，流連觴詠，聲光映蔽江表。見《元詩選》。此皆林下之人，揚風扢雅者也。其他以名園別墅、書畫古玩相尚者更〔夥〕（黟）。如倪元鎮之清閟閣，楊竹西之不礙雲山樓，花木竹石，圖書彝鼎，擅名江南，至今猶有豔稱之者。【C】蓋自南宋遺民故老，相與唱歎於荒江蔓草間，而流風餘韻久而弗替，遂相沿為此風會焉耳。

【探源】《廿二史劄記》卷三十「元季風雅相尚」：

> 【B】元季士大夫好以文墨相尚，每歲必聯詩社，四方名士畢集，燕賞窮日夜，詩勝者輒有厚贈。饒介為淮南行省參政，豪於詩，自號醉樵。嘗大集諸名士，賦《醉樵歌》，張簡詩第一，贈黃金一餅；高啟次之，得白金三斤；楊基又次之，猶贈白金一鎰。（見《明史・文苑傳》。）然此猶仕宦者之提唱也。貫酸齋工詩文，所至士大夫從之若云，得其片言尺牘如獲拱璧。（《元史・小雲石海涯傳》）浦江吳氏結月泉社，聘謝皋羽為考官，《春日田園雜興》題，取羅公福為首。（見《懷麓堂詩話》。）松江呂璜溪嘗走金帛，聘四方能詩之士，請楊鐵崖為主考，第其甲乙，厚有贈遺，一時文人畢至，傾動三吳。（見《四友齋叢說》。）又顧仲瑛玉山草堂，楊廉夫、柯九思、倪元鎮、張伯雨、於彥成諸人嘗寓其家，流連觴詠，聲光映蔽江表。（見《元詩選》。）此皆林下之人，揚風扢雅，……其他以名園別墅、書畫古玩相尚者，更不一而足。如倪元鎮之清閟閣，楊竹西之不礙雲山樓，花木竹石，圖書彝鼎，擅名江南，至今猶有豔稱之者。

> 【A】獨怪有元之世文學甚輕，當時有「九儒十丐」之謠，科舉亦屢興屢廢，宜乎風雅之事棄如弁髦，乃搢紳之徒風流相尚如此。

> 【C】蓋自南宋遺民故老，相與唱歎於荒江寂寞之濱，流風餘韻久而弗替，遂成風會。

【小結】此條抄自《廿二史劄記》卷三十「元季風雅相尚」條。作偽方式

有三：第一，點竄字句；第二，改變順序（趙翼原文順序為 B、A、C）；第三，改變標題——將「元季風雅相尚」改為「元尚風雅」。

142. 毛氏議禮之非

【A】案《曾子問》：「婿免喪，女之父母使人請，婿弗許，而後嫁之禮也。女之父母死，婿亦如之」，孔疏曰：「女之父母已葬，婿家使人請，女家不許，婿然後別取，禮也。」蓋孔氏以女家不許而男別取，與男家不許而女別嫁，互文見義。毛氏乃謂婿請辭婚後，女家復請重理前說，而男家反故以餘哀未忘，弗敢即取，然後女家徐徐嫁之。謂仍嫁此婿，弗別嫁也。殆因何孟春《餘冬序錄》深疑此記之有偽。故毛氏解以此說。案之經文，全不相合。夫讀古人書，當知其立言之意，而不可拘滯於其辭。此禮文蓋為屆婚期而遭喪者，男或以中饋之乏主，不能待其女免喪，而先議別取。女或以摽梅之過期，不能待其婿免喪，而先議別嫁。故聖人明為之制，使必待三年免喪而後請。明未三年免喪以前，不容有異詞也。使必待婿不取而後別嫁，必待女不嫁而後別取，苟非婿不取、女不嫁，則斷無別取、別嫁之理也。然則所謂婿不取、女不嫁者，乃充類至義之盡，要亦必無之事也。毛氏解為「仍嫁此婿，弗別嫁也」，橫生臆見，不可從也。【B】又經文「三月廟見稱來婦也」，毛氏謂三月廟見為廟見舅姑。引《春秋傳》楚公子圍娶於鄭，告於莊共之廟。是迎婦必告廟也。謂宋人誤信《士禮》不告廟，改三月廟見為三日，必成婦三日而後廟見。又謂舅姑見婦在娶日，婦見舅姑在次日，脫不幸而舅姑偕亡，則必三月之後奠於廟。而見舅姑，成子婦之禮謂之廟見，乃曰「不廟見者不成婦」，是廟見見舅姑，非見祖也。成婦者，成子婦之禮，非成夫婦也。今考之《禮》，納采即告廟，今《家禮》「主人具書，夙興奉以告祠堂」是也。至親迎又告廟，今《家禮》「主人告於祠堂，遂醮其子而命之迎」是也。與《春秋》楚公子圍告於莊共之廟豈有異乎？至謂宋人誤信《士禮》，改三月為三日，司馬溫公有婦入門，即拜影堂之說，而朱子非之。安得謂宋人誤信《士禮》乎？其所謂舅姑見婦在娶日，婦見舅姑在次日，則是舅姑先見婦，婦後見舅姑也，有是禮乎？且改三月為三日，正斟酌古今之宜也。如必謂婦始至，當先見舅姑而後入寢，則舅姑偕亡，何為必三月之後始廟見乎？如必謂舅姑偕亡，之廟見為成子婦之禮，則下文「擇日而祭於禰，成婦之禮」，不幾贅乎？然則毛氏之說，殆委巷之禮也夫。

【探源】《四庫全書總目》卷二十四《曾子問講錄》提要：

【A】如經文「婿免喪，女之父母使人請，婿弗取，而後嫁之，禮也。女之父母死，婿亦如之。」孔疏曰：「女之父母已葬，婿家使人請，女家不許，婿然後別取，禮也。」蓋孔氏以女家不許而男別取，與男家不許而女別嫁，互文見義。奇齡則謂婿辭婚後，女家復請重理前說，而男家反故以餘哀未忘，弗敢即取，然後女家徐徐嫁之。謂仍嫁此婿，弗別嫁也。殆因何孟春《餘冬序錄》深疑此記之有訛，故奇齡解以此說。然案之經文，全不相合。夫讀古人書，當心知其立言之意，而不可拘滯於其辭。《禮記》此文，蓋為屆婚期而遭喪者，男或以中饋之乏主，不能待其女免喪，而先議別取。女或以摽梅之過期，不能待其婿免喪，而先議別嫁。故聖人明為之制，使必待三年免喪而後請。明未三年免喪以前，不容有異說也。使必待婿不取而後別嫁，必待女不嫁而後別取，明苟非婿不取、女不嫁，則斷無別嫁、別取之理也。然則所謂婿不取、女不嫁者，乃充類至義之盡，要以必無之事。……何得解為「仍嫁此婿，弗別嫁也」？是皆橫生臆見，殊不可從。惟謂三月廟見為廟見舅姑，謂除喪不復昏為不復行昏禮數條，尚能恪守經文注義，不為譎變之說耳。

毛奇齡《四書改錯》卷二十二：

【B】朱氏著《家禮》，以婦至三日廟見祠堂，則三日始廟見，而春秋次日猶譏其晚，得毋三日廟見亦非禮與？曰：此非禮之極，不特誤家誤國誤天下，並誤後世，不可不急急刊正者。夫朝廟非廟見禮也。古婚禮娶婦極重者，惟祖宗父母。其在祖宗，則有兩告廟禮，一謁廟禮。而在父母則有一生見禮，一死見禮。兩告者，一是親迎時告迎。春秋楚公子娶鄭所云，先布几筵告於莊共之廟是也。一是婦至時告至。春秋鄭公子忽娶於陳，陳針子送婦至不告而配，針子譏其誣祖是也。……若夫父母，則婦至之日但以父母作主人，迎婦入門，與婦交拜行賓主禮，而即帥之以謁廟，至次日質明，始行見禮，其見生舅姑禮名曰婦見，以特豚獻舅，脯修棗栗獻姑，姑兩拜，而舅倍之，謂之俠拜，於是靚婦醴婦饗婦皆於是日，或次日行之。脫不幸而舅姑死，則行死見禮於成婚三月之後，見死舅姑於廟，名曰廟見。……然總之只成一廟見之禮。脫又不幸而未行廟見，其婦身死，則非其子婦，謂之不成婦，喪葬總殺，禮所云不殯廟，

不袝皇姑，壻不杖不菲，不次歸棺於女氏之黨，何則未成婦也，故禮有不廟見不成婦之文。朱氏不知何故倒讀其文，曰不成婦，不廟見，先誤認此廟字為祖廟，非禰廟，舅姑之廟，又誤認此見字為見祖宗，非見舅姑。夫祖宗惟新喪奠殯可稱曰見，無三月行祭，而可云見祖見宗者，此第以舅姑應拜見而不幸而死，因推此見字曰廟見祖宗，無是也。是以婚禮有三見，曰婦見，曰廟見，曰壻見。壻見者，男見女父母，而總以婦見字推及之，然且女父母死即不行死見禮，而他可見乎？乃又誤認此婦字為夫婦之婦，非子婦之婦。夫夫婦之婦，則婚禮納徵即已成婦。徵者，成也，謂成其夫婦名也。故春秋逆女間稱逆婦，公羊所云在家稱女，在途稱婦者，不必薦寢後始成婦也。乃以禰廟改祖廟，以子婦改夫婦，以生舅姑改死舅姑，以三月廟見改三日廟見，以不廟見不成婦改不成婦不廟見，婦至不顧祖宗，不關父母，舉兩告一謁之禮而盡廢之，甫下車即牽婦入房，一如禽獺之苟合謂之成婦，且必成婦三日而後謁祖宗，將春秋所云先配而後祖，是不有其祖，何以能育明明告誡之語亦並不之顧，且舅姑見存而曰廟見，廟見稱之於口，告之於神，題之於祝冊，書之於親戚宗黨之簡帖，不祥莫大焉。

關於「改三月廟見為三日」見於《朱子語類》卷第八十九：

> 伊川云：婿迎婦既至，即揖入內，次日見舅姑，三月而廟見，是古禮。司馬禮卻說婦入門即拜影堂，這又不是。古人初未成婦，次日方見舅姑，蓋先得於夫，方可見舅姑，到兩三月得舅姑意了，舅姑方令見祖廟。某思量，今亦不能三月之久，亦須第二日見舅姑，第三日廟見乃安，亦當行親迎之禮。古者天子必無親至後家之禮，今妻家遠要行禮，一則令妻家就近處設一處，卻就彼往迎歸館成禮，一則妻家出至一處，婿即就彼迎歸自成禮。

又清閻鎮珩《六典通考》卷一百十六《禮制考》：

> 朱子曰：司馬與伊川定昏禮，都依《儀禮》。司馬云：親迎奠雁見主昏者，即出，伊川卻教拜了又入堂，拜大男小女，伊川非是。伊川云：婦至，次日見舅姑，三月廟見。司馬卻說婦入門即拜影堂，司馬非是。蓋親迎不見妻父母者，婦未見舅姑也。入門不見舅姑者，未成婦也。今親迎用溫公，入門以後用伊川，三月廟見改為三日云。

清陳虬（1851～1904）《治平通議·變法十》（1891）：「一曰昏喪，昏以著代，喪以送死，禮皆不廢，顧文勝則情漓，而禮反無所麗，擬婚嫁禁奩費酒食六禮，僅取問名親迎。宋儒孜孜講禮，乃於六禮首刪問名，而徑改三月廟見為三日，此豈復知禮意哉？」

【小結】此條抄自《四庫全書總目》卷二十四《曾子問講錄》提要、毛奇齡《四書改錯》。作偽方式有二：第一，點竄字句；第二，增加觀點句——「然則毛氏之說，殆委巷之禮也夫」。

143. 祫大禘小之說

《王制》：「天子、諸侯宗廟之祭，春曰礿，夏曰禘，秋曰嘗，冬曰烝。」鄭注謂是「夏、殷之祭名」。《王制》又云：「諸侯礿則不禘，禘則不嘗，嘗則不烝，烝則不礿。」鄭注云：「虞夏之制，諸侯歲朝，廢一時祭。」是虞之時祭，與夏、殷同名。鄭於《王制》注及《周禮·春官·大宗伯》注、《禮緯》注，並作《禘祫志》，《駁許氏五經異義》又以為《王制》所記乃殷以前之制，至周公制禮，改春為祠，夏為禴，禴即礿，以禘專為殷祭，不為時祭之名。蓋因《大宗伯》「以祠春享先王，以禴夏享先王」云云，《司尊彝》亦有「春祠、夏禴」云云，又《詩·小雅·天保》「禴祠烝嘗，于公先王」，及毛氏傳文推測知之。殷，盛也，盛祭即大祭也。《爾雅》：「禘，大祭。」凡祭之大於餘祭者，皆得為禘。故冬至祭昊天上帝於圜丘，夏至祭感生帝於南郊，（《祭法》，有虞氏、夏后氏禘黃帝，殷人、周人禘嚳。此禘謂圜丘。《大傳》：「王者禘其祖之所自出。」此禘謂南郊）及宗廟五年一祭，皆為禘。《公羊傳》五年再殷祭，謂五年之中一祫一禘。禘之言諦，審諦昭、穆，徧祭之。祫之言合，合先君之主於太祖之廟而祭之。皆有盛大之義，皆殷祭也。夏殷天子諸侯三年喪畢為祫祭，明年為禘，後因以為常，三年一祫，五年一禘。周制以魯禮推之，亦三年喪畢為祫祭，明年為禘，後因以為常，亦三年一祫，五年一禘。所謂再殷祭者如此，謂再殷祭皆在此五年中耳。其實前祫距後祫，前禘距後禘，皆已六年矣。夏殷之制與周異者，天子當祫之歲，春惟一礿，而不祫，夏秋冬皆有祫，又有時祭，祫在先，時祭在後，所謂天子「犆礿，祫禘，祫嘗，祫烝」是也。諸侯當祫之歲，春亦惟一礿而不祫，夏當行時祭，一禘之時，犆行一祫，而不時祭，以異於天子。惟秋冬時祭，與祫得並舉，然亦時祭在先，祫祭在後，以異於天子。所謂諸侯「礿犆，禘，一犆一祫，嘗祫，烝祫」是也。天子惟祫歲

廢一時祭。諸侯歲朝,則平常已每歲廢一時祭,至祫歲,夏禘又廢,凡廢二時祭。云若周則當祫之歲,但行於孟秋,當禘之歲,但行於孟夏,餘三時皆不行。天子諸侯皆然,但天子祫禘、時祭並舉,諸侯行祫禘,則廢時祭。此周制與夏殷異也。因周祫但行於秋,故時祭名嘗,祫祭又名大嘗,則《祭統》所云「內祭大嘗禘」,是鄭言三代時祭、禘祫之制如此。案《文二年公羊傳》曰:「大祫者何?合祭也。其合祭奈何?毀廟之主陳於太祖,未毀廟之主皆升,合食於太祖。」此說甚精。但孔安國《論語》注曰:「禘祫之禮為序昭穆,故毀廟之主及群廟之主皆合食於太祖。」據此似禘與祫無別矣。考鄭《禘祫志》說禘云:「太王、王季以上遷主,祭於后稷之廟,其坐位與祫祭同。文、武以下遷主,若穆之遷主,祭於文王之廟。文王居室之奧,東面。文王孫成王居文王之東,而北面。以下穆主,直至親盡之祖,以次繼而東,皆北面,無昭主。若昭之遷主,祭於武王之廟。武王亦居室之奧,東面。其昭孫康王,亦居武王之東,而南面。亦以次繼而東,直至親盡之祖,皆北面,無穆主也。」蓋祫為合聚昭穆,禘為諦審昭穆。《公羊傳》說深得合聚之義。而鄭說禘,深得諦審之義,與孔安國禘祫皆序昭穆合。祫則於太祖廟列群廟之主,禘則於文、武廟各迎昭穆之主,故云祫大禘小。而賈逵、劉歆云祫禘一祭二名,禮無差降。說雖異而意則同。鄭說必有所本。古書亡失者多,後儒不能信古,憑臆攻難,自陸淳、趙匡以下,妄說紛紛,皆不足辨。

【探源】《尚書後案》卷六《商書》:

> 《王制》:「天子、諸侯宗廟之祭,春曰礿,夏曰禘,秋曰嘗,冬曰烝。」鄭注謂是「夏、殷之祭名。」……據《王制》又云:「諸侯礿則不禘,禘則不嘗,嘗則不烝,烝則不礿。」鄭注云:「虞夏之制,諸侯歲朝,廢一時祭。」是虞之時祭,與夏殷同名。鄭於《王制》注及《周禮‧春官‧大宗伯》注、《禮緯》注,並作《禘祫志》、《駁許慎五經異義》,又以為《王制》所記乃殷以前之制,至周公制禮,改春為祠,夏為禴,禴即礿,以禘專為殷祭,不為時祭之名。蓋因《大宗伯》「以祠春享先王,以禴夏享先王」云云,《司尊彝》亦有「春祠、夏禴」云云,又《詩‧小雅‧天保》「禴祠烝嘗,于公先王」,及毛氏傳文推測知之。殷,盛也,盛祭即大祭也。《爾雅》:「禘,大祭。」凡祭之大於餘祭者,皆得為禘。故冬至祭昊天上帝於圜丘,夏正祭感生帝於南郊,(《祭法》,有虞氏、夏后氏禘黃帝,

殷人、周人禘嚳。此禘謂圜丘。《大傳》:「王者禘其祖之所自出。」此禘謂南郊。)及宗廟五年一祭,皆為禘。《公羊傳》五年再殷祭,謂五年之中一祫一禘。禘之言諦,審諦昭、穆,徧祭之。祫之言合,合先君之主於太祖之廟而祭之。皆有盛大之義,皆殷祭也。夏殷天子諸侯三年喪畢為祫祭,後因以為常,三年一祫,五年一禘。周制以魯禮推之,亦三年喪畢為祫祭,明年為禘祭,後因以為常,亦三年一祫,五年一禘。所謂五年再殷祭者如此,謂再殷祭皆在此五年中耳。其實前祫距後祫,前禘距後禘,皆已六年矣。夏殷之制與周異者,天子當祫之歲,春惟一礿,而不祫,夏秋冬皆有祫,又有時祭,祫在先,時祭在後,所謂天子「犆礿,祫禘,祫嘗,祫烝」是也。諸侯當祫之歲,春亦惟一礿而不祫,夏當行時祭,一禘之時,犆行一祫,而不時祭,以異於天子。惟秋冬時祭,與祫得並舉,然亦時祭在先,祫祭在後,以異於天子。所謂諸侯「礿犆,禘,一犆一祫,嘗祫,烝祫」是也。天子惟祫歲廢一時祭。諸侯歲朝,則平常已每歲廢一時祭,至祫歲,夏禘又廢,凡廢二時祭。云若周則當祫之歲,但行於孟秋,當禘之歲,但行於孟夏,餘三時皆不行。天子諸侯皆然,但天子祫禘、時祭並舉,諸侯行祫禘,則廢時祭。……此周制與夏殷異也。因周祫但行於秋,故時祭名嘗,祫祭又名大嘗,則《祭統》所云「內祭大嘗禘是」。鄭言三代時祭、禘祫之制如此。(《文二年公羊傳》曰:「大祫者何?合祭也。其合祭奈何?毀廟之主陳於太祖,未毀廟之主皆升,合食於太祖。」此說甚精。但孔安國《論語》注曰:「禘祫之禮為序昭穆,故毀廟之主及群廟之主皆合食於太祖。」據此似禘與祫無別矣。考鄭《禘祫志》說禘云:「太王、王季以上遷主,祭於后稷之廟,其坐位與祫祭同。文、武以下遷主,若穆之遷主,祭於文王之廟。文王居室之奧,東面。文王孫成王居文王之東,而北面。以下穆主,直至親盡之祖,以次繼而東,皆北面,無昭主。若昭之遷主,祭於武王之廟。武王亦居室之奧,東面。其昭孫康王,亦居武王之東,而南面。亦以次繼而東,直至親盡之祖,無穆主也。」蓋祫為合聚昭穆,禘為諦審昭穆。《公羊傳》說祫,深得合聚之義。而鄭說禘,深得諦審之義,與孔安國禘祫皆序昭穆合。祫則於太祖廟列群廟之主,禘則於文、武廟各迎昭穆之主,故

云祫大禘小。而賈逵、劉歆云禘祫一祭二名，禮無差降。說雖異而
意則同也。鄭說必有所本。古書亡失者多，後儒不能信古，憑臆攻
難，自陸淳、趙匡以下，妄說紛紛，皆不足辨。）

【小結】此條抄自《尚書後案》卷六《商書》。作偽方式為點竄字句。

144. 有虞氏宗堯配天

案：舜為天子，當必立祖廟，堯祖廟當遷於丹朱之國。舜父瞽瞍，瞽瞍父
橋牛，橋牛父句望，句望父敬康，敬康父窮蟬，窮蟬父顓頊。唐虞五廟，則舜
當以敬康以下為四親廟，窮蟬親盡則入祧廟，而顓頊為太祖。馬融注《皋陶謨》
「祖考來格」三句，謂為舜除瞽瞍之喪，而祭宗廟之樂，或疑舜父之喪不知在
何時。馬說似出臆度。然是時舜已自製《韶》樂，則在為天子後。《孟子》言
「為天子父，以天下養」，舜為天子，瞽瞍尚在，則馬氏除喪之說未為無據。
《禮記·祭法》云：「有虞氏禘黃帝而郊嚳，祖顓頊而宗堯。」此謂配天之祭
耳。（上古配天，專尚有德。故舜郊天，猶以丹朱為尸，其時未有嚴父配天之
禮。三代以下，遂用其姓代之，故夏郊鯀，殷郊冥。）俗儒妄以禘與祖、宗皆
宗廟之祭，遂謂舜之祖廟所宗者堯，然則瞽瞍以上四親將於何廟祭之？《中庸》
言舜大孝，何以云宗廟饗之耶？非也。

【探源】《尚書後案》卷二《虞夏書》：

> 舜既為天子，必當自立祖廟，堯祖廟當遷於丹朱之國。……舜
> 父瞽瞍，瞽瞍父橋牛，橋牛父句望，句望父敬康，敬康父窮蟬，窮
> 蟬父帝顓頊。唐虞五廟，則舜當以敬康以下為四親廟，窮蟬親盡則
> 入祧廟，而顓頊為太祖。馬融以此為舜除瞽瞍之喪，而祭宗廟之樂，
> 或疑舜父之喪不知定在何時。馬說似出臆度。……是時舜已自製
> 《韶》樂，則在為天子後。《孟子》言「為天子父，以天下養」，舜為
> 天子，瞽瞍尚在，則除喪之說不為無據。《禮記·祭法》云：「有虞
> 氏禘黃帝而郊嚳，祖顓頊而宗堯。」此謂配天之祭耳。（上古配天，
> 專尚有德。故舜郊天，猶以丹朱為尸，其時未有嚴父配天之禮也。
> 三代以下，遂用其姓代之，故夏郊鯀，殷郊冥。）俗人妄以禘與祖、
> 宗皆宗廟之祭，遂謂舜之祖廟所宗者堯，然則瞽瞍以上四親將於何
> 廟祭之？《中庸》言舜大孝，何以曰宗廟饗之耶？非也。

【小結】此條抄自《尚書後案》卷二《虞夏書》。作偽方式為點竄字句。

145. 昭穆原廟制

【A】昭穆之義原本廟制。自太祖始基外，一傳為昭，再傳為穆，而由是以至於盡。如后稷為始祖，依次遞序，以至王季為昭，文王為穆，武王為昭，成王為穆。則共懿以後凡入廟者，皆得以昭穆計之。此昭穆以世次而定，不可移易者也。至祧廟時則昭穆一變。如祧王季時，則文遷於昭，武遷於穆，昭穆稍變。至祧文而武仍遷昭，成仍遷穆，則不變如故。如是三變而六廟已盡，是祧在遷廟，與合食太祖者仍相繼焉。此昭穆以廟次而定者，一如世次之昭穆，或移易而仍不移易者也。若或祖孫相繼，則以昭繼昭，以穆繼穆，世次已變，則昭穆不得不移易也。且有兄弟相繼如閔僖，叔侄相繼如懿孝者，則不惟昭穆移易，而倫序亦移易矣。然當時之論世次廟次者，反以變為正，以亂為定，若僖躋於閔則為逆祀，孝陞於懿則為畔制，此昭穆又以位次而定。舉世次廟次而一概移易焉，而無可如何者也。故工史書世，以世次而言也。宗祝書昭穆，以廟次而言也。《穀梁傳》云：「不以親親害尊尊。」以位次而言也。夫父昭子穆，對位者也。父穆子昭，降等而對位者也。祧必在昭，祔必在穆；祧必在東，祔必在西。晉孫毓云：「太祖在北，左昭右穆，以次而南。」【B】有謂七廟之制太祖居中，昭不必居左，穆不必居右。古人以右為尊，當以太祖廟之東，平行以次而東為四親廟。今考廟以昭穆為左右，雖不見於經。然《周禮·冢人》曰：「先王之葬居中，以昭穆為左右。」注曰：「昭居左，穆居右。」故賈疏即以墓之昭穆推廟之昭穆，【C】若五七並列，則尊卑偶坐，必不可通。故漢復廟制，同堂異室，以一世為一室。唐貞觀二十二年許敬宗奏亦云「共堂別室」，雖乖古制通，易可行也。

【探源】《四庫全書總目》卷二十五經部二十五《廟制考議》提要：

> 【B】又謂七廟之制，太祖居中，昭不必居左，穆不必居右，古人以右為尊，當於太祖廟之東，平行以次而東為四親廟。今考廟以昭穆為左右，雖不見於經。然考《周禮·冢人》曰：「先王之葬居中，以昭穆為左右。」注曰：「昭居左，穆居右。……故賈疏即以墓之昭穆推廟之昭穆。」

清杭世駿《續禮記集說》卷二十一：

> 姚氏際恒曰：今以此節分為三項，一廟制，一昭穆之親，一昭穆之位，逐項詳之如左。所謂廟制者，鄭氏謂此為周制，是也。記禮者，皆周末秦漢間人，凡其所言，自屬周制，鮮有及於周以上者，

有之，則必冠以時代，故以此謂周制為是。凡禮器，曾子問、穀梁、家語、荀卿所言七廟皆同，若夏殷廟制，經傳既無明文，不可考也。鄭又謂殷則六廟，夏則六廟，此據《禮緯・稽命徵》、《鉤命決》，諸說全不在信，所以王子雍別立為異說以排之，謂凡七廟者，皆不稱周室，意謂夏殷皆然，故偽古文尚書咸有一德曰：七世之廟，可以觀德，則殷亦儼然七廟，此出蕭手改易，呂覽中所引商書五世之廟，語說詳古文尚書本篇，是其謂夏殷七廟者，亦不可信也。……蓋三昭三穆之制，定於周公，行於成王，當時祖紺為昭，大王為穆，王季為昭，文王為穆，武王為昭，迨成王崩而為穆，其時適當六廟，整齊制度已畢，不復更益，故後之稱世次者，一準乎成王時。周公初定昭穆之稱，與夫康王時方六廟整齊，所以有昭穆之稱耳。其後康王崩，始入成王之廟，祧祖紺而昭穆一變矣。以文武言之，文王居穆者居昭，武王居昭者居穆，至祧大王皆而昭又不變，穆文王仍居穆，武王仍居昭，凡三易而遷，六廟已盡，於是所藏祧主之廟若文武自別立廟，與合食於太祖之皆，如祖紺、太王、王季、文王、武王、成王六世一依康王時之廟次，而世次自同，則所謂廟次之昭穆者此也，所謂世次之昭穆者亦此也。故後世昭穆之稱，既本於成、康時之昭穆，又本於合食大廟永永不變之昭穆，而云而其六廟遞遷之，或變或不變者不與焉，以其為暫而非常法也，故曰廟次與世次合一也。若《國語》云「工史書世，宗祝書昭穆」。紀世者，本史職；紀昭穆者，本祝職。此一事而兩用者。又云：宗廟之事，昭穆之世。此則單以廟中而言，前儒各見一隅，不能通達。主昭常為昭穆，常為穆者，泥昭穆之名，而紊父子之序，豈可為訓主昭復為穆，穆復為昭者，固得之矣。舉以《左傳》諸說，則不能達而始，以廟次世次不同為解，亦混而失理也。又曰：《祭法》云「適士二廟」，而此云士一廟，取《左傳》降殺以兩為說，故不云二廟，而亦但云士也。此疑附會。鄭氏曰：謂諸侯之中士、下士名曰官師者，上士二廟是則然矣。然舉上可知中下，未有舉中下以知上者也。又曰：郝仲與曰：大夫祭不得越禰祖，士庶人則並王父母不得祭，豈人情乎？此說非也。大夫以下廟制雖遞減，而祧者仍祭，非不祭也。或奉祀於適寢群主合享，與後世祠堂之制相似。祭法墠鬼之說，雖為不輕，

然亦云官師一廟，王考無廟，而祭之可見矣。但鄭氏於官師一廟注云祖禰同廟，則又謬廟無二主。自天子至士庶皆然，所以定其廟制之數，若數主可合一廟，則又如後世祠堂之制，雖千百主一廟足矣。何必為之定其廟數哉？

《五禮通考》卷五十九吉禮五十九：

> 張氏珍曰：「以周制言之，王季為昭，文王為穆；武王為昭，成王為穆，則所謂父昭子穆也。然則王季親盡其廟，既遷武王自右而上從王季之位，而不嫌尊於文王，何也？蓋昭穆以定位也。武王既為昭矣，則其位在左，自為尊卑，而無與乎文王之穆也。又四時常祀各於其廟，不偶坐而相臨，此其所以進居王季之位，而不嫌尊於文王也。及乎合食於太祖之廟，則王季文王更為昭穆，而世次雖遠，不可謂無尊卑之序矣。今若以王季親盡毀廟，文王自右而左居昭位，武王自下而上居穆位，及合饗之祭，而文王復為穆，武王更為昭，則是一身既為昭矣，又有時而為穆，既為穆矣，復有時而為昭。不唯亂昭穆之名，又考之經傳無所據矣。且生而居處歿而殯葬以至祔祭入廟為尸賜爵皆孫從祖而不從父所以昭穆常用世次奚至於廟次獨不然乎？」蕙田案：「張氏昭穆自為尊卑，而不嫌相臨，可補何氏所未及。」

清姚際恒《儀禮通論》卷八：

> 廟制之說，當以晉孫毓《集禮》為正，其言曰：「宗廟之制，外為都官，內各有寢廟，別為門垣，太祖在北，左昭右穆以次而南。」若然，則太祖與群廟不並立也。賈氏曰：「入大門東行，即至廟門，其間得有每門者，諸侯五廟，太祖之廟居中，二昭居東，二穆居西，廟皆別門，每門兩邊，皆有隔牆，隔牆中夾通門，則祖廟以西隔牆有三，門亦有三，東行經三門，乃至太祖廟門，是以每門皆有曲，有曲即相揖。」如賈之說，則是五廟並列，尊卑偶坐，昭穆不對，其義非矣。

宋王溥《唐會要》卷十二：

> 貞觀二十三年八月二十三日，禮部尚書許敬宗奏：宗祖弘農府君廟應遷毀，謹按舊儀，漢丞相韋元成以為毀主瘞埋，但萬國宗享，有所從來，一旦瘞藏，事不允愜。晉博士范宣意欲別立廟宇，奉徵

西等主安置其中，方之瘞埋，頗葉情理，然事無典故，亦未足依。又議者或言毀主藏於天府，按天府祥瑞所藏，本非斯意，今準量去祧之外，猶有壇墠祈禱，所及竊謂合宜，今時廟制，與古不同，共堂別室，西方為首。若在西夾之中，仍處尊位，祈禱則祭未絕祗享，方諸舊儀，情實可安。弘農府君廟遠親殺，詳據舊章，禮合迭毀。臣等參議遷奉神主於夾室，本情篤敬，在理為允。從之。

今按，《全唐文》卷一百五十三載李勣《請遷主祔廟表》：

> 竊謂合宜今時廟制，與古不同，共堂別室，西方為首。若在西夾之中，仍處尊位，祈禱則祭，未絕祈享，方諸舊儀，情實可安。弘農府君廟遠親殺，詳據舊章，禮合迭毀。臣等參議遷奉神主於夾室，本情篤敬，在理為允。

關於「同堂異室」之制，清黃以周《禮書通故》第一十六：舊說遷主所藏曰祧，祧主藏而不立。以周案：自古廟主藏於室之西壁坫中，故《公羊傳》謂栗主曰藏主，此不獨祧主然也。祧主亦設立特合祔之無專廟云爾，豈曰藏其主而不立也。藏主不立，乃壇墠之制，不可以之說祧主也。自祧禮不明，而廟制難復。東漢以來，皆用同堂異室之制，非皆因陋就簡也。自謂五世即遷，毀主不立，幾同無祀之鬼，虧心有不忍也。

【小結】此條抄自《四庫全書總目》卷二十五《廟制考議》提要、《儀禮通論》、《唐會要》。B 段抄自《廟制考議》提要，C 段源自姚際恒《儀禮通論》、《唐會要》。作偽方式有二：第一，點竄字句；第二，增加觀點句——「雖乖古制通，易可行也」。

146. 廟制三代不同

【A】案《王制》云：「天子七廟，三昭三穆，與太祖之廟而七。」鄭云：「此周制，七者，太祖及文武二祧與親廟四，太祖后稷。殷則六廟，契及湯與二昭二穆。夏則五廟，無太祖，禹與二昭二穆而已。」【B】鄭據《禮緯稽命徵》及《鉤命決》云：「唐虞五廟，親廟四，與始祖五。夏四廟，至子孫五。殷五廟，至子孫六。周六廟，至子孫七。故七廟惟周制為然。」蓋禹之時只有高祖以下四親，廟至子孫並禹則五矣。湯之時只有契及四親，至子孫並湯則六矣。周文武之廟不毀，以為二祧。始祖之廟亦不毀，則為七矣。【C】而王肅以為自古帝王皆以七廟為定制，非起於周，非也。《禮器》、《穀梁》、《王

制》皆云天子七廟，而盧植、尹更始皆以為專是周制。諸書雖不云周室，其實則是專指周制，以諸書皆周儒筆也。惟朱子云：「周制五廟，二昭二穆，至祧文時始立。文世室於廟之西北，祧武時始立武世室於廟之東北而為七廟。凡昭之祧主藏於武世室，穆之祧主藏於文世室」云云者，蓋因周初七廟未備，在康昭以前尚與諸侯五廟無異。至穆王祧文時始加六廟，至共王祧武時始具七廟，故云然耳。若夫廟位，則必南向。考《雜記》，釁廟用羊，雍人自中屋南面舉羊，宰夫北面刲之。又《祭統》，一獻，醻卿，並賜爵祿，君代祖南面以賜，卿北面拜受之。夫曰北面刲羊，北面拜受，是廟南向也。而廟主必東向，蓋廟外有門，垣內有堂室，皆南向。惟堂東西箱謂之夾室。《雜記》所謂釁廟之禮有東西夾室是也。室實未嘗東向，而其式以西為尊，但啟戶於東南一隅，而北磊土壁，謂之塘，南啟交窗謂之南牖。自此迤西，其在南隅曰奧，在北隅曰屋漏。當奧與屋漏之間，正西壁下為室之盡處，為至尊而廟主所藏。在其壁間且藏以石室，所稱宗祏是也。則凡祭大小，皆設主於室，而後迎尸於堂焉。此其大略也。代遠年湮，後儒好為臆斷，或五廟九廟，或南向東向，異說紛紛矣。

【探源】《尚書注疏》卷八：

【A】《王制》云：天子七廟，三昭三穆，與太祖之廟而七。……《漢書》韋玄成議曰：周之所以七廟者，后稷始封，文王武王受命，而王是以三廟不毀，與親廟四而七也。鄭玄用此為說，惟周有七廟二祧為文王武王廟也。故鄭玄王制注云：此周制，七者，太祖及文王、武王二祧與親廟四太祖后稷也。殷則六廟，契及湯與二昭二穆也。夏則五廟，無太祖，禹與二昭二穆而已。良由不見古文，故為此謬說。此篇乃是商書已云七世之廟，則天子立七廟，王者常禮，非獨周人始有七廟也。文武則為祖宗不在昭穆之數，王制之文不得云三昭三穆也。劉歆、馬融、王肅雖則不見古文，皆以七廟為天子常禮，所言二祧者，王肅以為高祖之父及祖也，並高祖已下共為三昭三穆耳。《喪服小記》云：王者禘其祖之所自出，以其祖配之而立四廟，庶子王亦如之，所以不同者，王肅等以為受命之王是初基之王，故立四廟，庶子王者，謂庶子之後自外繼立，雖承正統之後，自更別立己之高祖已下之廟，猶若漢宣帝別立戾太子悼皇考廟之類也。或可庶子初基為王，亦得與嫡子同正立四廟也。

《蛾術編》卷六十八說制六「廟制」：

　　　　【B】《禮緯稽命徵》、《鉤命決》並云：「唐虞五廟：親廟四，與
　　　始祖五。禹四廟，至子孫五。殷五廟，至子孫六。周六廟，至子孫
　　　七。」故七廟獨周制為然。蓋禹之時，只有高祖以下四親，至子孫
　　　並禹則五矣。湯之時，只有契及四親，至子孫並湯則六矣。周文、
　　　武之廟不毀，以為二祧。始祖之廟亦不毀，則為七矣。

　　今按，孫星衍《孫淵如先生全集》本《問字堂集》卷六《五廟二祧辨》
亦云：

　　　　王肅叛經，於大禮事事與鄭康成異。肅小人儒，不足言。宋之
　　　議禮者多承其誤，亦可怪也！周制五廟，后稷與四親廟合文武廟為
　　　七。其在祭法云：王立七廟，曰考廟，曰王考廟，曰皇考廟，曰顯
　　　考廟，謂四親廟也，曰祖考廟，謂始祖廟也，曰有二祧，謂文武廟
　　　也。其云遠廟為祧，指先公先王之毀廟而言，猶云遠廟入祧，三祧
　　　言二者，本文上有祖考廟即祧也。鄭康成據此說禮，不必出於緯書。
　　　後儒於《祭法》本文不能通解，何哉？服虔注《左傳》云：曾祖之
　　　廟為祧。此曾祖非高曾之謂，猶云遠祖，若《詩》稱曾孫也。朱文
　　　公見偽書《咸有一德》，以為《商書》，已云七世之廟鄭說恐非。不
　　　考孔壁真古文十六篇，非此《咸有一德》，又不知《呂氏春秋》引《商
　　　書》正作五世之廟，始知鄭康成義不可易矣。韋元成議亦同鄭。後
　　　儒又疑劉歆異議。按歆說七廟謂宗不在數中者，謂如周室始祖廟四
　　　親廟及文武二廟之外，有功德可宗之主則增之至八，非謂文武不在
　　　七廟數中。周人祖文王而宗武王。歆但云宗，不得為文武之稱也。
　　　祧字古文為濯，鄭康成釋為超上去意者，謂毀廟主超上入於后稷文
　　　武之廟，因名此三廟為三祧，非三廟本名祧也。夏殷廟制固出於《禮
　　　緯稽命徵》，然周秦以降文獻無徵，賴有緯書考知古禮，儒者安能捨
　　　而不用？且《周官》馮相保章氏所掌之書類即讖緯，無足怪者。予
　　　因《五禮通考》不能深明古制鄭義，故作辨及表，附以《聖證論難
　　　王義》，並附《社稷表》於後，為鄭學者駁王肅社稷之說尤為典要明
　　　確，故不別作辨。

　　【小結】此條抄自《尚書注疏》卷八、《蛾術編》卷六十八「廟制」條。
作偽方式有二：第一，點竄字句；第二，增加句子。

147. 明堂之制

【A】《匠人》明堂五室,其實則十二堂。以《月令》考之,中央太廟太室,正室也,一室而四堂。其東堂曰青陽太廟,南堂曰明堂太廟,西堂曰總章太廟,北堂曰元堂太廟。四隅之室,夾室也。四室而八堂。東北隅之室,元堂之右夾,青陽之左夾也;其北堂曰元堂右個,東堂曰青陽左個。東南隅之室,青陽之右夾,明堂之左夾也;其東堂曰青陽右個,南堂曰明堂左個。西南隅之室,明堂之右夾,總章之左夾也;其南堂曰明堂右個,西堂曰總章左個。西北隅之室,總章之右夾,元堂之左夾也;其西堂曰總章右個,北堂曰元堂左個。此明堂之制也。明堂位,所謂昔周公朝諸侯於明堂之位是也。【B】《孝經》云:「宗祀文王於明堂,以配上帝。」《祭法》云:「祖文王而宗武王。」鄭注:「祭五帝於明堂,曰祖宗。」是明堂為祀五天帝、五人帝,而以文、武配食之處也。文王生時,紂尚在。武王初定天下,生時宮未暇為明堂制。周公致治,制禮樂,乃立明堂於洛邑。【C】《洛誥》「王入太室祼」,即《月令》所謂太廟太室也。【D】毛奇齡《明堂問》專訾鄭康成之主五室之非,誤矣。

【E】案崑山王應電謂明堂即王之六寢,宗祀文王以配上帝,不得於王之寢地,當在南郊,與郊天同。迎尸又謂郊天,迎尸亦當於明堂。考《通典》載南郊去國五十里,明堂在國三里之外、七里之內。相距四十餘里,安有祭祀迎尸,遠在四十里外者?蓋《周禮·掌次》:「凡祭祀,張尸次。」其尸幄切近壇宮,迎尸即於此幄。是未考注疏故耳。

【探源】《尚書後案》卷十九《周書》:

> 【B】《孝經》云:「宗祀文王於明堂,以配上帝。」《禮記·祭法》云:「祖文王而宗武王。」鄭彼注云:「祭五帝於明堂,曰祖宗。」是明堂為祀五天帝、五人帝,而以文、武配食之處。……文王生時,紂尚在。武王初定天下,生時宮未暇為明堂制。……周公致太平,制禮樂,營明堂於洛邑。

《四庫全書總目》卷十九《周禮傳》提要:

> 【E】應電以當地祇大祭,殊於經義有乖。至謂明堂即王之六寢,宗祀文王以配上帝,不得於王之寢地。當在南郊,與郊天同。迎尸則於明堂。……考《通典》載南郊去國五十里,明堂在國三里之外、七里之內,則相距凡四十餘里,安有祭時迎尸,遠在四十里外者?《周禮·掌次》:「凡祭祀,張尸次。」蓋尸幄切近壇宮,迎尸

即於此幄。應電未核注疏，故有此訛。

《尚書後案》卷二十五《周書》：

【C】《洛誥》「王入太室祼」，即《月令》所謂「太廟太室也」。

【A】《匠人》明堂五室，其實則十二堂。再以《月令》考之，中央太廟太室，正室也，一室而四堂。其東堂曰青陽太廟，南堂曰明堂太廟，西堂曰總章太廟，北堂曰元堂太廟。四隅之室，夾室也。四室而八堂。東北隅之室，元堂之右夾，青陽之左夾也；其北堂曰元堂右個，東堂曰青陽左個。東南隅之室，青陽之右夾，明堂之左夾也；其東堂曰青陽右個，南堂曰明堂左個。西南隅之室，明堂之右夾，總章之左夾也；其南堂曰明堂右個，西堂曰總章左個。西北隅之室，總章之右夾，元堂之左夾也；其西堂曰總章右個，北堂曰元堂左個。

《四庫全書總目》卷二十五經部二十五《明堂問》提要：

【D】其大意專詧鄭康成之主五室為非。……輕議前儒，未免反成舛漏矣。

【小結】此條抄自《尚書後案》卷十九《周書》、卷二十五《周書》、《四庫全書總目》卷十九《周禮傳》提要、卷二十五《明堂問》提要。作偽方式有四：第一，點竄字句；第二，增加句子；第三，改變順序；第四，多源組合，C、A 段抄自卷二十五《周書》，B 段抄自卷十九《周書》，D 段抄自《明堂問》提要，E 段抄自《周禮傳》提要。

148. 祼禮有二

案：《禮記·郊特牲》云：「周人尚臭，灌用鬯臭，鬱合鬯，臭陰達於淵泉。既灌，然後迎牲。」《論語》「既灌」，孔安國注：「酌鬱鬯，灌以降神。」此皆言始時灌地降神之祼。《祭統》云：「君執圭瓚祼屍。」鄭注《周禮·司尊彝》云：「祼謂以圭瓚酌鬱鬯，始獻尸。」此皆言獻尸之祼。《洛誥》「殺禋」，是先殺後祼，為獻尸之祼。疏誤以獻尸之祼為即是降神之祼也，非也。

【探源】《尚書後案》卷十九《周書》：

《郊特牲》云：「周人尚臭，灌用鬯臭，鬱合鬯，臭陰達於淵泉。既灌，然後迎牲。」《論語》「既灌」，孔安國注：「酌鬱鬯，灌以降神。」此皆言始時灌地降神之祼。《祭統》云：「君執圭瓚祼尸。」鄭

注《周禮·司尊彝》云:「祼謂以圭瓚酌鬱鬯,始獻尸。」此皆言獻尸之祼。經先殺後祼,自是獻尸之祼。疏誤以獻尸之祼即是降神之祼,……大謬。

【小結】此條抄自《尚書後案》卷十九《周書》。作偽方式為點竄字句。今按,「祼」,《漢語大詞典》亦分列二義項:

1. 祭名。以香酒灌地而求神。《書·洛誥》:「王入太室祼。」孔穎達疏:「王以圭瓚酌鬱鬯之酒以獻尸,尸受祭而灌於地,因奠不飲,謂之祼。」《魏書·禮志一》:「殺牲祼神,誠是一日之事,終無夕而殺牲,待明而祭。」唐陳叔達《太廟祼地歌辭》:「清廟既祼,鬱鬯推禮。」王國維《觀堂集林·再與林博士論〈洛誥〉書》:「古祼字即借用果木之果。《周禮》故書之果,乃其最初之假借字,而祼乃其孳乳之形聲字也。故果字最古,祼字次之。惟《論語》、《戴記》始有灌字。」2. 對朝見的諸侯行祼禮,以爵酌香酒而敬賓客。《周禮·春官·典瑞》:「祼圭有瓚,以肆先王,以祼賓客。」鄭玄注:「爵行曰祼。」賈公彥疏:「此《周禮》祼皆據祭而言,至於生人飲酒亦曰祼。故《投壺禮》云『奉觴賜灌』,是生人飲酒爵行亦曰灌。」王國維《觀堂集林·再與林博士論〈洛誥〉書》:「《周禮》諸書,祼字兼用神人,事實也;《大宗伯》以肆獻祼為序,與《司尊彝》之先祼尊而後朝獻,再獻之尊,亦皆事實而互相異者也。」

149. 皇天上帝

【A】案冬至所祀於圜丘,以帝嚳配者,皇天也。正月所祀於南郊,以后稷配者,上帝也。諸經文有兼稱者,有單稱者。【B】賈公彥云:「《春秋運斗樞》云:『太微宮有五帝座星,即《春秋文耀鉤》云靈威仰、赤熛怒、含樞紐、白招拒、汁光紀也。』又《元命包》云:『太微為天庭五帝以合時,此等是五帝之號也。』又按《元命包》云:『紫微宮為太帝。』又云:『天生大列為中宮太極星,其一明者,太乙常居,傍兩星巨室子位,故為北辰,以起節度。亦為紫微宮,紫之言中,此宮之中天神圖法,陰陽、開閉,皆在此中。』又《文耀鉤》云:『中宮大帝,其北極星下一明者,為太乙之先,合元氣以斗布常,是天皇大帝之號也。』」(《晉志》曰:北極五星在紫微宮中,名曰北辰,其紐一星,天之樞也。天運無窮,三光迭耀,而極星終古不動。)又案《爾雅》云:「北

極謂之北辰。」鄭注云：「天皇北辰耀魄寶。」又云：「皇天上帝，又名太乙帝君。以其尊大，故有數名也。」其紫微宮中皇天上帝，亦名昊天上帝，得連上帝而言。至於單名皇天，單名上帝，亦得。故《尚書・君奭》云「格於皇天」，鄭云：「皇天，北極大帝。」又《掌次》云：「張氈案，設皇邸，以旅上帝。」上帝即大帝。觀《堯典》曰：「欽若昊天。」皆是上帝單名之事。【C】是皇天得兼稱上帝，上帝不得兼稱皇天也。

【探源】《尚書後案》卷二十二《周書》：

【A】冬至所祀於圜丘，以帝嚳配者，皇天也。正月所祀於南郊，以后稷配者，上帝也。……諸文有兼稱者，有單稱者。

【C】蓋皇天得兼稱上帝，上帝不得兼稱皇天故耳。

【B】（賈公彥云：「《春秋運斗樞》云『太微宮有五帝座星，即《春秋文耀鉤》云春靈威仰』云云。又《元命苞》云：『太微為天庭五帝以合時』，此等是五帝之號也。又按《元命苞》云『紫微宮為大帝』。又云：『天生大列為中宮太極星，其一明者，太一常居，傍兩星巨辰子位，故為北辰，以起節度。亦為紫微宮，紫之言中，此宮之中天神圖法，陰陽、開閉，皆在此中。』又《文耀鉤》云：『中宮大帝，其北極星下一明者，為大一之先，合元氣以斗布常，是天皇大帝之號也。』又按《爾雅》云：『北極謂之北辰。』鄭注云：『天皇北辰耀魄寶。』又云：『皇天上帝，又名太一帝君。以其尊大，故有數名也。』其紫微宮中皇天上帝，亦名昊天上帝，得連上帝而言。至於單名皇天，單名上帝，亦得。故《尚書・君奭》云『格於皇天』，鄭云：『皇天，北極大帝。』又《掌次》云：『張氈案，設皇邸，以旅上帝。』上帝即大帝。《堯典》曰『欽若昊天』，皆是上帝單名之事。」）

【小結】此條抄自《尚書後案》卷二十二《周書》。作偽方式有三：第一，點竄字句；第二，增加句子；第三，改變順序（原文順序為 A、C、B）。

150. 古今樂律

【A】古樂：鐘、磬、琴、瑟、塤、箎、柷、敔。今樂則用箏、笛、鼓、板。【B】《宋史・樂志》云蜀人房庶著書論古樂，謂：「上古世質，器與聲樸，後世稍變焉。金石，鍾磬也，後世易之為方響；絲竹，琴簫也，後世變之為箏

笛；匏，笙也，攢之以斗；土，塤也，變而為甌；革，麻料也，擊而為鼓；木，柷敔也，貫之為板。此八音者，於世甚便。」其意蓋以世所謂雅樂未必如古，而教坊所奏豈盡淫聲？今古之分，分於聲之變，而不在器也。【C】古樂五音十二律，今樂則稱五凡工尺上一四六勾合。【D】《中興四朝・樂志》敘云：「蔡元定嘗為《燕樂》一書，證俗失以存古意。」略言「黃鐘用『合』字，大呂、太簇用『四』字，夾鐘、姑洗用『一』字，夷則、南呂用『工』字，無射、應鐘用『凡』字，各以上下分為清濁。其中呂、蕤賓、林鐘用『尺』字，其黃鐘清用『六』字，大呂、太簇、夾鐘清各用『五』字，而以上、下緊別之。緊『五』者，夾鐘清聲，俗樂以為宮。此其取律寸、律數、用字紀聲之略也。」唐宋所謂四聲二十八調者，段安節《樂府雜錄》謂用宮、商、角、羽分平、上、去、入四聲，其徵音有其聲無其調，去聲宮七調，則正宮、高宮、中呂宮、道宮、南呂宮、仙呂宮、黃鐘宮，皆生於黃鐘。入聲商七調，則大石調、高大石調、雙調、小石調、歇指調、林鐘調、越調，皆生於太簇平聲。羽七調，則般涉調、高般涉調、中呂調、正平調、南呂調、仙呂調、黃鐘調，皆生於南呂上聲。角七調，則大食角、高大食角、雙角、小石角、歇指角、林鐘角、越角，皆生於應鐘上平聲，為徵聲，商角同用，宮逐羽音。蓋聲由陽來，陽生於子，終於午。燕樂以夾鐘收四聲，曰宮，曰商，曰羽，曰閏。閏為角，其正角聲變聲徵聲，皆不收，而獨用夾鐘為律本。蓋徵在商之中，猶之《周禮》圜鐘、函鐘、黃鐘三宮，有角、徵、羽而無商。商角同用，而宮逐羽音，移宮換羽，角必反宮。鄭康成以為祭尚柔，而商堅剛。陳暘《樂書》以商為金聲而周以木王，避其所克，似皆曲說也。若今所謂七調、十三調者，七調則淒涼調、凡字調、閉工調、正宮調、乙字調、梅花調、頂調也。十三調則黃鐘調、正宮調、大石調、小石調、仙呂調、中呂調、南呂調、雙調、越調、商角調、般涉調、子母調也。調之高下，或以橫直為喻。如琴之十三徽為橫，七絃為直。是即二十八調之遺也。與《通雅》云：「十二律正倍二十四聲，後以不能盡用，加四清聲，合為十六。今宮譜北曲亦十六調也。」然則陳晉之以京房二變四清為樂之蠹，似屬過高之論矣。

【探源】汪師韓《韓門綴學》卷一「古今樂器樂聲」：

【A】古樂：鐘、磬、琴、瑟、塤、篪、柷、敔。今樂則用箏、笛、鼓、板。

【C】古樂五音十二律，今樂則稱五凡工尺上一四六勾合。

【B】《宋史·樂志》云蜀人房庶著書論古樂，謂：「上古世質，器與聲樸，後世稍變焉。金石，鍾磬也，後世易之為方響；絲竹，琴簫也，後世變之為箏笛；匏，笙也，攢之以斗；土，塤也，變而為甌；革，麻料也，擊而為鼓；木，柷敔也，貫之為板。此八音者，於世甚便。」其意蓋以世所謂雅樂未必如古，而教坊所奏豈盡淫聲？古今之分，分於聲之變，而不在器也。……

【D】又《中興四朝·樂志》敘曰：「蔡元定嘗為《燕樂》一書，證俗失以存古意。」略言「黃鐘用『合』字，大呂、太簇用『四』字，夾鐘、姑洗用『一』字，夷則、南呂用『工』字，無射、應鐘用『凡』字，各以上下分為清濁。其中呂、蕤賓、林鐘不可以上下分，中呂用『上』字，蕤賓用『勾』字，林鐘用『尺』字，其黃鐘清用『六』字，大呂、太簇、夾鐘清各用『五』字，而以上、下緊別之。緊『五』者，夾鐘清聲，俗樂以為宮。此其取律寸、律數、用字紀聲之略也。」唐宋所謂四聲二十八調者，段安節《樂府雜錄》謂用宮、商、角、羽分平、上、去、入四聲，其徵音有其聲無其調，去聲宮七調（正宮、高宮、中呂宮、道宮、南呂宮、仙呂宮、黃鐘宮），皆生於黃鐘。入聲商七調（大石調、高大石調、雙調、小石調、歇指調、林鐘調、越調），皆生於太簇平聲。羽七調（般涉調、高般涉調、中呂調、正平調、南呂調、仙呂調、黃鐘調），皆生於南呂上聲。角七調（大食角、高大食角、雙角、小石角、歇指角、林鐘角、越角），皆生於應鐘。上平聲調為徵聲，商角同用，宮逐羽音。蓋聲由陽來，陽生於子，終於午。燕樂以夾鐘收四聲，曰宮，曰商，曰羽，曰閏。閏為角，其正角聲、變聲、徵聲，皆不收，而獨用夾鐘為律本。蓋徵在商之中，猶之《周禮》圜鐘、函鐘、黃鐘三宮，有角、徵、羽而無商。商角同用，而宮逐羽音，移宮換羽，角必反宮。鄭康成以為祭尚柔，而商堅剛。陳暘《樂書》以商為金聲而周以木王，避其所克，似皆曲說也。若今所謂七調、十三調者，七調則淒涼調、凡字調、閉工調、正宮調、乙字調、梅花調、頂調也。十三調則黃鐘調、正宮調、大石調、小石調、仙呂調、中呂調、南呂調、雙調、越調、商調、商角調、般涉調、子母調也。調之高下，或以橫直為喻。如琴之十三徽為橫，七絃為直。是即二十八調之遺也與？《通雅》云：

「十二律正倍合二十四聲，後以不能盡用，加四清聲，合為十六。

今宮譜北曲亦十六調也。」然則陳晉之以京房二變四清為樂之蠹，

似屬過高之論矣。

【小結】此條抄自《韓門綴學》卷一「古今樂器樂聲」。原文順序為 A、
C、B、D。作偽方式有三。第一，點竄字句；第二，增加句子；第三，改變
順序。

《經史雜記》探源卷六

151. 相墓非始於郭璞

　　世傳相墓之術始於郭璞。然《後漢書・袁安傳》，安覓地葬父，有三書生指一處云，葬此當世為三公。安從之，故累世隆盛。《晉書・羊祜傳》，有相墓者言祜祖墓有帝王氣，祜乃鑿之。相者曰，猶當出折臂三公。祜墮馬折臂，果位三公。則又在璞之前。即璞本傳亦止載其卜筮靈驗之處，亦未嘗及相墓。又璞所著書，載其靈驗事蹟者曰《洞林》，抄京、費諸家最要者曰《新林》，又《卜韻》一篇，注《爾雅》、《三蒼》、《方言》、《穆天子傳》、《山海經》、《楚辭》、《子虛》、《上林賦》，及所作詩賦誄頌共數十萬言，亦無所謂《葬經》也。惟內稱郭璞葬母暨陽，去水百步。或以近水言之，璞曰：「當即為陸矣。」其後果沙漲數十里。又璞為人葬墓，晉明帝微服觀之，問主人何以葬龍角。主人曰：「郭璞云，此葬龍耳，當致天子。」帝曰：「當出天子耶？」主人曰：「非出天子，能致天子至耳。」此璞以相墓擅名，而後世皆以為葬術之始，而葬術之行，亦即由是時而盛。陶侃將葬父，家中忽失牛，有父老謂曰：「前岡見有一牛眠山污中，若葬之，位極人臣。」又指一山曰：「此亦其次，當出二千石。」侃尋得牛，因葬其處，以所指別山與周訪葬其父。後果為三公，訪為刺史。宋武帝父墓在丹徒侯山，有孔恭者善占墓，謂此非常地，後果為天子。齊高帝舊塋在武進彭山，岡阜相屬，百里不絕，其上常有五色雲。宋明帝惡之，遣占墓者高靈文往相之。靈文先給事齊高，乃詭曰：「不過方伯耳。」私謂齊高曰：「貴不可言。」後果登極。齊高之母劉氏與夫合葬時，墓工始下錨，有白兔跳起。及墳成，又止其上。荀伯玉家墓，有相者曰當出暴貴而不久。伯玉

官果至散騎常侍，坐事誅。柳世隆曉術數，於倪塘創墓，與賓客往遊，十往五往常坐一處，及卒，正葬其地。杜嶷葬祖父，梁元帝忌之，令墓工惡為之，逾年嶷卒。梁武丁貴嬪薨，昭明求得善墓地，被俞三副以己地奏帝，買葬之。有道士謂此地不利長子，教以用蠟鵝諸物厭之。後事發，昭明以此慚懼而薨。吳明徹葬父，有伊氏善占墓，謂其兄曰：「葬日必有乘白馬逐鹿者過此，此是最小子大貴之徵。」明徹後果大貴。是相墓之術六朝時益盛行矣。據《昭明太子傳》「不利長子」，《吳明徹傳》「最小子大貴」之言，即術家所云大房、小房之說也。

【探源】《廿二史劄記》卷八「相墓」：

> 相墓術相傳始於郭璞。然《後漢書·袁安傳》，安覓地葬父，有三書生指一處云，葬此當世為上公。從之，故累世隆盛。《晉書·羊祜傳》，有相墓者言祜祖墓有帝王氣，祜乃鑿之。相者曰，猶當出折臂三公。後祜墮馬折臂，果位三公。則又在璞之前，即璞本傳載其卜筮靈驗之處甚多，……亦未嘗及相墓也。又璞所著書，載其靈驗事蹟者曰《洞林》，抄京、費諸家最要者曰《新林》，又《卜韻》一篇，注《爾雅》、《三蒼》、《方言》、《穆天子傳》、《山海經》、《楚辭》、《子虛》、《上林賦》，及所作詩賦誄頌共數十萬言，亦未有所謂《葬經》也。惟傳內稱璞葬母暨陽，去水百步。或以近水言之，璞曰：「當即為陸矣。」其後果沙派數十里。又璞為人葬墓，晉明帝微服觀之，問主人何以葬龍角。主人曰：「郭璞云，此葬龍耳，當致天子。」帝曰：「當出天子耶？」主人曰：「非出天子，能致天子至耳。」此璞以相墓擅名，而後世皆以為葬術之始也，而葬術之行，實即由是時而盛。陶侃將葬父，家中忽失牛，有老父謂曰：「前岡見有一牛眠山污中，若葬之，位極人臣。」又指一山曰：「此亦其次，當出二千石。」侃尋得牛，因葬其處，以所指別山與周訪葬其父。後侃果為三公，訪為刺史。……宋武帝父墓在丹徒侯山，有孔恭者善占墓，謂此非常地，後果為天子。齊高帝舊塋在武進彭山，岡阜相屬，百里不絕，其上常有五色雲。宋明帝惡之，遣占墓者高靈文往相之。靈文先給事齊高，乃詭曰：「不過方伯耳。」私謂齊高曰：「貴不可言。」後果登極。……齊高之母劉氏與夫合葬時，墓工始下錙，有白兔跳起。及墳成，又止其上。……荀伯玉家墓，有相之者，謂當

出暴貴而不久，伯玉官果至散騎常侍，坐事誅。……柳世隆曉術
數，於倪塘創墓，與賓客往遊，十往五往常坐一處，及卒，正葬其
地。……梁武丁貴嬪薨，昭明太子求得善墓地，被俞三副以己地奏
帝，買葬之。有道士謂此地不利長子，教以用蠟鵝諸物厭之。後事
發，昭明以此慚懼而薨。（《昭明太子傳》）杜嶷葬祖父，梁元帝忌
之，命墓工惡為之，逾年而嶷卒。（《嶷傳》）吳明徹葬父，有伊氏者
善占墓，謂其兄曰：「葬日必有乘白馬逐鹿者過此，此是最小子大貴
之徵。」明徹後果大貴。……可見六朝時此術已盛行。如《昭明傳》
曰「不利長子」，《明徹傳》曰「最小子大貴」，則術家所云長房、小
房之說。

【小結】此條抄自《廿二史劄記》卷八「相墓」。作偽方式有二：第一點
竄字句；第二，改變標題，將「相墓」改為「相墓非始於郭璞」。

152. 渾天儀傳自齊、梁

言天體者三家：一周髀，亦曰蓋天。二宣夜，三渾天。宣夜家絕無師說，
不知其術若何。周髀之說謂天似覆盆，蓋以斗極為中，中高而四邊下，日月傍
行遶之。日近而見之為晝，日遠而不見為夜。蔡邕以為，考驗天象，多所違
失，故史官不用。渾天者以為地在其中，天周其外，日月初登於天，後入於地。
晝則日在地上，夜則日入地下。王蕃《渾天儀說》云：「天之形狀似鳥卵，天
包地外，猶卵之裏黃，圓如彈丸，故曰渾天。」言其形體渾渾然也。其術以為
天半覆地上，半在地下。其天居地上，見有一百八十二度半強，地下亦然。北
極出地上三十六度，南極入地下亦三十六度，而嵩高正當天之中極，南五十五
度當嵩高之上。又其南十二度為夏至之日道，又其南二十四度為春秋分之日
道，又其南二十四度為冬至之日道，南下去地三十一度而已。是夏至日北去極
六十七度，春秋分去極九十一度，冬至去極一百一十五度，此其大率也。其南
北極持其兩端，其天與日月星宿斜而回轉。此必古有其法，遭秦而滅。至漢武
帝時，落下閎始經營之，鮮于妄人又量度之。至宣帝時，司農中丞耿壽昌始鑄
銅而為之象。後漢張衡作《靈憲》以說其狀。蔡邕、鄭康成、陸績、王蕃、姜
岌、張衡、（晉人）葛洪皆論渾天之義。江南宋元嘉中，皮延宗又作《是渾天
論》。太史令錢樂之亦鑄銅為儀，傳於齊梁，周平江陵，遷其器於長安。衡長
八尺，孔徑一寸，機徑八尺，圓周二丈五尺強，轉而望之，以知日月星辰之所

在。自唐宋以來，其法漸密。為儀三重，其在外者曰六合儀。平置黑單環上，刻十二辰、八干四隅在地之位，以準地面而定四方。側立黑雙環，背刻去極度數，以中分天脊，直跨地平使其半出地上，半入地下，而結於其子午，以為天經。斜倚赤單環，背刻赤道度數，以平分天腹，橫繞天經，亦使半出地上，半入地下，而結於其卯酉，以為天緯。三環表裏相結，不動其天經之環，則南北二極皆為圓軸，虛中而內向，以挈三辰四遊之環，以其上下四旁於是可考，故曰六合。次其內曰三辰儀。側立黑雙環，亦刻去極度數，外貫天經之軸，內挈黃赤二道。其赤道則為單赤環，外依天緯，亦刻宿度，而結於黑雙環之卯酉。其黃道則為黃單環，亦刻度數，而又斜倚於赤道之腹，以交結於卯酉，而半入其內，以為春分後之日軌；半出其外，以為秋分後之日軌。又為白單環，以承其交，使不傾。墊下設機輪，以水激之，使其日夜隨天東西運轉，以象天行。以其日月星辰於是可考，故曰三辰。其最在內者曰四遊儀。亦為黑雙環，如三辰儀之制，以貫天經之軸。其環之內則兩面當中，各施直距外指兩軸，而當其要中之內面又為小竅，以受玉衡。要中之小軸，使衡既得隨環東西轉運，又可隨處南北低昂，以待占者之仰窺焉。以其東西南北無不周徧，故曰四遊。此其大略也。

【探源】《尚書後案》卷一《虞夏書》：

言天體者三家：一周髀，（亦曰蓋天）二宣夜，三渾天。宣夜家絕無師說，不知其術若何。周髀之說謂天似覆盆，蓋以斗極為中，中高而四邊下，日月旁行遶之。日近而見之為晝，日遠而不見為夜。蔡邕以為，考驗天象，多所違失，故史官不用。渾天者以為地在其中，天周其外，日月初登於天，後入於地。晝則日在地上，夜則日入地下。王蕃《渾天說》云：「天之形狀似鳥卵，天包地外，猶卵之裏黃，圓如彈丸，故曰渾天。」言其形體渾渾然也。其術以為天半覆地上，半在地下。其天居地上，見有一百八十二度半強，地下亦然。北極出地上三十六度，南極入地下亦三十六度，而蒿高正當天之中極，南五十五度當蒿高之上。又其南十二度為夏至之日道，又其南二十四度為春秋分之日道，又其南二十四度為冬至之日道，南下去地三十一度而已。是夏至日北去極六十七度，春秋分去極九十一度，冬至去極一百一十五度，此其大率也。其南北極持其兩端，其天與日月星宿斜而回轉。此必古有其法，遭秦而滅。至漢武帝時，

落下閎始經營之，鮮于妄人又量度之。至宣帝時，司農中丞耿壽昌始鑄銅而為之象。後漢張衡作《靈憲》以說其狀。蔡邕、鄭康成、陸績、王蕃、姜岌、張衡、（晉人）葛洪皆論渾天之義。江南宋元嘉中，皮延宗又作是《渾天論》。太史令錢樂之亦鑄銅為儀，傳於齊梁，周平江陵，遷其器於長安。衡長八尺，孔徑一寸，璣徑八尺，圓周二丈五尺強，轉而望之，以知日月星辰之所在。自唐宋以來，其法漸密，大約為儀三重，其在外者曰六合儀。平置黑單環上，刻十二辰、八干四隅在地之位，以準地面而定四方。側立黑雙環，背刻去極度數，以中分天脊，直跨地平使其半出地上，半入地下，而結於其子午，以為天經。斜倚赤單環，背刻赤道度數，以平分天腹，橫繞天經，亦使半出地上，半入地下，而結於其卯酉，以為天緯。三環表裏相結，不動其天經之環，則南北二極皆為圓軸，虛中而內向，以挈三辰四遊之環，以其上下四方於是可考，故曰六合。次其內曰三辰儀。側立黑雙環，亦刻去極度數，外貫天經之軸，內挈黃赤二道。其赤道則為赤單環，外依天緯，亦刻宿度，而結於黑雙環之卯酉。其黃道則為黃單環，亦刻宿度，而又斜倚於赤道之腹，以交結於卯酉，而半入其內，以為春分後之日軌；半出其外，以為秋分後之日軌。又為白單環，以承其交，使不傾。墊下設機輪，以水激之，使其日夜隨天東西運轉，以象天行。以其日月星辰於是可考，故曰三辰。其最在內者曰四遊儀。亦為黑雙環，如三辰儀之制，以貫天經之軸。其環之內則兩面當中，各施直距外指兩軸，而當其要中之內面又為小竅，以受玉衡。要中之小軸，使衡既得隨環東西運轉，又可隨處南北低昂，以待占候者之仰窺焉。以其東西南北無不周遍，故曰四遊。此其略也。

【小結】此條抄自《尚書後案》卷一《虞夏書》。作偽方式為點竄字句。

153. 唐古文非倡自昌黎

考《新唐書·文苑傳序》，唐興百餘年，諸儒爭自名家。大曆、貞元間美才輩出，攓嚌道真，涵泳聖涯，於是韓愈倡之，柳宗元、李翱、皇甫湜等和之。唐之文完然為一代法，此其極也。是宋景文謂唐之古文由韓愈倡始，其實非也。案《唐書·韓愈傳》，大曆、貞元間，文字多尚古學，效揚雄、董仲舒之述作，

獨孤及、梁肅最稱淵奧。愈從其徒遊，銳意鑽仰，欲自振於一代。舉進士，投
文公卿間，故相鄭餘慶為之延譽，由是知名。是愈之先早有以古文名家者。今
獨孤及文集尚行於世，已變駢體為散文。為左拾遺，上疏陳政，史稱其為文彰
明善惡，長於議論，其勝處有先秦、西漢之遺風。然則獨孤及者為有唐文路之
前驅，實昌黎先聲之嚆矢也。

【探源】《廿二史劄記》卷二十「唐古文不始於韓柳」：

> 《新書·文苑傳序》，唐興百餘年，諸儒爭自名家。大曆、貞元
> 間美才輩出，攄嚌道真，涵泳聖涯，於是韓愈倡之，柳宗元、李翺、
> 皇甫湜等和之，唐之文完然為一代法，此其極也。是宋景文謂唐之
> 古文由韓愈倡始，其實不然。案《舊書·韓愈傳》，大曆、貞元間，
> 文字多尚古學，效楊雄、董仲舒之述作，獨孤及、梁肅最稱淵奧。
> 愈從其徒遊，銳意鑽仰，欲自振於一代。舉進士，投文公卿間，故
> 相鄭餘慶為之延譽，由是知名。是愈之先早有以古文名家者。今獨
> 孤及文集尚行於世，已變駢體為散文，其勝處有先秦、西漢之遺
> 風，……此皆在愈之前，固已有早開風氣者矣。

【小結】此條抄自《廿二史劄記》卷二十「唐古文不始於韓柳」。作偽方
式有三：第一，點竄字句；第二，增加觀點句——「為左拾遺，上疏陳政，史
稱其為文彰明善惡，長於議論」，「然則獨孤及者為有唐文路之前驅，實昌黎先
聲之嚆矢也」；第三，改變標題，將「唐古文不始於韓柳」改為「唐古文非倡
自昌黎」。

154. 書院創自唐開元

唐玄宗於麗正殿置修書院，稱為麗正書院。《舊唐書·職官志》所載「開
元七年於麗正殿置修書使」是也。後又創集賢書院者二，一在東都明福門外，
一在大明宮光順門外。蓋十三年與學士張說等宴於集賢殿，因改名集賢，改修
書使為集賢書院。其大明宮書院本命婦院，屋宇宏敞。永泰九年三月，詔僕射
裴冕等十三人每日於集賢書院待詔，是書院之名創自朝廷也。自是，凡讀書之
地皆稱書院。至宋則有四大書院，范石湖《石鼓山記》謂徂徠、金山、嶽麓、
石鼓也。吳草廬《重建嶽麓書院記》又謂四大書院二在北，二在南。在北者嵩
陽、睢陽，在南者嶽麓、白鹿洞也。然考《文獻通考》所載，四大書院乃白鹿
洞、石鼓、應天府、嶽麓四處。其創建惟石鼓最先，唐元和間，衡州秀才李寬

中所建,即刺史河中呂溫《題尋真觀李秀才詩》者。朱子《石鼓書院記》作李寬,黃清老《石鼓學田記》仍作李寬中。次則白鹿洞,南唐升元中,白鹿洞建學館,以本道為洞主,掌其教授。次則嶽麓,宋太祖開寶中,郡守朱洞始創宇,其議則創自彭城劉鰲。又次則應天府,真宗大中祥符二年,應天府民曹誠即楚丘戚同文舊居造舍百五十間,聚書數千卷,博延生徒,講習甚盛,府奏其事。其名聞於朝廷則自白鹿洞始,太宗太平興國二年,知江州周述言,廬山白鹿洞學徒常數千百人,乞賜九經,肄習詔國子監給本,仍傳送之。次應天府,大中祥符二年賜額。次則嶽麓,大中祥符八年,召見山長周式,拜國子監主簿,使歸教授,詔賜書院名,贈賜中秘書。次則石鼓,《學田記》云宋景祐丙子始賜額,蓋仁宗景祐三年也。《通考》序於真宗之前,誤矣。《衡州府志》,至道二年,郡人李士真即李寬舊址創書院。至景祐二年,劉沆守衡州,請於朝,賜額。馬氏又謂西京嵩陽書院賜額於至道太宗二年,江寧府茅山書院賜田於天聖仁宗二年,然嵩陽、茅山後皆無聞,而四大書院之名獨著。

【探源】《韓門綴學》卷二「四大書院」:

> 自唐玄宗於麗正殿置修書院,人稱麗正書院。其後創集賢書院者二,一在大明宮光順門外,一在東都明福門外。……（《舊唐書·職官志》:「開元七年於麗正殿置修書使。」十三年與學士張說等宴於集仙殿,因改名集賢,改修書使為集賢書院。其大明宮所置書院本命婦院,屋宇宏敞。永泰九年三月,詔僕射裴冕等十三人每日於集賢書院待詔。）嗣是讀書之地皆稱書院。……四大書院者何?有謂徂徠、金山、嶽麓、石鼓者,此范石湖《石鼓山記》之說也。有謂天下四大書院,二在北,二在南。在北者嵩陽、睢陽,在南者嶽麓、白鹿洞,此吳草廬《重建嶽麓書院記》之說也。余按《文獻通考》所載四大書院,乃是白鹿洞、石鼓、應天府、嶽麓四處。論其創建之先後,則石鼓最在前(唐元和間,衡州秀才李寬中所建,即刺史河中呂溫題詩者。朱子《石鼓書院記》作李寬,黃清老《石鼓學田記》仍作李寬中),次白鹿洞(南唐升元中,白鹿洞建學館,以本道為洞主,掌其教授),次嶽麓(宋太祖開寶中,郡守朱洞始創宇,其議則創自彭城劉鰲),又次應天府(真宗大中祥符二年,應天府民曹誠即楚丘戚同文舊居造舍百五十間,聚書數千卷,博延生徒,講習甚盛,府奏其事)。其名聞朝廷也則白鹿洞為始(太宗太平興國二年,

知江州周述言，廬山白鹿洞學徒常數千百人，乞賜九經，肄習詔國子監給本，仍傳送之)，次應天府(大中祥符二年賜額)，次嶽麓(大中祥符八年，召見山長周式，拜國子學主簿，使歸教授，詔賜書院名，贈賜中秘書)，次石鼓(《學田記》云宋景祐丙子始賜額，蓋仁宗景祐三年也。《通考》序於真宗之前，誤矣。《衡州府志》云至道二年，郡人李士真即李寬舊址創書院。至景祐二年，劉沆守衡州，請於朝，始賜額)。……馬氏又言，西京嵩陽書院，賜額於至道(太宗)二年，江寧府茅山書院，賜田於天聖(仁宗)二年，嵩陽、茅山後來無聞，獨四書院之名著。

【小結】此條抄自《韓門綴學》卷二「四大書院」。作偽方式有三：第一，點竄字句；第二，增加句子；第三，改變標題，將「四大書院」改為「書院創自唐開元」。

155. 漢侍中多用宦官

案《文選》劉越石《答盧諶詩》注引揚雄《侍中箴》曰「光光常伯」。又《籍田賦》注引應劭《漢官儀》云：「侍中，周成王常伯，任侍中殿下稱制。」知漢侍中即《尚書》所謂常伯、常任是也。《漢百官表》，侍中、中常侍皆加官，亡員，多至數十人，得入禁中。應劭曰：「入侍天子，故曰侍中。」漢魏以下或用士人，或用宦官。《古文苑》胡廣《侍中箴》云：「亦惟先正，克慎左右。常伯、常任，實為政首。」《箴》中備引籍孺、閎孺、鄧通、石顯、宏恭、董賢為戒。據此，知漢侍中多用宦官。洪适《隸釋·吉成侯州輔碑》云：「處乎左右，常伯之職。」輔亦宦官也。

【探源】《尚書後案》卷二十四《周書》：

但《文選》劉越石《答盧諶詩》注引揚雄《侍中箴》云「光光常伯」。又《籍田賦》注引應劭《漢官儀》云：「侍中，周成王常伯，任侍中殿下稱制。」然則常伯即漢侍中。《漢·百官表》：侍中、中常侍皆加官，亡員，多至數十人，得入禁中。應劭曰：「入侍天子，故曰侍中。」與偽孔「三公」之說絕異。此官漢、魏以下或用士人，或用宦官。《古文苑》卷十六胡廣《侍中箴》云：「亦惟先正，克慎左右。常伯、常任，實為政首。」《箴》中備引籍孺、閎孺、鄧通、石顯、弘恭、董賢為戒。據此，……《隸釋》卷十七《吉成侯州輔

碑》云：「處乎左右，常伯之職。」輔亦宜官也。

【小結】此條抄自《尚書後案》卷二十四《周書》。作偽方式有二。第一，點竄字句；第二，增加句子。

156. 殷五官即六官

【A】案《周禮》六官，唐虞夏商已有此制。堯時稷為天官，契為地官。舜改命禹為天官，契仍為地官，伯夷為春官，稷為夏官，皋陶為秋官，垂、益為冬官。是唐虞有六官矣。《甘誓》言「六官」，是夏有六官矣。《曲禮》：「天子建天官，先六太，曰太宰、太宗、太史、太祝、太士、太卜，典司六典。天子之五官曰司徒、司馬、司空、司士、司寇。五官致貢曰享。」注云：「此蓋殷制也。貢，功也。享，獻也。致其歲終之功於王，謂之獻也。」《正義》云：「此記所言，上非夏法，下異周典，故鄭指為殷制。」然天官以下即殷家六卿，太宰、司徒、司馬、司空、司士、司寇是也。但周立六卿放天地四時，殷六卿所法則有異。殷以太宰為一卿象天時，司徒以下五卿法地事。故《鄭志》（【B】康成箋注諸經，其孫小同復裒其門人問答之詞，為《鄭志》十一卷）【C】崇精問焦氏云：「鄭云三王同六卿，殷應六卿，此云五官，何也？」焦氏答曰：「殷立天官與五行，其取象異耳。」是司徒以下法五行，並太宰即為六官也。但太宰既尊，故並顯隸屬太宰之官。五官亦各有所領群眾，如太宰領太宗以下，不條出其人者，略也。是殷之五官並太宰為六卿，六卿即六官也。

【探源】《尚書後案》卷二《虞夏書》：

【A】考《周禮》六官，唐虞夏商已有此制。堯時稷為天官，契為地官。舜改命禹為天官，契仍為地官，伯夷為春官，稷為夏官，皋陶為秋官，垂、益為冬官。⋯⋯是唐虞有六官明矣。《甘誓》言「六卿」，是夏有六官明矣。⋯⋯《曲禮》：「天子建天官，先六太，曰太宰、太宗、太史、太祝、太士、太卜，典司六典。天子之五官曰司徒、司馬、司空、司士、司寇。五官致貢曰享。」注云：「此蓋殷時制也。貢，功也。享，獻也。致其歲終之功於王，謂之獻也。」正義云：「此記所言，上非夏法，下異周典，故鄭指為殷禮。」然天官以下即殷家六卿，太宰、司徒、司馬、司空、司士、司寇是也。但周立六卿放天地四時，殷六卿所法則有異。殷以太宰為一卿象天時，司徒以下五卿法地事。

【C】故《鄭志》崇精問焦氏云:「鄭云三王同六卿,殷應六卿,此云五官,何也?」焦氏答曰:「殷立天官與五行,其取象異耳。」是司徒以下法五行,並太宰即為六官也。但太宰既尊,故並顯隸屬太宰之官。五官亦各有所領群眾,如太宰領大宗以下,不條出其人者,略也。是殷有六官明矣。

《四庫全書總目》卷三經部三《朱文公易說》提要:

　　【B】昔鄭玄箋注諸經,其孫魏侍中小同復裒其門人問答之詞,為《鄭志》十一卷。

【小結】此條抄自王鳴盛《尚書後案》卷二《虞夏書》、《四庫全書總目》卷三《朱文公易說》提要。作偽方式有二。第一,點竄字句;第二,多源組合,A、C段抄自《虞夏書》,B段抄自《朱文公易說》提要。

157. 六軍將皆用卿

考《夏官》:「萬有二千五百人為軍。王六軍。」《詩·小雅》:「瞻彼洛矣,以作六師。」六師即六軍也。《毛傳》云:「天子六軍。」正義云:「一卿將一軍。」《大雅·棫樸》云:「六師及之。」《常武》云:「整我六師。」是也。天子六鄉六遂。六鄉之制,則《大司徒》云:「五家為比,五比為閭,四閭為族,五族為黨,五黨為州,五州為鄉。」《小司徒》云:「五人為伍,五伍為兩,四兩為卒,五卒為旅,五旅為師,五師為軍。以起軍旅。」是也。合鄉遂之眾,可制十二軍,而但為六軍者,不盡用民也。《夏官》凡「軍將皆命卿」,則凡軍帥,不特置選於六官、六鄉之吏,自卿以下德任者,使兼官焉。蓋六官之長,六鄉之大夫,皆可為將也。六官之長即是冢宰、司徒等。六鄉之大夫,則每鄉卿一人,六鄉六卿,平居無事,則各掌其鄉之政教、禁令,而屬於大司徒;有事出征,則各率其鄉之一萬二千五百人,而屬於大司馬是也。

【探源】《尚書後案》卷四《夏書》:

　　《夏官》:「萬有二千五百人為軍。王六軍。」《詩·小雅》:「瞻彼洛矣,以作六師。」六師即六軍也。毛傳云「天子六軍」,正義云「一卿將一軍」,又《大雅·棫樸》云「六師及之」,《常武》云「整我六師」,皆是也。天子六鄉六遂。六鄉之制,則《大司徒》云:「五家為比,五比為閭,四閭為族,五族為黨,五黨為州,五州為鄉。」《小司徒》云:「頒比法於六鄉之大夫」,「會萬民之卒伍而用之。五

人為伍，五伍為兩，四兩為卒，五卒為旅，五旅為師，五師為軍。以起軍旅。」是也。合鄉遂之眾，可制十二軍，而但為六軍者，不盡用民也。……《夏官》「凡軍將皆命卿」，鄭注：「……則凡軍帥，不特置選於六官、六鄉之吏，自卿以下德任者，使兼官焉。」蓋六官之長，六鄉之大夫，皆可為將也。六官之長即是冢宰、司徒等。六鄉之大夫，則每鄉卿一人，六鄉六卿，平居無事，則各掌其鄉之政教、禁令，而屬於大司徒；有事出征，則各率其鄉之一萬二千五百人，而屬於大司馬是也。

【小結】此條抄自《尚書後案》卷四《夏書》。作偽方式為點竄字句。

158. 兵車將居中

案《魯頌·閟宮》箋云：「兵車之法，左人持弓，右人持矛，中人御。」疏引《宣十二年左傳》云：「楚許伯御樂伯，攝叔為右，以致晉師。樂伯曰：『吾聞致師者，左射以菆。』」以證左人持弓。又引《成十六年》，晉與楚戰於鄢陵，欒鍼為右，使告楚令尹子重曰：「寡君乏使，使鍼御持矛焉。」《哀二年》鐵之戰，郵無恤御簡子，衛太子為右，禱云：「蒯聵不敢自佚，備持矛焉。」是右人持矛也。又引《書》云：「左不攻於左，汝不恭命；右不攻於右，汝不恭命；御非其馬之正，汝不恭命。」上言左右，下別言御，證御在中央是也。……若將之兵車則異是。《成二年左傳》晉伐齊，晉解張御郤克，鄭丘緩為右。郤克傷於矢，未絕鼓音。曰：「余病矣。」張侯曰：「自始合，而矢貫余手及肘，余折以御，左輪朱殷，豈敢言病？」是御在左，將在中也。此兵車之制也。其郵無恤御簡子，是將所乘，非士卒。而以為士卒者，《成二年傳》杜預注：「自非元帥，御皆在中，將在左。」疑簡子亦不自為元帥。蓋御左將中，惟元帥為然，其餘諸將皆將左御中也。

【探源】《尚書後案》卷四《夏書》：

　　《魯頌·閟宮》箋云：「兵車之法，左人持弓，右人持矛，中人御。」彼疏亦引《宣十二年左傳》樂伯語以證左人持弓。又引《成十六年》，晉與楚戰於鄢陵，欒鍼為右，使告楚令尹子重曰：「寡君乏使，使鍼御持矛焉。」《哀二年》鐵之戰，郵無恤御簡子，衛太子為右，禱云：「蒯聵不敢自佚，備持矛焉。」是右人持矛也。又引此經云云，上言左右，下別言御，證御在中央是也。若將之兵車，則

異是。此疏既引《成二年傳》以說之。……其郵無恤御簡子，是將
所乘，非士卒。而彼疏以證士卒之車者，成二年杜預注：「自非元帥，
御皆在中，將在左。」疑簡子亦不自為元帥。蓋御左將中，惟元帥
為然，其餘諸將皆將左御中也。

【小結】此條抄自《尚書後案》卷四《夏書》。作偽方式有二。第一，點
竄字句；第二，增加句子。

159. 東漢功臣多儒將

鄧禹年十三能誦《詩》，受業長安，與光武同遊學，相親附。後佐定天下，
有子十三人，使各守一藝，修整閨門，教養子孫，皆可為後世法。見《禹傳》。
寇恂性好學，守潁州時修學校，教生徒，聘能為《左氏春秋》者，受學焉。見
《恂傳》。馮異好讀書，通《左氏春秋》、《孫子兵法》，見《異傳》。賈復少好
學，習《尚書》，事舞陰李生。生奇之，曰：「賈君容貌志氣如此，而勤於學，
將相之器也。」後佐定天下，知帝欲偃武修文，乃與鄧禹去甲兵，敦儒學。遂
罷左右將軍，使以列侯就第，閨門養威重。見《復傳》。耿弇父況以明經為郎，
學《老子》於安丘先生。弇亦少好學，習其父業。見《弇傳》。祭遵少好經書，
及為將，取士必用儒術。對酒設樂，常雅歌投壺。見《遵傳》。李忠少為郎，
獨以好禮修整稱。後為丹陽太守，起學校，習禮容，春秋鄉飲，選用明經，郡
中嚮慕之。見《忠傳》。朱佑初學長安，光武往候之，佑不時見，先升舍，講
畢乃見。後以功臣封鬲侯，帝幸其第，笑曰：「主人得毋舍我講乎？」見《佑
傳》。郭涼雖武將，然通經書，多智略。見《涼傳》。竇融疏言：「臣子年十五，
教以經藝，不得觀天文讖記。」見《融傳》。他如王霸、耿純、劉隆、景丹，
皆少時又學長安，亦見各本傳。其一時諸將，**皆彬彬然有儒者氣象**，與西漢開
國功臣多出於亡命無賴者迥不侔矣。

【探源】《廿二史劄記》卷四「東漢功臣多近儒」：

西漢開國功臣，多出於亡命無賴，至東漢中興則諸將帥皆有儒
者氣象，亦一時風會不同也。……鄧禹年十三能誦《詩》，受業長安，
早與光武同遊學，相親附。其後佐定天下，有子十三人，使各守一
藝，修整閨門，教養子孫，皆可為後世法。（《禹傳》）寇恂性好學，
守潁川時修學校，教生徒，聘能為《左氏春秋》者，親受學焉。（《恂
傳》）馮異好讀書，通《左氏春秋》、《孫子兵法》。（《異傳》）賈復少

好學，習《尚書》，事舞陰李生。生奇之，曰：「賈君容貌志氣如此，而勤於學，將相之器也。」後佐定天下，知帝欲偃武修文，……乃與鄧禹去甲兵，敦儒學。帝遂罷左右將軍，使以列侯就第，復閨門養威重。(《復傳》) 耿弇父況以明經為郎，學《老子》於安丘先生。弇亦少好學，習父業。(《弇傳》) 祭遵少好經書，及為將，取士必用儒術。對酒設樂，常雅歌投壺。(《遵傳》) 李忠少為郎，獨以好禮修整稱。後為丹陽太守，起學校，習禮容，春秋鄉飲，選用明經，郡中嚮慕之。(《忠傳》) 朱佑初學長安，光武往候之，佑不時見，先升舍，講畢乃見。後以功臣封鬲侯，帝幸其第，笑曰：「主人得無舍我講乎？」(《佑傳》) 郭涼雖武將，然通經書，多智略。(《涼傳》) 竇融疏言：「臣子年十五，教以經藝，不得觀天文讖記。」(《融傳》) 他如王霸、耿純、劉隆、景丹，皆少時遊學長安，見各本傳。

【小結】此條抄自《廿二史劄記》卷四「東漢功臣多近儒」。作偽方式有二：第一，點竄字句；第二，改變標題，將「東漢功臣多近儒」改為「東漢功臣多儒將」。

160. 宋初諸臣多習掌故

乾德三年，范質等三相俱罷，將獨相趙普，而無宰相書敕，帝以問陶穀。穀曰：「古來宰相未嘗虛位，惟唐文宗甘露之變數日無相，左僕射令狐楚奉行。今尚書亦南省官，可以書敕。」竇儀曰：「非承平令典也。皇弟開封尹同平章事，即宰相也，可書敕。」當時雖從儀議，然古來偶有朝無宰相之事，非穀熟於掌故，亦不能實時記憶。又普獨相後，太祖欲置之副，而難其名稱，問穀下宰相一等有何官。穀曰：「唐有參知機務、參知政事。」遂以薛居正、呂餘慶為參知政事。偶承顧問，即能援引故事。太祖改年號乾德，以為古所未有。後於宮中見「乾德錢」，以問竇儀，儀對以偽蜀曾有此號。詢知果自蜀中來者，始歎曰：「宰相須用讀書人。」太宗時，皇子元傑封吳王，行揚州、潤州大都督府長史。張洎謂：「六朝皇子封王，以郡為國，置傅相、內史等，佐王為治，或王子不之國，則內史行郡事。唐改為長史，凡親王授大都督不之鎮，而朝命大臣臨郡者，即有長史之號，謂親王之上佐也。如段文昌出鎮揚州，云淮南節度副大使知節度事兼揚州大都督府長史；李載義出鎮幽州，云盧龍軍副大使知節度事兼幽州大都督長史，是也。今王既為大都督，又為長史，則是王自為上

佐矣。」據此數事，可知宋初諸臣於朝章國典，無不究心，倉猝間即有依據，足資朝廷論討也。

【探源】《廿二史劄記》卷二十四「宋初考古之學」：

> 乾德三年，范質等三相俱罷，將獨相趙普，而無宰相書敕，帝以問陶穀。穀曰：「古來宰相未嘗虛位，惟唐文宗甘露之變數日無相，左僕射令狐楚奉行。今尚書亦南省官，可以書敕。」竇儀曰：「非承平令典也。皇弟開封尹同平章事，即宰相也，可書敕。」從之。儀之論固是，然古來偶有朝無宰相之故事，穀獨能記之。又普獨相後，太祖欲置之副而難其名稱，問穀下宰相一等有何官。穀曰：「唐有參知機務、參知政事。」遂以薛居正、呂餘慶為參知政事。倉猝一問，即能援引故事。……太祖改年號乾德，以為古所未有。後於宮中得「乾德錢」，以問竇儀，儀對以偽蜀曾有此號。詢知果自蜀中來者，始歎曰：「宰相須用讀書人。」太宗時，皇子元傑封吳王，行揚州、潤州大都督府長史。張洎謂：「六朝皇子封王，以郡為國，置傅相、內史等，佐王為治，或王子不之國，則內史行郡事。唐改為長史，凡親王授大都督不之鎮，而朝命大臣臨郡者，即有長史之號，謂親王之上佐也。如段文昌出鎮揚州，云淮南節度副大使知節度事兼揚州大都督府長史；李載義出鎮幽州，云盧龍軍副大使知節度事兼幽州大都督府長史，是也。今王既為大都督，又為長史，則是王自為上佐矣。」即此數條，可見諸臣於朝章國典，無不究心有素，倉猝間即有據依，足資朝廷製作之討論也。

【小結】此條抄自《廿二史劄記》卷二十四「宋初考古之學」。作偽方式有二：第一，點竄字句；第二，改變標題，將「宋初考古之學」改為「宋初諸臣多習掌故」。

161. 因諱改諡

人臣之諡，賜自朝廷，後或追改，必因善惡未論定也。宋乃有因家諱而請改者。如丞相史嵩之卒，諡忠簡，以家諱改諡莊簡；端明殿學士蔡抗卒，諡文簡，以祖諱更諡文肅。請者許者俱無所嫌，重諱故也。此制惟宋為然，前未聞也。至於諡「文」者，明制惟由詞臣者始得之。然如劉青田追諡文成，李空同追諡景文，皆無愧文字。至于忠肅、趙忠毅、鄒忠介、高忠憲、馮恭定，皆不

得謚文。而溫體仁乃謚文忠，後追削之，宜也。

【探源】《韓門綴學》卷三「謚因諱改」：

> 若人臣之謚，賜自朝廷，其後有改，必因美惡之未論定者耳。
> 宋乃有因家諱而請改者。丞相史嵩之卒，謚忠簡，以家諱改謚莊簡；
> 端明殿學士蔡抗卒，謚文簡，以犯祖諱更謚文肅。請者許者皆無所
> 嫌，時重諱也。至於「文」之謚，明制惟由詞臣者始得之。然如劉
> 青田追謚文成，李空同追謚景文，皆無愧文字。如於肅愍、趙忠毅、
> 鄒忠介、高忠憲、馮恭定，俱不得謚文。而溫體仁則曾謚文忠，後
> 乃削之矣。

【小結】此條抄自《韓門綴學》卷三「謚因諱改」。作偽方式有三。第一，
點竄字句；第二，增加句子（「此制惟宋為然，前未聞也」）；第三，改變標題，
將「謚因諱改」改為「因諱改謚」。

162. 名宦鄉賢立祠

【A】考《漢·循吏傳》，元始元年，詔祠百辟卿士有益於民者，蜀以文
翁，九江以召父（信臣）應詔書，歲月郡二千石率官屬行禮。《晉書》，陸靈為
潛儀令，去官，百姓追思，圖畫形象，配食縣社。此名宦之義也。傳曰：「鄉
先生歿，其人可祀於社者謂之耆宗。」此鄉賢之義也。鄉賢之附學宮，起自北
宋。《宋史》鄭俠卒，州縣皆祀之於學。楊慈湖之門人錢時、理宗寶祐間守臣
季鏞祀於學。王圻《續通考》，度宗咸淳中，蘭溪金景文事親至孝，知縣沈應
龍以景文及陳天隱、董少舒請立碑，建祠於學宮，之後名三賢堂。文天祥自童
子時見學宮所祀鄉先生歐陽修、楊邦乂、胡銓像，皆謚忠，即欣然慕之。然其
時未嘗有鄉賢之名。元仁宗時，婺源建鄉賢祠祀朱文公，其地不必在學宮，
鄉賢之名當始於此。名宦之祠起自南宋紹興中，張運知桂陽監，修庠序之教，
祀漢以來守令有功德於桂陽者衛颯、唐羌等七人於學。寧宗時，許奕知遂寧
府，民德之，畫像祀於學。沿及元末順帝時，遊弘道為化州通判。海寇犯境，
戰死，祀於文廟側。是時亦未嘗有名宦之名，其祀或出於官，或出於民，皆本
公論。【B】至明弘治九年，王雲鳳（字應韶，遼州和順人，成化甲辰進士，仕
至巡撫宣府）為祠部郎中，請天下府州縣學校悉立名宦鄉賢祠，遂為定制。見
《明史稿》。又《明會典》載萬曆二年，會各府按釐正名宦鄉賢，有不應入祀
者即行革黜。又沈德符《萬曆野獲編》、褚人獲《堅瓠集》各書所載，成化中，

給事中王徽以論宦官牛玉謫普安州判，將卒，屢戒其子欽佩曰：「鄉賢祠甚雜亂，吾恥居其中，切不可入。」（論牛玉在成化時，尚未立鄉賢，其卒必在弘治間）。弘治中劉健為相時，河南有司欲以其封翁入鄉賢，劉謝曰：「吾郡鄉賢祠有二程夫子在，吾父何敢並焉？」王、劉之論，意見高遠，非後人所能及矣。

【探源】《韓門綴學》卷二「名宦鄉賢祠」：

【B】明弘治九年，王雲鳳（字應韶，遼州和順人，成化甲辰進士，仕至巡撫宣府）為祠祭郎中，請天下府州縣學校悉立名宦鄉賢祠，遂為定制。見《明史稿》。

【A】按《漢·循吏傳》，元始四年，詔祀百辟卿士有益於民者，蜀郡以文翁，九江以召父（信臣）應詔書，歲時郡二千石率官屬行禮。《晉書》，陸雲為濬儀令，去官，百姓追思，圖畫形象，配食縣社。此名宦之義也。傳曰：「鄉先生沒，其人可祀於社者謂之瞽宗。」此鄉賢之義也。鄉賢之附學宮，起自北宋。《宋史》鄭俠卒，州縣皆祀之於學。楊慈湖之門人錢時，理宗寶佑間守臣季鏞祀於學。王圻《續通考》，度宗咸淳中，蘭溪金景文事親至孝，知縣沈應龍以景文及陳天隱、董少舒請立碑，建祠於學宮之後，名三賢堂。文天祥自童子時，見學宮所祀鄉先生歐陽修、楊邦乂、胡銓像，皆諡忠，即欣然慕之。然其時未嘗有鄉賢之名。元仁宗時，婺源建鄉賢祠祀朱文公，其地不必在學宮，而鄉賢之名當始於此矣。名宦之附學宮起自南宋紹興中，張運知桂陽監，修庠序之教，祀漢以來守令有功德於桂陽者衛颯、唐羌等七人於學。寧宗時，許奕知遂寧府，民德之，畫像祀於學。沿及元末順帝時，遊弘道為化州通判。海寇犯境，戰死，祀於文廟側。是皆未嘗有名宦之名，其祀或出於官，或出於民，皆本公論。

【C】《明會典》載萬曆二年，令各府按鑒正名宦鄉賢，有不應入祀者即行革黜。又如沈德符《萬曆野獲編》、褚人獲《堅瓠集》各書，所載成化中給事王徽以論宦官牛玉，謫普安州判，將卒，屢戒其子欽佩曰：「鄉賢祠甚雜亂，吾恥居其中，切不可入。」（論牛玉在成化時，尚未立鄉賢祠，其卒必已在弘治或弘治後）弘治中劉健為相時，河南有司欲以其封翁入鄉賢，劉謝曰：「吾郡鄉賢祠有二程

夫子在，吾父何敢並焉？」王、劉之論，其非後人所能及矣。

【小結】此條抄自《韓門綴學》卷二「名宦鄉賢祠」。作偽方式有三：第一，點竄字句；第二，改變順序（汪師韓原文順序為 B、A、C）；第三，改變標題，將「名宦鄉賢祠」改為「名宦鄉賢立祠」。

163. 回授之典

《宋真宗本紀》：「大中祥符四年二月，文武官並遷秩，應敘封欲回授祖父母者聽。」而《陳堯叟傳》云：「舊制，登樞近者母妻即封郡夫人，堯叟以父在朝，母止從父封，遂以妻封表讓於母。朝廷援制不許。父既卒，帝欲褒封其母，以問王旦。旦曰：『雖私門禮制未闋，公朝降命，亦無嫌也。』乃封上黨郡太夫人，進封滕國。」蓋堯叟父省華在真宗景德時判吏部銓權知開封府轉光祿卿，拜左諫議大夫，而堯叟已遷刑、兵二部侍郎知樞密院事，母獨得褒封，不及其父。蓋景德在大中祥符之前，其制或如此也。李虛己以南郊恩封群臣母妻，虛己請罷其妻封以授祖母。詔悉封之，而不及其祖。寇瑊少孤，鞠於祖母王氏。及登朝，以妻封邑回授之。朝臣得回封祖母自瑊始，而亦不及其祖。張根為遂昌令，當改京秩，以四親在堂，冀以父母之恩封大父母，而虵妻封及母，遂致仕，得通直郎，如其志，而致父無封。金章宗泰和元年初，命文武官官職俱至三品者許贈其祖，當並及祖母。《元史》封贈之制歸於考課。至元二十年制，每歲終考課，第一考封官及妻，第二考子弟承廕敘仕，第三考封贈祖父母。一品三代，二、三品二代，四、五、六品封贈父母。品級不及封贈者，量遷官品，七品、六品止封一次，至五品而上，每加一品，封贈一次。又封贈曾祖，降祖一等，祖降父一等，父母妻並與夫、子同。父母在仕者不封，已致仕並不在仕者封之，雖在仕棄職就封者聽。父母應封而讓曾祖父母、祖父母者聽。讓不在本身而在父母，與宋同。又一條云，父母曾任三品以上官，亡沒，生前有勳勞，為上知遇者，子孫雖不仕，具實跡赴所在官司保結申請，量擬封贈。無後者許有司保結申請。此制則他代所無也。明制初授散階，京官滿一考及外官滿一考而以最聞者，皆給本身誥敕；七品以上皆得推恩其先；五品以上授誥命，六品以下授敕命。曾祖、祖父皆如其子孫官，凡封贈，七品至六品一次，五品一次，三品、二品、一品各一次。父職高於子則進一階，父應停給及子為人後者，皆得虵封。

【探源】《韓門綴學》卷三「移封」：

《宋真宗本紀》：「大中祥符四年二月，文武官並遷秩，應敘封欲回授祖父母者聽。」而《陳堯叟傳》云：「舊制，登樞近者母妻即封郡夫人，堯叟以父在朝，母止從父封，遂以妻封表讓於母。朝廷援制不許。父既卒，帝欲襃封其母，以問王旦。旦曰：『雖私門禮制未闕，公朝降命，亦無嫌也。』乃封上黨郡太夫人，進封滕國。」蓋真宗景德時，其父省華，判吏部銓，權知開封府，轉光祿卿，拜左諫議大夫，而堯叟已遷刑、兵二部侍郎，知樞密院事，特不解母后襃封，何以不及其父。……景德在大中祥符之前，其制如此歟？又李虛己以南郊恩封郡臣母妻，虛己請罷其妻封以授祖母。詔悉封之，……而不及其祖。又寇瑊少孤，鞠於祖母王氏。及登朝，以妻封邑回授之。朝臣得回封祖母自瑊始，亦不及祖。又張根為遂昌令，當改京秩，以四親在堂，冀以父母之恩封大父母，而貤妻封及母，遂致仕，得通直郎，如其志，……致使父乃無封。……金章宗泰和元年，初命文武官，官職俱至三品者，許贈其祖，是當並及祖母。《元史》封贈之制歸於考課。至元二十年制，每歲終考課，第一考封官及妻，第二考子弟承廕敘仕，第三考封贈祖父母。一品三代，二、三品二代，四、五、六品封贈父母。品級不及封贈者，量遷官品，七品、六品止封一次，至五品而上，每加一品，封贈一次。又封贈曾祖，降祖一等，祖降父一等，父母妻並與夫、子同。父母在仕者不封，已致任並不在仕者封之，雖在仕棄職就封者聽。父母應封而讓曾祖父母、祖父母者聽。讓不在本身而在父母，與宋同也。又一條云，父母曾任三品以上官，亡歿，生前有勳勞，為上知遇者，子孫雖不仕，具實跡赴所在官司，保結申請，量擬封贈。無後者許有司保結申請。此則他代所未聞者。明制初授散階，京官滿一考，及外官滿一考……而以最聞者，皆給本身誥敕；七品以上皆得推恩其先；五品以上授誥命，六品以下授敕命。曾祖、祖父皆如其子孫官，凡封贈之次，七品至六品一次，五品一次，……三品、二品、一品各一次。父職高於子則進一階，父應停給，及子為人後者，皆得移封。

【小結】此條抄自《韓門綴學》卷三「移封」。作偽方式二：第一，點竄字句；第二，改變標題，將「移封」改為「回授之典」。

今按，《漢語大詞典》分列「移封」、「貤封」二詞條，「移封」指改換封地。「貤封」指舊時官員以自身所受的封爵名號呈請朝廷移授給親族尊長。明張居正《壽漢涯李翁七十序》：「故有賜沐之恩，有貤封之典，以體其私。」清查慎行《循例請封典有作》詩：「貤封有例偏簪裾，院吏傳宣到敝廬。」清袁枚《隨園隨筆·封本生父母貤封外祖叔父》：「封本生父母，古未有也。宋李昉為相，始奏封叔父超、叔母謝氏。唐權文公請貤封外祖，詔從之。劉總亦貤封外祖，其制誥曰：『段公威德，當流慶於外孫；令伯孝心，願推恩於祖母。』」汪師韓用「移封」，王玉樹用「貤封」，實則相通。

164. 後世官制不師古

案《漢表》云：「太僕秦官，掌車馬。」以太僕專司馬政，蓋自秦失之。然官有古卑而今尊者，漢之尚書令是也；有古貴而今賤者，漢之校尉是也；有名內而實外者，侍中、給事中之官是也；有名武而實文者，太尉、大司馬之官是也。此古今沿革，流遷之常，無足異也。若唐永淳元年，魏玄同上言選舉法弊曰：「穆王以伯冏為太僕正，命曰『慎簡乃僚』，此自擇下吏之言也。太僕正特中大夫，尚以僚屬委之，則三公、九卿可知。故太宰、內史並掌爵祿廢置，司徒、司馬別掌興賢詔事。是分任群司而統以數職，王命其大者而自擇其小者也。」真以偽《尚書》文為真周官制，不知爵、祿、予、奪、生、殺、廢、置皆人君馭臣之大柄，冢宰不敢專，告王以施之而已。至內史第掌其副貳，為考其當否，以將順匡救之，於辟除僚屬無與。而司徒所掌之興賢，則謂其賓興；司馬所掌之詔事，則謂其以能，皆無關辟屬。不知玄同所讀是何《周禮》，得毋以漢諸侯得自置吏四百石以下，州郡掾史從事悉任牧守，遂上意成周時亦當如是耶？此又非僅不師古之過也。

【探源】《尚書古文疏證》卷七第一百：

> 按《漢表》云：「太僕秦官，掌輿馬。」以太僕專司馬政，蓋自秦失之。……然官有古卑而今尊者，漢之尚書令是；有古貴而今賤者，漢之校尉是；有名內而實外，侍中、給事中之官是；有名武而實文，太尉、大司馬之官是。亦古今沿革，遷流之常，無足異。……唐永淳元年，魏玄同上言選舉法弊曰：「穆王以伯冏為太僕正，命曰『慎簡乃僚』，此自擇下吏之言也。太僕正特中大夫，尚以僚屬委之，則三公、九卿可知。故太宰、內史並掌爵祿廢置，司徒、司馬別掌

興賢詔事。是分任群司而統以數職，王命其大者而自擇其小者也。」
竟以偽古文為真周官制，不知爵、祿、予、奪、生、殺、廢、置八者
皆人君馭臣之大柄，冢宰不敢專，告王以施之而已。至內史第掌其
副貳，為考其當否，以將順匡救之，於辟除僚屬無與。而司徒所掌
之興賢，則謂其賓興；司馬所掌之詔事，則謂其以能，皆無關辟屬。
吾不知玄同所讀是何《周禮》也，得毋以漢諸侯得自置吏四百石以
下，州郡掾史從事悉任之牧守，遂上意成周亦當然乎？誤矣。

【小結】此條抄自《尚書古文疏證》卷七第一百。作偽方式為點竄字句。

今按，《漢語大詞典》：辟除，徵聘授官。《周禮·地官·胥》：「自胥師以
及司稽皆司市所自辟除也。」《後漢書·百官志一》：「漢初掾史闢，皆上言之，
故有秩比命士。其所不言，則為百石屬。其後皆自辟除，故通謂百石云。」宋
陸游《蠟彈省劄》：「七品以下聽便宜辟除。」

165. 逃官無禁

漢時朝廷無禁人擅去官之令，聽其來去無所追問。如賈琮為冀州刺史，有
司有贓過者，望風解印綬去。朱穆為冀州刺史，令長解印綬去者四十餘人，及
穆到任，劾奏至有自殺者。李膺為青州刺史，有威政，屬城聞風，皆引去。陳
寔為太丘長，以沛相賦斂無法，乃解印綬去。宗慈為修武令，太守貪賄，慈遂
棄官去。凡令、長、丞、尉各有官守，乃竟聽其自去，略不追問。左雄疏云：
「今之墨綬，拜爵王廷，而齊於匹庶，動輒避負，非所以崇憲明理也。請自今
守相長吏，非父母喪不得去官。其不遵法禁者，錮之終身。若被劾奏，逃亡不
就法者，家屬徙邊，以懲其後。」黃巾賊起，詔諸府掾屬不得妄有去就。據此
知當時法網之太疏矣。

【探源】《廿二史劄記》卷五「擅去官者無禁」：

賈琮為冀州刺史，有司有贓過者，望風解印綬去。……朱穆為
冀州刺史，令長解印綬去者四十餘人。及穆到任，劾奏至有自殺
者。……李膺為青州刺史，有威政，屬城聞風，皆自引去。……陳
寔為太丘長，以沛相賦斂無法，乃解印綬去。……宗慈為修武令，
太守貪賄，慈遂棄官去。按令、長、丞、尉各有官守，何以欲去即
去？據左雄疏云：「今之墨綬，拜爵王廷，而齊於匹庶，動輒避負，
非所以崇憲明理也。請自今守相長吏，非父母喪不得去官。其不遵

法禁者，錮之終身。若被劾奏，逃亡不就法者，家屬徙邊，以懲其後。」……黃巾賊起，詔諸府掾屬不得妄有去就。……法網亦太疏矣。

【小結】此條抄自《廿二史劄記》卷五「擅去官者無禁」。作偽方式有三：第一，點竄字句；第二，增加句子；第三，改變標題，將「擅去官者無禁」改為「逃官無禁」。

166. 北齊官吏猥濫

後魏頗以吏治為意，不致猥濫。及末造，國亂政淆，遂至宰縣者每多廝役，士流皆恥為之。至北齊，其猥濫尤甚。《元文遙傳》，文遙奏縣令乃治民之官，請革其選。於是密令搜揚貴遊子弟，發敕用之。猶恐其披訴，乃召集神武門外，令趙郡王叡宣旨唱名，厚加慰諭遣之。士人為縣令自此始。以親民之官寄之廝役，可以觀世變矣。然考《晉書》，趙王倫篡位時，奴卒廝役亦加爵位。每朝會貂蟬滿座，時人語曰：「貂不足，狗尾續。」又《會稽王道子傳》，孝武不親萬機，與道子酣飲，姆姆、尼僧尤為親昵，竊弄其權。許榮上疏曰：「今臺府局吏、直衛武官，凡僕隸婢兒取母之姓者，本臧獲之徒，無鄉邑品第，皆得用為郡守縣令。」云云。嬖人趙牙出自優倡，道子以為魏郡太守，茹千秋本捕賊吏，為諮議參軍。事又在北齊以前矣。

【探源】《廿二史劄記》卷十五「北齊以廝役為縣令」：

後魏……願以吏治為意。……不至猥濫。及其末造，國亂政淆……遂至宰縣者多廝役，士流皆恥為之。入北齊，其風更甚。僕射元文遙深見其弊，奏縣令乃治民之官，請革其選。於是密令搜揚貴遊子弟，發敕用之。猶恐其披訴，乃召集神武門外，令趙郡王叡宣旨唱名，厚加慰諭遣之。士人為縣自此始。(《元文遙傳》)……以親民之官而寄之廝役……此亦可以觀世變也。按《晉書》，趙王倫篡位時，奴卒廝役亦加爵位。每朝會貂蟬滿座，時人語曰：「貂不足，狗尾續。」又《會稽王道子傳》，孝武不親萬機，與道子酣飲，姆姆、尼僧尤為親昵，竊弄其權。許榮上疏曰：「今臺府局吏、直衛武官，凡僕隸婢兒取母之姓者，本臧獲之徒，無鄉邑品第，皆得用為郡守縣令。」云云。嬖人趙牙出自倡優，道子以為魏郡太守，茹千秋本捕賊吏，為諮議參軍。是又在北齊以前故事也。

【小結】此條抄自《廿二史劄記》卷十五「北齊以廝役為縣令」。作偽方式作偽方式有二：第一，點竄字句；第二，改變標題，將「北齊以廝役為縣令」改為「北齊官吏猥濫」。

167. 晉人清談之習

【A】清談之習起於魏正始中。何晏、王弼祖述《老》、《莊》，謂天地萬物以無為本。無也者，開物成務，無往而不存者也。阮籍嘗作《大人先生傳》，謂世之禮法君子，如虱之處褌。其後王衍、樂廣慕之，俱宅心事外，名重於時，天下言風流者，以王、樂為稱首。【B】當時亦有斥其非者，如裴頠著《崇有論》以正之，江惇著《通道崇儉論》以矯之。卞壼斥王澄、謝鯤，謂悖禮傷教，中朝傾覆，實由於此。范甯亦謂王弼、何晏二人之罪，深於桀、紂。應詹謂元康以來賤經尚道，永嘉之弊由此。而俗尚已成，終莫能變也。【C】自是競為浮誕，遂成風俗。裴遐善言元理，音詞清暢，泠然若琴瑟。嘗與郭象談論，一座盡服。衛玠善元言，每出一語，聞者無不諮嗟，以為入微。王澄有高名，每聞玠言，輒歎息絕倒。後過江，與謝鯤相見，欣然言論終日。王敦謂鯤曰：「昔王輔嗣吐金聲於中朝，此子復玉振於江表，不意永嘉之末，復聞正始之音。」王衍為當時談宗，自以論《易》略盡，然亦有未了，每曰：「不知此生當見有能過之者否？」及遇阮修談《易》，乃歎服焉。王戎問阮瞻曰：「聖人貴名教，《老》、《莊》明自然，其指同異？」瞻曰：「將毋同。」戎即闢之，時人謂之「三語掾」。桓溫嘗問劉惔：「會稽王更進耶？」惔曰：「極進，然是第三流耳。」溫曰：「第一流是誰？」惔曰：「故是我輩。」張憑初詣劉惔，處之下座，適王蒙來，清言有所不通，憑即判之，惔驚服。向秀好《老》、《莊》之學，嘗注解之，讀者超然心悟。郭象又從而廣之，儒、墨之跡見鄙，道家之風遂盛。潘京與樂廣談，廣深歎之，謂曰：「君天才過人，若加以學，必為一代談宗。」京遂勤學不倦。王僧虔戒子書曰：「汝未知輔嗣何所道，平叔何所說，而便盛於麈尾，自稱談士，此最險事。」可見當時父兄師友所推究者，惟《老》、《莊》，五經除《易》理外，概置不講，而經學幾廢。至梁武帝時始崇尚經學，儒術稍振。然究以經為談辨之資。武帝召岑之敬升講座，敕朱异執《孝經》，唱《士孝》章，帝親與論難。之敬剖釋縱橫，應對如響。簡文太子出士林館，發《孝經》題，張譏議論往復，甚見嗟賞。其後周宏正在國子監，發《周易》題，譏與之論辨。宏正謂人曰：「吾每登座，見譏在席，使人凜然。」簡文使戚袞說朝聘

儀，徐攡與往復，袞神采自若。簡文嘗自升座說經，張正見豫講筵，請決疑義。伏曼容宅在瓦官寺東，每升座講經，生徒常數十百人。袁憲與岑文豪同候周宏正，宏正將登講座，適憲至，即令憲樹義。時謝岐、何妥並在座，遞起義端，辯論有餘。到溉曰：「袁君正有後矣。」嚴值之通經學，館在潮溝，講說有區段次第，每登講，五館生畢至，聽者千餘。崔靈恩自魏歸梁，為博士，性拙樸無文采，及解析經義，甚有理致，舊儒咸重之。沈峻精《周官》，開講時群儒劉岩、沈熊之徒，並執經下座，北面受業。是雖講解經義，仍與晉人清談無異。於五經之外，仍不廢《老》、《莊》，且增佛義。虛浮之習，依然未改。蓋至隋平陳之後此風始息。

【探源】《廿二史劄記》卷八「六朝清談之習」：

【A】清談起於魏正始中。何晏、王弼祖述《老》、《莊》，謂天地萬物皆以無為本。無也者，開物成務，無往而不存者也。……籍嘗作《大人先生傳》，謂世之禮法君子，如虱之處褌。……其後王衍、樂廣慕之，俱宅心事外，名重於時，天下言風流者，以王、樂為稱首。

【C】後進莫不競為浮誕，遂成風俗。

【B】其時未嘗無斥其非者，……裴頠又著《崇有論》以正之（《頠傳》），江惇亦著《通道崇檢論》以矯之（《惇傳》）。卞壼斥王澄、謝鯤，謂悖禮傷教，中朝傾覆，實由於此（《壼傳》）。范甯亦謂王弼、何晏二人之罪，深於桀、紂（《甯傳》）。應詹謂元康以來賤經尚道，永嘉之弊由此（《詹傳》）。……習尚已成，江河日下，卒莫能變也。

【D】裴遐善言元理，音詞清暢，泠然若琴瑟。嘗與郭象談論，一座盡服（《遐傳》）。衛玠善元言，每出一語，聞者無不諮嗟，以為入微。王澄有高名，每聞玠言，輒歎息絕倒。後過江，與謝鯤相見，欣然言論終日。王敦謂鯤曰：「昔王輔嗣吐金聲於中朝，此子復玉振於江表，不意永嘉之末，復聞正始之音。」（《玠傳》）王衍為當時談宗，自以論《易》略盡，然亦有未了，每曰：「不知此生當見有能通之者否？」及遇阮修談《易》，乃歎服焉（《修傳》）。王戎問阮瞻曰：「聖人貴名教，《老》、《莊》明自然，其指同異？」瞻曰：「將毋同。」戎即闢之，時人謂之「三語掾」。……桓溫嘗問劉惔：「會稽王更進

耶？」悰曰：「極進，然是第三流耳。」溫曰：「第一流是誰？」悰曰：「故是我輩。」（《悰傳》）張憑初詣劉惔，處之下座，適王蒙來，清言有所不通，憑即判之，惔驚服。……向秀好《老》、《莊》之學，嘗批註之，讀者超然心悟。郭象又從而廣之，儒、墨之跡見鄙，道家之風遂盛（《秀傳》）。潘京與樂廣談，廣深歎之，謂曰：「君天才過人，若加以學，必為一代談宗。」京遂勤學不倦（《京傳》）。王僧虔戒子書曰：「汝未知輔嗣何所道，平叔何所說，而便盛於麈尾，自稱談士，此最險事。」……是當時父兄師友之所講求，專推究《老》、《莊》，以為口舌之助。五經中惟崇《易》理，其他盡閣束也。至梁武帝始崇尚經學，儒術由之稍振。然談義之習已成，所謂經學者，亦皆以為談辨之資。武帝召岑之敬升講座，敕朱异執《孝經》，唱《士孝》章，帝親與論難。之敬剖釋縱橫，應對如響（《之敬傳》）。簡文為太子時，出士林館，發《孝經》題，張譏議論往復，甚見嗟賞。其後周宏正在國子監，發《周易》題，譏與之論辨。宏正謂人曰：「吾每登座，見張譏在席，使人凜然。」（《譏傳》）簡文使戚袞說朝聘儀，徐摛與往復，袞精彩自若（《袞傳》）。簡文嘗自升座說經，張正見預講筵，請決疑義（《正見傳》）。伏曼容宅在瓦官寺東，每升座講經，生徒常數十百人（《曼容傳》）。袁憲與岑文豪同候周宏正，宏正將登講座，適憲至，即令憲樹義。時謝岐、何妥並在座，遞起義端，憲辯論有餘。到溉曰：「袁君正有後矣。」（《憲傳》）嚴植之通經學，館在潮溝，講說有區段次第，每登講，五館生畢至，聽者千餘。……崔靈恩自魏歸梁，為博士，性拙樸無文采，及解析經義，甚有精緻，舊儒咸重之（《靈恩傳》）。沈峻精《周官》，開講時群儒劉嵒、沈熊之徒，並執經下座，北面受業……是當時雖從事於經義……與晉人清談無異，特所談者不同耳。……則梁時五經之外，仍不廢《老》、《莊》，且又增佛義，晉人虛偽之習依然未改……直至隋平陳之後，始掃除之。

【小結】此條抄自《廿二史劄記》卷八「六朝清談之習」。作偽方式有三：第一，點竄字句；第二，改變順序（原文順序為 A、C、B、D）；第三，改變標題，將「六朝清談之習」改為「晉人清談之習」。

今按，卞壼（281～328），字望之，濟陰冤句（今山東菏澤卞莊）人。東

晉初名臣、書法家，累事三朝，兩度為尚書令。以禮法自居，意圖糾正當世，並不畏強權。後在蘇峻之亂期間率兵奮力抵抗蘇峻，最終戰死。後追贈侍中、驃騎將軍，開府儀同三司，諡曰忠貞。

168. 魏晉中正之弊

【A】案漢以來，惟以察舉孝廉為士人入仕之路。迨日久弊生，夤緣勢利，猥濫滋甚。當時已有「舉孝廉，父別居」之謠。至魏文帝時，從陳群之議，【B】遂定九品中正之法。郡邑設小中正，州設大中正。由小中正品第人才，以上大中正；大中正核實，以上司徒；司徒再核，然後附尚書選用。【C】是先清其原，專歸重於鄉評，以覈其實，立法未嘗不善。【D】故一時鄉邑清議時有主持公道者。如陳壽遭父喪，有疾，令婢丸藥。客見之，鄉黨以為貶議，由是沉滯累年。張華申理之，始舉孝廉。閻又亦西州名士，被清議，與壽皆廢棄。卞粹因弟哀有門內之私，粹遂以不訓見譏，被廢。並有已服官而仍以清議升黜者。如長史韓預強聘楊欣女為妻，時欣有姊喪，未經旬，張輔為中正，遂貶預以清風俗。陳壽因張華奏，已官治書侍御史，以葬母洛陽，不歸喪於蜀，又被貶議，由此遂廢。劉頌嫁女於陳嶠，嶠本劉氏子，出養於姑，遂姓陳氏，中正劉友譏之。李含為秦王郎中令，王薨，含俟葬訖除喪。本州島大中正以名義貶含，傅咸申理之，詔不許，遂割為五品。淮南小中正王式父沒，其繼母終喪，歸於前夫之子，後遂合葬於前夫。卞壺劾之，以為犯禮害義，並劾司徒及揚州大中正、淮南大中正含宏狗隱。詔以式付鄉邑清議，廢終身。溫嶠已為丹陽尹，平蘇峻有大功，司徒長史以嶠母亡，遭亂不葬，乃下其品。且中正內亦多有矜慎者。如劉毅告老，司徒舉為青州大中正，尚書謂毅既致仕，不宜煩以碎務，石鑒等力爭，乃以毅為之。銓正人流，清濁區別，其所彈貶，自親貴者始。司徒王渾奏周馥理識清正，主定九品，撿括精詳，褒貶允當。燕國中正劉沈舉霍原為二品，司徒不過。沈上書謂原隱居求志，行成名立，張華等又特奏之，乃為上品。張華素重張軌，安定中正蔽其善，華為延譽，得居二品。王濟為太原大中正，訪闆邑人品狀，至孫楚，則曰：「此人非卿所能目，吾自為之。」狀曰：「天才英博，亮拔不群。」華恒為州中正，鄉人任讓輕薄無行，為恒所黜。陳慶之子暄，以落魄嗜酒，不為中正所品，久不得調。然進退人才權寄於下，亦未有久而無弊者也。如晉武為公子時，以相國子當品，鄉里莫敢與為輩，十二郡中正共舉鄭默以輩之。劉卞初入太學，試經當為四品，臺吏訪問，欲令寫黃紙一鹿車，

卞不肯。訪問怒言於中正，乃退為尚書令史。孫秀初為郡吏，求品於鄉議，王衍將不許，衍從兄戎勸品之。及秀得志，朝士有宿怨者皆誅，而戎、衍獲濟。何劭初亡，袁粲（晉臣）來弔，其子岐辭以疾，粲獨哭而出，曰：「今年決下婢子品。」王詮曰：「岐前多罪，爾時何不下？其父新亡，便下岐品，人謂畏強易弱也。」可知當時中正所品，皆以意為輕重正，段灼疏中所謂「九品訪人，惟問中正，據上品者非公侯之子孫，即當途之昆弟」是也。中正積習，歷魏、晉及南北朝三四百年，相沿不改，選舉之弊，至此而極矣。

【探源】《廿二史劄記》卷八「九品中正」：

【B】魏文帝初定九品中正之法，郡邑設小中正，州設大中正。由小中正品第人才，以上大中正；大中正核實，以上司徒；司徒再核，然後付尚書選用。此陳群所建白也。

【A】蓋漢以來，本以察舉孝廉為士人入仕之路。迨日久弊生，夤緣勢利，猥濫益甚。

【C】故燮等欲先清其源，專歸重於鄉評以覈其素行，群又密其法而差等之，固論定官才之法也。

【D】今以各史參考，鄉邑清議亦時有主持公道者。如陳壽遭父喪，有疾，令婢丸藥。客見之，鄉黨以為貶議，由是沉滯累年。張華申理之，始舉孝廉。（《壽傳》）閻乂亦西州名士，被清議，與壽皆廢棄。（《何攀傳》）卞粹因弟袞有門內之私，粹遂以不訓見譏，被廢。（《卞壼傳》）並有已服官而仍以清議升黜者。長史韓預強聘楊欣女為妻，時欣有姊喪，未經旬，張輔為中正，遂貶預以清風俗。（《輔傳》）陳壽因張華奏，已官治書侍御史，以葬母洛陽，不歸喪於蜀，又被貶議，由此遂廢。（《壽傳》）劉頌嫁女於陳矯，矯本劉氏子，出養於姑，遂姓陳氏，中正劉友譏之。（《頌傳》）李含為秦王郎中令，王薨，含俟葬訖除喪。本州島大中正以名義貶含，傅咸申理之，詔不許，遂割為五品。（《含傳》）淮南小中正王式父沒，其繼母終喪，歸於前夫之子，後遂合葬於前夫。卞壼劾之，以為犯禮害義，並劾司徒及揚州大中正、淮南大中正含宏狥隱。詔以式付鄉邑清議，廢終身。（《壼傳》）溫嶠已為丹陽尹，平蘇峻有大功，司徒長史以嶠母亡，遭亂不葬，乃下其品。……且中正內亦多有矜慎者。如劉毅告老，司徒舉為青州大中正，尚書謂毅既致仕，不宜煩以碎務，石鑒

等力爭，乃以毅為之。銓正人流，清濁區別，其所彈貶，自親貴者始（《毅傳》）。司徒王渾奏周馥理識清正，主定九品，檢括精詳，襃貶允當（《馥傳》）。燕國中正劉沈舉霍原為二品，司徒不過。沈上書謂原隱居求志，行成名立，張華等又特奏之，乃為上品（《李重傳》、《霍原傳》）。張華素重張軌，安定中正蔽其善，華為延譽，得居二品（《軌傳》）。王濟為太原大中正，訪問者論邑人品狀，至孫楚，則曰：「此人非卿所能目，吾自為之。」乃狀曰：「天才英博，亮拔不群。」（《楚傳》）華恒為州中正，鄉人任讓輕薄無行，為恒所黜。……陳慶之子暄，以落魄嗜酒，不為中正所品，久不得調。……然進退人才之權寄之於下，豈能日久無弊？晉武為公子時，以相國子當品，鄉里莫敢與為輩，十二郡中正共舉鄭默以輩之（《默傳》）。劉卞初入太學，試經當為四品，臺吏訪問（助中正採訪之人），欲令寫黃紙一鹿車，卞不肯。訪問怒言於中正，乃退為尚書令史（《卞傳》）。孫秀初為郡吏，求品於鄉議，王衍將不許，衍從兄戎勸品之。及秀得志，朝士有宿怨者皆誅，而戎、衍獲濟（《戎傳》）。何劭初亡，袁粲（晉臣，非宋袁粲）來弔，其子岐辭以疾，粲獨哭而出，曰：「今年決下婢子品。」王詮曰：「岐前多罪時，爾何不下？其父新亡，便下岐品，人謂畏強易弱也。」（《何劭傳》）可見是時中正所品高下，全以意為輕重，故段灼疏言，九品訪人，惟問中正，據上品者非公侯之子孫，即當途之昆弟。……選舉之弊，至此而極。然魏、晉及南北朝三四百年，莫有能改之者。

【小結】此條抄自《廿二史劄記》卷八「九品中正」條。原文順序為 B、A、C、D。作偽方式有四。第一，點竄字句；第二，增加句子；第三，改變順序；第四，改變標題，將「九品中正」改為「魏晉中正之弊」。

169. 齊典簽之權

【A】案《南史·呂文顯傳》，故事，府州部內論事皆用簽，前敘所論之事，後書某官某簽。故府州置典簽掌之，本五品吏耳。宋季多以幼小王子出為方鎮，人主皆以左右親近為典簽，一歲中還都者數四，人主輒問以刺史之賢否，往往出於其口，於是威行州郡，權重藩君。故《齊書·孝武諸子傳論》謂帝子臨州，年皆幼小，故輔以上佐，簡自帝心。州國府第，先事後行，飲食起居，

動應聞啟。行事執其權,典簽掣其肘,處地雖重,行已莫由。此宋氏之餘風,在齊而彌甚也。其見於列傳者,如劉暄為江夏王寶元郢州行事,有人獻馬,寶元欲看之,暄曰:「馬何須看?」妃索煮肫,暄曰:「已煮鵝,不復煩此。」武陵王奕在江州,忤典簽趙渥,渥啟其得失,即召還京。宜都王鏗舉動每為簽帥所判,立意多不得行。南海王子罕欲遊東堂,典簽姜秀不許。魚復侯子響為行事劉寅、典簽吳修之等所奏,武帝遣臺使檢校,子響憤殺寅、修之等,武帝使戴僧靜往討,僧靜曰:「王年少,長史捉之太急,忿不思難故耳。天子兒過誤殺人,有何大罪,而忽遣軍西上耶?僧靜不敢奉詔。」後子響以抗拒臺使被誅,故明帝殺諸王,無一不就典簽殺之者,蓋威行權重,積漸使然耳。

【探源】《廿二史劄記》卷十二「齊制典簽之權太重」:

【B】《齊書·孝武諸子傳論》謂帝子臨州,年皆幼小,故輔以上佐,簡自帝心。州國府第,先事後行,飲食起居,動應聞啟。行事執其權,典簽掣其肘,處地雖重,行已莫由。斯宋氏之餘風,在齊而彌甚也。今見於列傳者,……劉暄為江夏王寶元郢州行事,……有人獻馬,寶元欲看之,暄曰:「馬何須看?」妃索煮肫,暄曰:「已煮鵝,不復煩此。」……武陵王奕在江州,忤典簽趙渥,趙渥啟其得失,即召還京(《奕傳》)。宜都王鏗舉動每為簽帥所判,立意多不得行(《鏗傳》)。南海王子罕欲暫遊東堂,典簽姜秀不許。……魚復侯子響為行事劉寅、典簽吳修之等所奏,武帝遣臺使檢校,子響憤殺寅、修之等,後以抗拒臺兵被誅。……武帝使僧靜往討,僧靜曰:「王年少,長史捉之太急,忿不思難故耳。天子兒過誤殺人,有何大罪,而忽遣軍西上耶?僧靜不敢奉詔。」……故明帝殺諸王,無一不就典簽殺之,……積威之漸,一至於此。

【A】按《南史·呂文顯傳》,故事,府州部內論事皆用簽,前敘所論之事,後書某官某簽。故府州置典簽掌之,本五品吏耳。宋季多以幼小王子出為方鎮,人主皆以親近左右為典簽,一歲中還都者數四,人主輒問以刺史之賢否,往往出於其口,於是威行州郡,權重藩君。

【小結】此條抄自《廿二史劄記》卷十二「齊制典簽之權太重」。作偽方式有三:第一,點竄字句;第二,改變順序(原文順序為 B、A);第三,改變標題,將「齊制典簽之權太重」改為「齊典簽之權」。

170. 齊梁臺使之弊

《齊書‧竟陵王子良傳》，宋元嘉中，簿書賦稅皆責成郡縣，孝武帝急速，乃遣臺使，自此公私勞擾。齊初子良疏曰「此輩使人，既非詳慎，或貪險崎嶇，營求此役。朝辭禁門，形態即異；暮宿邨縣，威福便行。脅遏津吏，恐喝郵傳。既望城郭，便飛下嚴符，但稱行臺，未知所督，先詗官吏，卻攝群曹。絳標寸紙，一日數至，四鄉所召，莫辨枉直。萬姓駭迫，爭致饋遺。今日酒諧肉飫，即許附申，明日禮輕貨薄，復責科算。及其獨蒜轉積，鵝栗漸盈，遠則分鬻他境，近則託質吏民，反請郡邑，助民祈緩」云云。又《梁書‧賀琛傳》亦有疏云：「今東境戶口空虛，皆由使命繁數。大邦大縣，舟船銜命者非惟十數，即窮幽之鄉、極遠之邑，亦皆必至。駑困邑宰，則拱手聽其漁獵；桀黠長吏，又因之而為貪殘。故細民棄業，流冗者多。」云云。**據此二疏，知齊梁時臺使之弊矣。**

【探源】《廿二史劄記》卷十二「齊梁臺使之害」：

> 《齊書‧竟陵王子良傳》，宋元嘉中，簿書賦稅皆責成郡縣，孝武帝急速，乃遣臺使，自此公私勞擾。齊初子良疏曰：「此輩使人，既非詳慎，或貪險崎嶇，營求此役。朝辭禁門，形態即異；暮宿村縣，威福便行。脅遏津吏，恐喝郵傳。既望城郭，便飛下嚴符，但稱行臺，未知所督，先詗官吏，卻攝群曹。絳標寸紙，一日數至，四鄉所召，莫辨枉直。萬姓駭迫，爭致饋遺。今日酒諧肉飫，即許附申，明日禮輕貨薄，復責科算。及其獨蒜轉積，鵝栗漸盈，遠則分鬻他境，近則託質吏民，反請郡邑，助民祈緩。」……《梁書‧賀琛傳》亦有疏曰：「今東境戶口空虛，皆由使命繁數。大邦大縣，舟船銜命者非惟十數，即窮幽之鄉、極遠之邑，亦皆必至。駑困邑宰，則拱手聽其漁獵；桀黠長吏，又因之而為貪殘。故細民棄業，流冗者多。」此梁室臺使之弊也。

【小結】此條抄自《廿二史劄記》卷十二「齊梁臺使之害」條。作偽方式有二：第一，點竄字句；「齊梁臺使之害」改為「齊梁臺使之弊」。

171. 唐試士之法

【A】李林甫《大唐六典》載試士之法。【B】「初吏部員外郎掌天下貢舉之職。開元二十四年敕以為權輕，專令禮部侍郎一人知貢舉。」案禮部尚書、

侍郎之職。掌天下禮儀、祠祭、燕饗、貢舉之政令。凡舉試之制,每歲仲冬率
與計偕。其科有六:一曰秀才,試方略策五條,此科取人稍峻,貞觀已後遂絕;
二曰明經;三曰進士;四曰明法;五曰書;六曰算。凡正經有九:《禮記》、《左
氏春秋》為大經,《毛詩》、《周禮》、《儀禮》為中經,《周易》、《尚書》、《公羊
春秋》、《穀梁春秋》為小經。通二經者,一大一小,若兩中經;通三經者,大
小中各一;通五經者,大經並通。其《孝經》、《論語》、《老子》並須兼習。凡
明經,先帖經,然後口試,並答策,取粗有文性者為通。凡進士,先帖經,然
後試雜文及策,文取華實兼舉,策須義理愜當者為通。凡明法,試律令,取識
達義理,問無疑滯者為通。凡明書,試《說文》、《字林》,取通訓詁兼會雜體
者為通。凡明算,試《九章》、《海島》、《孫子》、《五曹》、《張丘建》、《夏侯陽》、
《周髀》、《五經》、《綴術》、《緝古》,取明數造術,辨明術理者為通。凡此六
科求人之本,必取精究理實而升為第。其有博綜兼學,須加甄獎,不得限以常
科。其弘文、崇文館學生,雖同明經、進士,以其資蔭全高,試取粗通文義。
太廟齋郎亦試兩經,文義粗通,然後補授,考滿簡試。其郊社齋郎簡試亦如太
廟齋郎。其國子監大成十員,取明經及第人聰明灼然者,試日誦千言,並口試,
仍策所習業十條通七,然後補充,各授散官,依邑令於學內習業,以通四經為
限。【C】今紬繹其文,可想見有唐一代取士之式。以此取人,可得力學之士,
空疏者無僥倖之獲矣。

【探源】《經義雜記》卷三「唐試士法」:

【A】李林甫《大唐六典》載試士法至詳悉。

【C】持此以取人,可得力學之士,空疏者無僥倖之獲。

【B】「初時吏部員外郎掌天下貢舉之職。開元二十四年敕以為
權輕,專令禮部侍郎一人知貢舉。」……云:「禮部尚書、侍郎之職。
掌天下禮儀、祠祭、燕饗、貢舉之政令。凡舉試之制,每歲仲冬率
與計偕。其科有六:一曰秀才(試方略策五條,此科取人稍峻,貞
觀已後遂絕);二曰明經;三曰進士;四曰明法;五曰書;六曰算。
凡正經有九:《禮記》、《左氏春秋》為大經,《毛詩》、《周禮》、《儀
禮》為中經,《周易》、《尚書》、《公羊春秋》、《穀梁春秋》為小經。
通二經者,一大一小,若兩中經;通三經者,大小中各一;通五經
者,大經並通。其《孝經》、《論語》、《老子》並須兼習。凡明經,先
帖經,然後口試,並答策,取粗有文性者為通。……凡進士,先帖

經，然後試雜文及策，文取華實兼舉，策須義理愜當者為通。……
凡明法，試律令，取識達義理，問無疑滯者為通。……凡明書，試
《說文》、《字林》，取通訓詁兼會雜體者為通。……凡明算，試《九
章》、《海島》、《孫子》、《五曹》、《張丘建》、《夏侯陽》、《周髀》、《五
經》、《綴術》、《緝古》，取明數造術，辨明術理者為通。……凡此六
科求人之本，必取精究理實而升為第。其有博綜兼學，須加甄獎，
不得限以常科。……其弘文、崇文館學生，雖同明經、進士，以其
資蔭全高，試取粗通文義。……太廟齋郎亦試兩經，文義粗通，然
後補授，考滿簡試。其郊社齋郎簡試亦如太廟齋郎。……其國子監
大成十員，取明經及第人聰明灼然者，試日誦千言，並口試，仍策
所習業十條通七，然後補充，各授散官，依邑令於學內習業，以通
四經為限。」

【小結】此條抄自《經義雜記》卷三「唐試士法」。作偽方式有四：第一，
點竄字句；第二，增加句子；第三，改變順序（原文順序為 A、C、B）；第四，
改變標題，將「唐試士法」改為「唐試士之法」。

172. 宋道學偽學之禁

【A】《尤袤傳》：「袤少從喻樗、汪應辰遊。樗學於楊時，程頤高弟也。方
乾道、淳熙間，程氏學稍震，忌之者目為道學，將攻之。袤在掖垣，首言：『道
學者，堯、舜所以帝，禹、湯、武所以王，周公、孔、孟所以設教。近立此名，
詆訾士君子，故凡所謂廉介、恬退、踐履、名節，皆目之為道學。此名一立，
賢人君子一舉足目入其中，俱無得免，豈盛世所宜有？』孝宗曰：『待付出戒
敕之。』」袤卒後，韓侂冑擅國，於是禁錮道學，識者以袤為知言。至於寧宗
一時攻道學者，鄭丙、陳賈皆言道學欺世盜名，乞擯斥勿用。而姚愈又論道學
權臣結為死黨，窺伺神器，命草詔諭天下。張岩、張釜、陳自強、程松等皆前
後請嚴道學之禁，是皆阿附侂冑者也。而亦有深惡朱子者。林栗為兵部侍郎，
朱子為兵部郎官，未就職，栗與朱子相見，論《易》、《西銘》不合。栗遷，吏
部趣之，朱子以腳疾請告。栗遂論朱某本無學術，徒竊張載、程頤之緒餘，為
浮誕宗主，謂之道學，妄自推尊。所至輒攜門生十數人，習為春秋、戰國之態，
妄希孔孟歷聘之風，繩以治世之法，則亂人之首也。望停罷，以為事君無禮者
之戒。太常博士葉適辨之曰：「考栗之詞，始末參驗，無一實者。其中『謂之

道學』一語無實最甚，自昔小人殘害善良，率有指名。或以為好名，或以為立異，或以為植黨。近忽創為道學之目，鄭丙唱之，陳賈和之。居要路者密相付受，見士大夫有稍務潔修，粗能操守，輒以道學之名歸之，以為大罪。善良受害，無所不有。」及後適遷知泉州，召入對，有「欲人臣息心既往，圖報方來」之語。時侂冑亦悔，適奏及之，自是禁網漸疏。【B】至慶元偽學之禁，蓋韓侂冑以趙汝愚之門，及朱子之徒，多知名士，不便於己，欲盡去之，謂不可一一誣以罪，故設為偽學之目以擯之。一時隸名者五十九人，宰執四人，趙汝愚為首；待制以上十三人，朱子為首；餘官三十一人，劉光祖為首；又武臣三人，士人八人。用何澹、劉德秀為言官，專擊偽學。然與朱子為難者亦不獨一侂冑。初王淮為相，除朱子浙東提舉臺守。唐仲友與淮同里為姻家，朱子行部至臺，訟仲友者紛然。按得其實，前後章十上，淮乃擢陳賈監察御史，與尚書鄭丙葉力攻道學。故史言後慶元偽學之禁，實始於此也。及朱子為侍講，疏論韓侂冑之奸，侂冑恨之，使優人王喜於上前戔冠闊袖，效朱子進趨戲於上前，朱子遂去。而意猶未快。擢胡紘監察御史，紘挾未達時不見禮於朱子之嫌，遂劾趙汝愚，且詆其引用朱子，為偽學罪首，請禁偽學。謂「偽學猖獗，圖為不軌」，引唐五王不殺武三思為說，詔偽學之黨，權住進擬，用紘言也。前御史劉三傑論趙汝愚、劉光祖、徐誼之徒，前日為偽黨，至此又變而為逆黨。三傑又與沈繼祖連疏詆朱子。又有選人余嘉上書乞斬朱子，絕偽學。考嘉生平見於史者兩事，一乞斬朱子，一請加韓侂冑九錫。小人無忌憚，一至於此。及朱子沒，將葬，言者謂「四方偽徒期會，送偽師之葬，會聚之時，非妄談時人短長，即謬議時政得失，望令守臣約束。」從之。於是門生故舊無一送葬者，獨一辛棄疾為文，往哭之，**良可慨也**。蓋攻偽學者，本始京鏜（即京鏜，《侂冑傳》作鏜），為鏜薦劉德秀為諫官，首論留正引偽學之罪也。逮鏜死，侂冑亦稍厭前事，而張孝伯亦言不弛黨禁，恐後報復。侂冑以為然，於是追復汝愚、朱子職名，留正、周必大、徐誼等皆先後復官，而偽學之禁浸解。【C】蓋道學偽學，皆小人設為此名以陷害善良者。**朝廷不能杜其惡習，挽其澆風，乃隨波逐流**，【D】復如昔時元祐黨禁，使賢人君子無一得容其身而後已，殊非治世之事矣。

【探源】《韓門綴學》卷二「道學之名」：

【C】道學在宋，乃小人設為此名，以傾害君子者。

【A】《尤袤傳》云：「袤少從喻樗、汪應辰遊。樗學於楊時，程頤高弟也。方乾道、淳熙間，程氏學稍震，忌之者目為道學，將攻

之。袞在披垣，首言：『道學者，堯、舜所以帝，禹、湯、武所以王，周公、孔、孟所以設教。近立此名，詆訾士君子，故凡所謂廉介、恬退、踐履、名節，皆目之為道學。此名一立，賢人君子一舉足且入其中，俱無得免，豈盛世所宜有？』孝宗曰：『待付出戒敕之。』」袞死數年，侂胄擅國，於是禁錮道學，識者以袞為知言。……至於寧宗一時攻道學者，鄭丙言近世士大夫有所謂道學者，欺世盜名，不宜信用。陳賈……乞擯斥勿用。姚愈論道學權臣結為死黨，窺伺神器，命草詔諭天下。張巖、張釜、陳自強、程松等皆請嚴道學之禁，是皆阿附侂胄之人。而亦有深惡朱子者。林栗為兵部侍郎，朱子為兵部郎官，未就職，栗與朱子相見，論《易》、《西銘》不合。栗遷，吏部趣之，朱子以腳疾請告。栗遂論朱某本無學術，徒竊張載、程頤之緒餘，為浮誕宗主，謂之道學，妄自推尊。所至輒攜門生十數人，習為春秋、戰國之態，妄希孔孟歷聘之風，繩以治世之法，則亂人之首也。望停罷，以為事君無禮者之戒。太常博士葉適辨之曰：「考栗之詞，始末參驗，無一實者。其中『謂之道學』一語無實最甚，自昔小人殘害良善，率有指名。或以為好名，或以為立異，或以為植黨。近忽創為道學之目，鄭丙唱之，陳賈和之。居要路者密相付受，見士大夫有稍務潔修，粗能操守，輒以道學之名歸之，以為大罪。善良受害，無所不有。」及後適遷知泉州，召入對，有「欲人臣息心既往，圖報方來」之語。時侂胄亦悔，適奏及之，自是禁網漸解。

【D】禁錮天下之賢人君子，復如昔時所謂元祐學術者，必使無所容其身而後已，此豈治世之事哉？

《韓門綴學》卷二「慶元偽學之禁」：

【B】慶元偽學之禁，凡五十九人：宰執四人，趙汝愚為首；待制以上十三人，朱子為首；餘官三十一人，劉光祖為首；又武臣三人，士人八人。……《宋史》謂韓侂胄以趙汝愚之門，及朱子之徒，多知名士，不便於己，欲盡去之，謂不可一一誣以罪，則設為偽學之目以擯之。用何澹、劉德秀為言官，專擊偽學。……鏜薦引劉德秀為諫官，首論留正引偽學之罪。……其與朱子為難者不獨一侂胄。王淮為相，除朱子浙東提舉。臺守唐仲友與淮同里為姻家，朱子行

部至臺，訟仲友者紛然。按得其實，前後章六上，淮乃擢陳賈監察御史，與尚書鄭丙，葉力攻道學。史言其後慶元偽學之禁，始於此。……及朱子為待講，疏論韓侂冑之奸，侂冑恨之，使優人王喜於上前戴冠闊袖，效朱子進趣，戲於上前，朱子遂去。而意猶未快。擢紘監察御史，紘劾趙汝愚，且詆其引用朱子，為偽學罪首，在太常，請禁偽學。謂「偽學猖獗，圖為不軌」，引唐五王不殺武三思為說，詔偽學之黨，權住進擬，用紘言也。前御史劉三傑論趙汝愚、劉光祖、徐誼之徒，前日為偽黨，至此又變而為逆黨。三傑又與沈繼祖連疏詆朱子。又有選人余嘉上書乞斬朱子，絕偽學。……考嘉生平見於史者兩事，一乞斬朱子，一請加韓侂冑九錫。小人無忌憚，至此極矣。及朱子既沒，將葬，言者謂「四方偽徒，期會送偽師之葬，會聚之間，非妄談時人短長，則謬議時政得失，望令守臣約束。」從之。於是門生故舊無送葬者，獨辛棄疾為文，往哭之。……偽黨之禍，本始京鏜（即京鐺，《侂冑傳》作鐺），逮鐺死，侂冑亦稍厭前事，張孝伯以為不弛黨禁，恐後不免報復之禍。侂冑以為然，追復汝愚、朱子職名，留正、周必大、徐誼等皆先後復官，偽黨之禁寢解。

【小結】此條抄自《韓門綴學》卷二「道學之名」條、「慶元偽學之禁」條。作偽方式有四：第一，點竄字句；第二，增加句子；第三，改變順序；第四，多源組合，C、A、D 段抄自「道學之名」條，B 段抄自「慶元偽學之禁」條。

173. 南宋文字之禍

胡銓先以詆和議，謫監廣州鹽。羅汝楫劾其橫議，除名，編管新州。守臣張棣又訐其與客唱酬怨謗，再移**瓊海**，呂願中又告李光與銓作詩譏訕，乃又移昌化軍。趙鼎竄潮州，又移吉陽軍。秦檜令本軍月具存亡申省，鼎知檜必殺己，遂不食而死。張浚竄連州，又徙永州。此數人，檜忌之**最深**，凡與之交際者，亦必**羅織**之，以銓株連者。如王庭珪既以作詩贈銓得禍，而銓先謫廣州時，朝士陳剛中以啟事為賀，謫知安遠軍。又有宜興吳師古鐫銓疏以傳，流袁州。通判方疇亦以通書於銓，除名，**編管永州**。以鼎、光株連者。如葉三省、王遠、王超既以通書趙鼎、李光得禍。吳元美又以家有潛光亭、商隱堂，為人首告。

謂亭號潛光，有心於黨李；堂名商隱，無意於事秦。以張浚株連者，江西運判張常先注前帥張宗元與張浚書上之，連逮數十人。檜嘗書銓、鼎、光、濬等姓名於一德格天閣，必欲殺之。趙汾之獄，其父鼎已死，檜令大理寺鞫之，欲汾自誣與銓、光、濬等謀大逆，所株連一時名士至五十三人，會檜死，始得解。亦有不與銓等相涉，偶語言文字稍觸其忌，即遭其誣陷者。如程瑀等之以《論語》得罪，則以瑀嘗為《論語說》，至「弋不射宿」，謂孔子不欲陰中人，洪興祖序之，魏安行錄之，故皆及禍。趙令衿又以觀檜《家廟記》，口誦「君子之澤，五世而斬」，為檜侄婿汪召錫所告，安置汀州，後再入趙汾獄，幾死。又胡舜陟以非笑朝政，下獄死。黃龜年以論檜貶。太學生張伯麟題壁曰：「夫差而忘越之殺而父乎！」杖脊刺配吉陽軍。閩、浙大水，白諤有「燮理乖謬」語，刺配萬安軍。高登亦以考試策問閩、浙大水之由，郡守以達，檜坐以事，編管容州。進士黃友龍坐謗訕，黥配嶺南。內侍裴詠坐指斥，編管邕州。徑山僧清言以謗訕被黥。何兌誦其師馬紳在靖康圍城中乞存趙氏，檜以為分己功，編管英州。鄭圯、賈子展以會中有嘲謔講和之語，圯竄容州，子展竄德慶。檜又疏禁野史，許人首告，並禁民間結集經社。偶有觸犯，即橫遭誣害。甚至司馬伋自言《涑水記聞》非其曾祖光所著者，其一時威焰懾人，一至於此。

【探源】《廿二史劄記》卷二十六「秦檜文字之禍」：

> 胡銓先以上書詆和議，謫監廣州鹽。羅汝檝劾其橫議，除名，編管新州。守臣張棣又訐其與客唱酬怨謗，再移吉陽軍。……呂願中又告光與銓作詩譏訕，乃又移昌化軍。趙鼎竄潮州，又移吉陽軍。檜令本軍月具存亡申省，鼎知檜必殺己，遂不食而死。張浚竄連州，又徙永州。蓋此數人者名愈高，檜忌之愈甚，……而凡與之交際者，亦必被禍不少貸。王庭珪既以作詩贈銓得禍，而銓先謫廣州時，朝士陳剛中以啟事為賀，謫知安遠軍。又有宜興吳師古鑴銓疏以傳，流袁州。通判方疇亦以通書於銓，除名，永州編管。此以銓而連及者也。葉三省、王遠、王超既以通書趙鼎、李光得禍。吳元美之下獄也，以家有潛光亭、商隱堂，為人首告。謂亭號潛光，有心於黨李；堂名商隱，無意於事秦。……此因鼎、光而連及者也。江西運判張常先注前帥張宗元與張浚書上之，連逮數十家。……此因濬而連及者也。檜嘗書銓、鼎、光、濬等姓名於一德格天閣，必欲殺之。趙汾之獄，其父鼎已死，檜令大理寺鞫之，欲汾自誣與銓、光、濬

等謀大逆,所連及一時名士至五十三人,會檜死,始得免。……他如程瑀等之以《論語》得罪,則以瑀嘗為《論語說》,至「弋不射宿」,謂孔子不欲陰中人,洪興祖序之,魏安行鋟之,故皆及禍。趙令衿之得罪也,則因觀檜《家廟記》,口誦「君子之澤,五世而斬」,為檜侄婿汪召錫所告,故安置汀州,後再牽入趙汾獄,幾死。又胡舜陟以非笑朝政,下獄死。黃龜年以論檜貶。太學生張伯麟題壁曰:「夫差,而忘越之殺而父乎!」杖脊刺配吉陽軍。閩、浙大水,白諤有「燮理乖謬」語,刺配萬安軍。高登亦以考試策問閩、浙大水之由,郡守以達,檜坐以事,編管容州。進士黃友龍坐謗訕,黥配嶺南。內侍裴詠坐指斥,編管邕州。徑山僧清言以謗訕被黥。何兌誦其師馬伸在靖康圍城中乞存趙氏書,檜以為分己功,編管英州。鄭玼、賈子展以會中有嘲謔講和之語,玼竄容州,子展竄德慶。此則不必與銓等相涉,第語言文字稍觸其忌,即橫遭誣害。……檜又疏禁野史,許人首告,並禁民間結集經社。甚至司馬伋自言《涑水記聞》非其曾祖光所著。……其威焰之酷,真可畏哉!

【小結】此條抄自《廿二史劄記》卷二十六「秦檜文字之禍」。作偽方式有二:第一,點竄字句;第二,改變標題,將「秦檜文字之禍」改為「南宋文字之禍」。

174. 歷代科場之弊

【A】唐時取士有通榜之例。如陸贄知貢舉,以崔元翰、梁肅所舉,皆得取中。韓愈遇舉子有才者輒為延譽,亦往往得售是也。時尚無糊名之例,果甄拔無私,人亦無異議。亦有狥私者。唐錢徽知貢舉,段文昌囑以楊渾之,李紳囑以周漢賓,已而二人皆不中,取中者有李宗閔之婿蘇巢、楊汝士之弟殷士,文昌遂劾奏徽不公。穆宗命王起、白居易覆試,被黜者孔溫業、趙存約等十人。徽、宗閔、汝士皆坐貶。此唐時科場之弊也。至五代時,如桑維翰應舉,鄭珏會試,皆以張全義囑得售。崔梲知貢舉,桑維翰素惡孔英無行,向梲言之,梲不喻其意,反擢英及第。此勢利之弊也。後唐清泰中,盧導知貢舉,薛居正以劉濤薦取中。申文煥知貢舉,李度工詩,樞密使王樸錄其句(有「醉輕浮世事,老重故鄉人」之句),以薦遂擢第三人。**雖非勢利,究亦弊也。**至聶嶼與趙都同赴舉,都納賂於鄭珏,嶼因不捷,大訟。珏懼,俾俱成名。是直行以賄賂矣。

後同光三年，裴皞知貢舉，所取符蒙正等干物議，詔盧質覆試，尚無黜落，皞免議。周廣順中，趙上交知貢舉，以李觀詩賦失韻被黜，讁上交官。顯德中，楊樸劾劉濤考試不公，命李昉覆試，黜者七人，濤坐讁。劉溫叟亦以考進士因謡左遷。**是科場舞弊之罰，僅止降職。宋即因之。**開寶中李昉知貢舉，徐士廉訴昉不公，帝命覆試，黜落甚多。昉責授太常卿。真宗時，劉師道以弟幾道舉進士，時已糊名，囑考官陳堯諮，於卷中識號，得擢第。事泄，幾道落籍，師道、堯諮俱降讁。惟王欽若知貢舉，任懿託僧惠泰，賂以白金。會欽若已入院，囑門客達于欽若妻李，李遣奴入院，書懿之名於其背，遂得中。事泄，反委罪於同知舉官洪湛，湛遂坐貶。**是納賂舞弊僅止降讁，當局者且反得委卸。【B】沿及明代，其弊更有甚焉者矣。**唐寅與江陰富人徐經同舉，遂同入京會試。梁儲為延譽於陳敏政。適敏政與李東陽同主會試，策題以四子造詣為問，乃是許魯齋一段文字，通場皆不知。敏政得二卷，將以為魁。而給事中華昶劾敏政鬻題。時榜未發，詔東陽覆閱，二人卷皆不在取中，坐經嘗謁見敏政，寅嘗乞敏政作序，俱黜為吏，敏政致仕。昶以言事不實被調。定讞時並未實其關節之罪也。又歸安人韓敬嘗受業於湯賓尹，賓尹分校會試，敬卷為他校官所棄，賓尹越房搜得，兼取五人。他校官皆效尤，競相搜取，共十七卷。賓尹又以敬卷強總裁蕭雲舉、王圖錄為第一。及廷對，賓尹又為敬夤緣第一。後賓尹去官，敬亦告病，事隔三年。會鄒之麟分校順天鄉試，所取童學賢有私，御事孫居相併賓尹事發之，議不及賓尹。給事中孫振基請並議，亦僅黜學賢，讁之麟，亦不及賓尹。振基再劾，時賓尹已去官，敬惟讁行人司副而已。**是明代科場舞弊之罰，較前代更為弛縱矣。**

【探源】《廿二史劄記》卷二十五「宋科場處分之輕」：

【A】唐時有通榜例。陸贄知貢舉，以崔元翰、梁肅文藝冠時，凡肅、元翰所薦，皆取之。……韓愈負文名，遇舉子之有才者輒為延譽……往往得售。……時尚無糊名之例，見名甄拔，果當其才，人亦服其公而無異議。其以徇私得中者，唐錢徽知貢舉，段文昌囑以楊渾之，李紳亦託以周漢賓，及榜發皆不中選，而取中有李宗閔之婿蘇巢、楊汝士之弟殷士，文昌遂奏徽取士不公。穆宗命王起、白居易重試，……被黜者孔溫業、趙存約等十人，遂貶徽江州刺史，李宗閔劍州刺史，楊汝士開江令。……是唐時科場之處分本輕。至五代時，鄭珏舉進士數不中。張全義為之屬有司，乃及第。……桑

維翰應舉，亦張全義言於有司得第。……崔梲將知貢舉，有舉子孔英者素有醜行。宰相桑維翰謂梲曰：「孔英來矣。」梲不喻其意，反疑維翰囑之，乃考英及第。……此以勢利舞弊者。後唐清泰中，盧導知貢舉，……劉濤薦薛居正必至台輔，導取之。……李度工詩，有「醉輕浮世事，老重故鄉人」之句，樞密使王樸錄其句薦之知貢舉申文炳，遂擢度第三人。《宋史‧李度傳》此亦通榜之餘風，雖非以勢利起見，然知其人而取之，究亦弊也。聶嶼與趙都同赴舉，都納賂於鄭玨，……嶼聞不捷，乃大詬來人以恐之，玨懼，俾俱成名。……是竟以賄賂得第矣。……同光三年，禮部侍郎裴皞知貢舉，所取新及第進士符蒙正等干物議，特詔翰林學士盧質覆試，……既無黜落，裴皞免議。周廣順中，趙上交知貢舉。……中書門下以觀所試詩賦失韻，遂黜之，並譴上交官。……顯德中，劉濤考試不精，楊樸劾之。世宗命翰林學士李昉覆試，黜者七人，濤坐降謫。……又劉溫叟考進士，……有譖之者。……溫叟左遷。……是五代時雖有科場處分，不過降秩。宋初因之。開寶中，李昉知貢舉，貢士徐士廉擊登聞鼓，訴昉用情，帝怒，特命覆試，多黜落者，昉責授太常卿。……真宗時，三司使劉師道以弟幾道舉進士，囑考官陳堯諮，時已糊名考校，乃於卷中為識號，遂擢第。已而事泄，詔幾道落籍，永不預舉，師道責忠武軍行軍司馬，堯諮責單州團練使。……惟王欽若知貢舉，有任懿者託素識欽若之僧惠秦，略以白金二百五十兩。會欽若已入院，僧囑其門客達于欽若妻李，李遣奴祁睿入院，書懿名於其臂及白金之數以告欽若，遂得中。後事泄，欽若反委罪於同知舉官洪湛，湛遂遠貶。……然納賄舞弊僅至竄謫。

《廿二史劄記》卷三十六「明代科場之弊」：

【B】唐寅舉鄉試第一，與江陰富人徐經同舉，遂同入京會試。……梁儲為延譽於程敏政。適敏政與李東陽同主會試，策題以四子造詣為問，乃是許魯齊一段文字，……通場士子皆不知。敏政得二卷，……將以為魁。……給事中華昶遂劾敏政鬻題。時榜未發，……其所錄令東陽覆閱，二人卷皆不在所取中，東陽以聞。言者猶論不已，敏政、昶、寅、經俱下獄，坐經嘗謁見敏政，寅嘗乞敏政作序文，俱黜為吏，敏政亦勒致仕（見《明史‧敏政》、《寅傳》

並何良俊《叢說》、箸陂《治世餘聞》、王世貞《明詩評》)。累亦以言事不實，調南太僕主簿。蓋定讞時未嘗實其關節之罪也。歸安人韓敬嘗受業於湯賓尹，賓尹分校會試，敬卷為他校官所棄，賓尹越房搜得之，並取中五人。他考官皆效尤，競相搜取，共十七卷。賓尹又以敬卷強總裁蕭雲舉、王圖錄為第一。……及廷對，賓尹又為敬夤緣第一。賓尹旋以考察奪官，敬亦告病，事已隔三年矣。會進士鄒之麟分校順天鄉試，所取童學賢有私，御史孫居相併賓尹事發之，……而不及賓尹。給事中孫振基請並議，禮部侍郎翁正春議黜學賢，謫之麟，亦不及賓尹。振基再疏劾，……時賓尹已去官，敬謫行人司副。

【小結】此條抄自《廿二史劄記》卷二十五「宋科場處分之輕」條、「明代科場之弊」條。A 段抄自「宋科場處分之輕」條，B 段抄自「明代科場之弊」條。作偽方式有二：第一，點竄字句；第二，增加句子；改變標題，將「宋科場處分之輕」、「明代科場之弊」二條標題合併而為「歷代科場之弊」。

175. 天子駕六馬

【A】考《續漢書・輿服志》劉昭引《逸禮・王度記》曰：「天子駕六馬，諸侯駕四，大夫三，士二，庶人一。」《易》京氏、《春秋》公羊氏說同。許慎從之。《史記》曰：「秦始皇以水數制乘六馬。」《莊子》逸篇云：「金鐵蒙以大絏，載六驥之上，則致千里。」【B】《荀子・修身》篇云：「昔者伯牙鼓琴而六馬仰秣。」又《議兵》篇云：「六馬不和，則造父不能以致遠。」《李斯列傳》云：「人生居世間，譬猶騁六驥過決隙也。」《白虎通》云：「天子之馬六者，示有事於天地四方也。」張衡《西京賦》云：「天子駕雕軫，六駿駮。」又云：「六元虯之奕奕，齊騰驤而沛艾。」【C】蔡邕《獨斷》：「法駕，上所乘曰金根車，駕六馬。」【D】然考《逸周書・王會解》：「天子車立馬乘六」，王應麟補注云：「《五子之歌》言六馬，漢世此經不傳，多言天子駕四。」應麟據《逸周書》，以證六馬為非。是六馬之制，不獨秦漢有之，晚周之時已有之矣。

【探源】《經義雜記》卷十一「天子駕六馬」：

【A】劉昭注《逸禮・王度記》曰：「天子駕六馬，諸侯駕四，大夫三，士二，庶人一。」……《易》京氏、《春秋》公羊說皆云天子駕六，許慎以為天子駕六，諸侯及卿駕四，大夫駕三，士駕二，

庶人駕一。《史記》曰:「秦始皇以水數制乘六馬。」

【C】蔡邕《獨斷下》:「上所乘曰金根車,駕六馬。」

【B】又《荀子‧勸學》篇:「伯牙鼓琴,而六馬仰秣。」……《白虎通》曰:「天子之馬六者,示有事於天地四方也。」張衡《西京賦》曰:「天子駕雕軫,六駿駮。」又曰:「六元虯之奕奕,齊騰驤而沛艾。」……故《五經異義》據《易》京氏、《禮‧王度記》、《春秋》公羊說以為天子駕六。

【D】琳考之《周書‧王會》:「成王時書也,而云其西天子車立馬乘六。」……而此實為姬周遺文,則周已有六馬之制矣。

【小結】此條抄自《經義雜記》卷十一「天子駕六馬」。作偽方式有三:第一,點竄字句;第二,增加句子;第三,改變順序(原文順序為 A、C、B、D)。

176. 天子士皆用笏

案《玉藻》:「笏,天子以球玉,諸侯以象,大夫以魚須文竹,士竹,本象。」注云:「球,美玉也。文猶飾也,大夫、士飾竹為笏,不敢與君並用純物也。」又「天子搢珽,方正於天下也。諸侯荼,前詘後直,讓於天子也。大夫前詘後詘,無所不讓也」,注云:「此亦笏也,謂之珽,珽然無所屈也。杼上終葵首,終葵首者,於杼上又廣其首,方如椎頭,是謂無所屈,後則恒直。荼讀為舒。詘謂圓殺其首,不為椎頭。諸侯惟天子詘焉。大夫奉君命出入者,上有天子,下有已君,命者也。書之於笏,為失忘反。」蓋笏之制其來久矣,自天子至士皆用之。今此「笏」字當作「曶」,從勿諧音。從曰象形,俗訛從日者,非笏。則徐氏新附字《說文》所無也。

【探源】《尚書後案》卷二《虞夏書》:

《玉藻》云:「笏,天子以球玉,諸侯以象,大夫以魚須文竹,士竹,本象。」注云:「球,美玉也。文猶飾也,大夫、士飾竹為笏,不敢與君並用純物也。」又:「天子搢珽,方正於天下也。諸侯荼,前詘後直,讓於天子也。大夫前詘後詘,無所不讓也。」注云:「此亦笏也,謂之珽,珽然無所屈也。杼上終葵首,終葵首者,於杼上又廣其首,方如椎頭,是謂無所屈,後則恒直。荼讀為舒。詘謂圓殺其首,不為椎頭。諸侯惟天子詘焉。大夫奉君命出入者,上有天

子，下有已君，又殺其下而圜。」又「將適公所，史進象笏，書思對命」，注云：「思，所思念將以告君者也。對，所以對君者也。命，所受君命者也。書之於笏，為失忘反。」蓋笏之制其來已久，自天子至士皆用之。今此曶字，從勿諧音，從曰象形，俗本訛作從日者，非也。

【小結】此條抄自《尚書後案》卷二《虞夏書》。作偽方式有二：第一，點竄字句；第二，增加句子。

177. 戈戟之制

《考工記》：「戈廣二寸，內倍之，胡三之，援四之。」注：「戈，今句子戟也。內謂胡以內接柲者也，長四寸；胡六寸；援八寸。」鄭司農云：「援，直刃也，胡，其子。」又「戟廣寸有半寸，內三之，胡四之，援五之」，注：「戟，今三鋒戟也，內長四寸半，胡長六寸，援長七寸半。」江氏永曰：「戈、戟皆有曲胡而異用。以《春秋傳》考之，獲長狄僑如，『富父終甥摏其喉，以戈殺之』，此用援之直刃摏之也。『狼瞫取戈以斬囚』，此用胡之曲刃斬之也。『子南以戈擊子晳而傷，苑何忌刜林雍斷其足』，當亦是戈胡擊之刜之。他若士華免以戈殺國佐，長魚矯以戈殺駒伯，用援用胡皆可。云『殺子都，拔戟逐穎考叔』，『靈輒倒戟御公徒』，皆儗用戟之刺與援者也。狂狡倒戟出鄭人於井，反為鄭人所獲；欒樂乘槐本而覆，或以戟鉤之，斷肘而死，皆用下胡鉤人者也。戟胡橫直皆三寸，其間甚狹，何能鉤人出於井？蓋鉤其衣若帶，是以其人不傷，反能禽鉤者也。鉤欒樂，斷肘而死，蓋本欲生禽之，故不用刺與援，而用胡以鉤之。鉤之而胡之下鋒貫肘，曳之而肘遂斷也。」觀此則戈戟似，而實異用也。

【探源】《尚書後案》卷十一《周書》：

《考工記》：「戈廣二寸，內倍之，胡三之，援四之。」注：「戈，今句子戟也。內謂胡以內接柲者也，長四寸；胡六寸；援八寸。」鄭司農云：「援，直刃也，胡，其子。」又：「戟廣寸有半寸，內三之，胡四之，援五之。」注：「戟，今三鋒戟也，內長四寸半，胡長六寸，援長七寸半。」江氏永曰：「戈、戟皆有曲胡而異用。以《春秋傳》考之，獲長狄僑如，『富父終甥摏其喉，以戈殺之』，此用援之直刃摏之也。『狼瞫取戈以斬囚』，此用胡之曲刃斬之也。『子南以

戈擊子晳而傷，苑何忌荆林雍斷其足」，當亦是戈胡擊之刜之。他若士華免以戈殺國佐，長魚矯以戈殺駒伯，用援用胡皆可。云『殺子都，拔戟逐潁考叔，靈輒倒戟御公徒』，皆儗用戟之刺與援者也。狂狡倒戟出鄭人於井，反為鄭人所獲；欒樂乘槐本而覆，或以戟句之，斷肘而死，皆用下胡鉤人者也。戟胡橫皆三寸，其間甚狹，何能鉤人出於井？蓋鉤其衣若帶，是以其人不傷，反能禽鉤者也。鉤欒樂，斷肘而死，蓋本欲生禽之，故不用刺與援，而用胡以鉤之。鉤之而胡之下鋒貫肘，曵之而肘遂斷也。」觀此則戈戟相似而實異用。

【小結】此條抄自《尚書後案》卷十一《周書》。作偽方式為點竄字句。

178. 夷狄之數互異

案《爾雅·釋地》：「九夷、八狄、七戎、六蠻，謂之四海。」《夏官·職方氏》：「掌四夷、八蠻、五戎、六狄之數。」《禮記·明堂位》云：「周公朝諸侯於明堂，九夷西面北上，八蠻北面東上，六戎東面南上，五狄南面東上。」三者數互異。鄭《小雅·蓼蕭》箋，《雒師謀》、《我應》注與《釋地》同。《職方》及《秋官·布憲》注與《明堂位》同。按《爾雅》李巡本「四海」下有三句云：「八蠻在南方，六戎在西方，五狄在北方。」惟李巡有之，孫炎、郭璞本皆無。《鄭志》趙商問：「《職方氏》：『掌四夷、八蠻、七閩、九貉、五戎、六狄之數。』《明堂位》：『夷九、蠻八、戎六、狄五。』禮之事異，未達其數？」鄭答：「《職方氏》四夷，四方夷狄也。九貉即九夷，在東方。八蠻在南方，閩其別也。戎、狄之數，或五或六，兩文異耳，不甚明，故不定也。」

【探源】《尚書後案》卷二《虞夏書》：

《釋地》云：「九夷、八狄、七戎、六蠻，謂之四海。」《夏官·職方氏》云：「掌四夷、八蠻、五戎、六狄之數。」《禮記·明堂位》云：「周公朝諸侯於明堂，九夷西面北上，八蠻北面東上，六戎東面南上，五狄南面東上。」（三者數互異。鄭《小雅·蓼蕭》箋，《雒師謀》、《我應》注與《釋地》同。《職方》及《秋官·布憲》注與《明堂位》同。按《爾雅》李巡本「四海」下有三句云：「八蠻在南方，六戎在西方，五狄在北方。」三句惟李巡有之，孫炎、郭璞本皆無。……《鄭志》趙商問：「《職方氏》：『掌四夷、八蠻、七閩、九貉、五戎、六狄之數。』《明堂位》：『夷九、蠻八、戎六、狄五。』禮之事異，

末達其數？」鄭答：「《職方氏》四夷，四方夷狄也。九貉即九夷，在東方。八蠻在南方，聞其別也。」戎、狄之數或五或六，兩文異耳，不甚明，故不定）

【小結】此條抄自《尚書後案》卷二《虞夏書》。作偽方式有二：第一，點竄字句；第二，改注文為正文。

179. 古人名字相配

【A】許氏《說文·㫃部》：「㳛，旌旗之遊㫃蹇之貌。古人名㳛字子游。」又云：「施，旗貌。齊欒施字子旗，知施，旗也。」又《石部》云：「碫，厲石也。鄭公子碫，字子石。」又《黑部》：「黸，雖晳而黑也。古人名黸字子皙。」是名、字恒相配也。【B】案盧植校定《禮記·檀弓下》：「子顯以致命於穆公。」鄭注：「使者，公子縶也。」盧氏曰：「古者名、字相配，『顯』當作『鞙』。」今考《詩·白駒》：「縶之維之」傳：「縶，絆也。」《禮記·月令》則「縶騰駒」，是縶為維絆義。《說文·頁部》：「顯，頭明飾也。從頁，㬎聲。」與縶義無涉。《革部》：「鞙，著掖鞗也。從革，顯聲。」又《釋名·釋車》云：「鞙，維也。橫經其腹下也。」與「維絆」義合，故名縶字子顯依《說文》當作鞙，盧氏校定作「鞙」者，漢人隸省也。

【探源】《尚書後案》卷二十八《周書》：

　　【A】如《說文·㫃部》云：「㳛，旌旗之遊㫃蹇之貌。古人名㳛字子游。」又云：「施，旗貌。齊欒施字子旗，知施者旗也。」又《石部》云：「碫，厲石也。鄭公孫碫，字子石。」又《黑部》云：「黸，雖晳而黑也。古人名黸字子皙。」是名、字恒相配。

《經義雜記》卷二十五「盧植《禮記》注」：

　　【B】盧氏校定《禮記》，……《檀弓下》：「子顯以致命於穆公。」鄭注：「使者，公子縶也。」盧氏云：「古者名、字相配，『顯』當作『鞙』。」今考《詩·白駒》：「縶之維之」傳：「縶，絆也。」《禮記·月令》則「縶騰駒」，是縶為維絆義。《說文·頁部》：「顯，頭明飾也。從頁，㬎聲。」與縶義無涉。革部：「鞙，著掖鞗也，從革，顯聲。」又《釋名·釋車》云：「鞙，經也。橫經其腹下也。」（案杜注《左傳》僖廿八年云：「在背曰鞙」，非是。）與維絆義合，故名縶字子鞙。依《說文》：「鞙」當作「鞙」。盧云當作「鞙」者，

漢人隸省。

【小結】此條抄自《尚書後案》卷二十八《周書》、《經義雜記》卷二十五「盧植《禮記》注」。作偽方式有二：第一，點竄字句；第二，多源組合，A 段抄自《周書》，B 段抄自「盧植《禮記》注」條。

180. 稽首禮最重

案《太祝》：「辨九拜，一稽首，二頓首，三空首。」注云：「稽首，頭至地也。頓首，頭叩地也。空首，頭至手，所謂拜手也。」疏云：「三者相因，空首者先以兩手拱至地，乃頭至手，以其頭不至地，故云空首。頓首者，為空首之時引頭至地，首頓地即舉，故名頓首。稽首者，稽謂稽留之，頭至地多時，則為稽首。稽首、頓首俱頭至地，但稽首至地多時，頓首至地即舉，故以叩地言之，謂若以首叩物然。」稽首，拜中最重，臣拜君乃用之也。

【探源】《尚書後案》卷一《虞夏書》：

> 《太祝》：「辨九拜，一稽首，二頓首，三空首。」注云：「稽首，頭至地也。頓首，頭叩地也。空首，頭至手，所謂拜手也。」疏云：「三者相因，空首者先以兩手拱至地，乃頭至手，以其頭不至地，故名空首。頓首者，為空首之時引頭至地，首頓地即舉，故名頓首。稽首者，稽謂稽留之，頭至地多時，則為稽首。稽首、頓首俱頭至地，但稽首至地多時，頓首至地即舉，故以叩地言之，謂若以首叩物然。」稽首，拜中最重，臣拜君用之也。

【小結】此條抄自《尚書後案》卷一《虞夏書》。作偽方式為點竄字句。

181. 章服尊卑之制

諸儒解《尚書》「五服五章」，皆以意說經，並無所據。就其說考之，鄭說為長。據伏生《大傳》：「天子衣服，其文華蟲，作繪宗彝藻火山龍，諸侯作繪宗彝藻火山龍，子男宗彝藻火山龍，大夫藻火山龍，士山龍。山龍，青也，華蟲，黃也，作繪，黑也，宗彝，白也，藻火，赤也。天子服五，諸侯服四，次國服三，大夫服二，士服一。」此說上遺日月星辰；下遺粉米黼黻；以五色為五章，既非虞之十二章，又非周之九章；不分衣裳繪繡；以作繪為一章；以藻火山龍合為一。鄭注《大傳》亦云：「華蟲，五色之蟲，而以為黃。藻，水艸，蒼色，而以為赤。元或疑焉。」大傳之說，其謬可知。孔於五服，則以天子、諸侯、卿、大夫、士之服。於作服，則以為天子服日月而下，諸侯自龍袞而下

至黼黻，士服璪火，大夫加粉米。上得兼下，下不得僭上。正義：「天子日月
至黼黻十二章，諸侯龍至黼黻八章，士璪火二章，大夫加粉米四章。」五服卿、
大夫不同，當加黼黻為六章。孔不言，略之也。孔以「日月星辰山龍華蟲，尊
者在上」，「璪火粉米黼黻，尊者在下」，黼黻尊於粉米，粉米尊於璪火，故以
尊卑差之。衣在上為陽，陽統於上，故所尊在先。裳在下為陰，陰統於下，故
所尊在後。天子、諸侯下至黼黻，大夫粉米兼服璪火，是上得兼下。士不得服
粉米，大夫不得服黼黻，是下不得僭上也。此說遺去宗彝；以粉米為二；章服
之制，專為欲辨尊卑，三等諸侯豈無分別？《正義》雖以《雜記》「天子九虞，
諸侯七虞。天子七月而葬，諸侯五月而葬」證諸侯同為一等，究屬牽強；帝王
之制相因，周卿大夫為一，此分為二；古者尊卑降殺以兩，諸侯自龍以下八章，
則較天子少四章，太相縣絕，必無此理；衣從上數，裳從下數，鑿空無據。孔
說不足信也。惟鄭云：「作服者，『十二章為五服，天子備有焉。公自山龍而下，
侯伯自華蟲而下，子男自璪火而下，卿大夫自粉米而下。』」考《周禮·春官·
司服》云：「公之服，自袞冕而下如王之服；侯伯之服，自鷩冕而下如公之服；
子男之服，自毳冕而下如侯伯之服；孤之服，自希冕而下如子男之服；卿大夫
之服，自元冕而下如孤之服。」鄭意謂周制王以大裘代三辰，袞即龍，鷩即華
蟲，毳即宗彝，希即粉米。又「登龍於山，登火於宗彝」，則虞周之制損益相
因，即降殺以兩，配合甚為有理，故知鄭說是也。惟上公置孤卿一人，周道尚
文，其服與卿大夫又別。虞時質樸，孤與卿大夫無別，皆服粉米而下。以此推
之，則虞時士當服元冕，而下衣無文，裳刺黻而已。

【探源】《尚書後案》卷二《虞夏書》：

> 諸儒皆以意說經傳，並無所據。就其說考之，鄭說為是。《大傳》
> 云：「天子衣服，其文華蟲，作繪宗彝璪火山龍，諸侯作繪宗彝璪火
> 山龍，子男宗彝璪火山龍，大夫璪火山龍，士山龍。……山龍青也，
> 華蟲黃也，作繪黑也，宗彝白也，璪火赤也。天子服五，諸侯服四，
> 次國服三，大夫服二，士服一。」此說上遺日月星辰，其謬一。下
> 遺粉米黼黻，其謬二。以五色為五章，既非虞之十二章，又非周之
> 九章，其謬三。不分衣裳繪繡，其謬四。作繪為一章，其謬五。璪
> 火山龍併合為一，其謬六。鄭注《大傳》亦云：「華蟲，五色之蟲，
> 而以為黃。璪，水艸，蒼色，而以為赤。元或疑焉。」是則《大傳》
> 之說，其謬顯然。孔於五服，則以為天子、諸侯、卿、大夫、士之

服。於作服,則以為天子服日月而下,諸侯自龍袞而下至黼黻,士服璪火,大夫加粉米。上得兼下,下不得僭上。正義:「天子日月至黼黻十二章,諸侯龍至黼黻八章,士璪火二章,大夫加粉米四章。孔注五服,卿與大夫不同,當加黼黻為六章。孔不言,略之也。孔以此經上句『日月星辰山龍華蟲,尊者在上』,下句『璪火粉米黼黻,尊者在下』,黼黻尊於粉米,粉米尊於璪火,故以尊卑差之。衣在上為陽,陽統於上,故所尊在先。裳在下為陰,陰統於下,故所尊在後。天子、諸侯下至黼黻,大夫粉米兼服璪火,是上得兼下。士不得服粉米,大夫不得服黼黻,是下不得僭上也。」此說遺去宗彝,其謬一。粉米為二,其謬二。章服之制,專為欲辨尊卑,三等諸侯豈無分別?正義雖以《雜記》「天子九虞,諸侯七虞。天子七月而葬,諸侯五月而葬」證諸侯同為一等,究屬牽強,其謬三。帝王之制相因,周卿大夫為一,此分為二,其謬四。古者尊卑降殺以兩,諸侯自龍以下八章,則較天子少四章,太相懸絕,必無此理,其謬五。衣從上數,裳從下數,鑿空無據,其謬六。是孔說亦不足信也。惟鄭云:作服者,「十二章為五服,天子備有焉。公自山龍而下,侯伯自華蟲而下,子男自璪火而下,卿大夫自粉米而下。」考之《司服》云:「公之服,自袞冕而下如王之服;侯伯之服,自鷩冕而下如公之服;子男之服,自毳冕而下如侯伯之服;孤之服,自希冕而下如子男之服;卿大夫之服,自元冕而下如孤之服。」鄭意謂周制王以大裘代三辰,袞即龍,鷩即華蟲,毳即宗彝,希即粉米。又「登龍於山,登火於宗彝」,則虞周之制損益相因,皆降殺以兩,配合甚為有理,故知鄭說是也。惟上公置孤卿一人,周道尚文,其服與卿大夫又別。虞時質樸,孤與卿大夫無別,皆服粉米而下。以此推之,則虞時士當服元冕,而下衣無文,裳刺黻而已。

【小結】此條抄自《尚書後案》卷二《虞夏書》。作偽方式為點竄字句。

182. 韋弁非爵弁

【A】案宋陳祥道之說,謂《周禮》之韋弁即爵弁。其說甚新,不可信。考《士冠禮》「爵弁服」,注曰:「爵弁者冕之次,其色赤而微黑,如爵頭然。或謂之緅,其布三十升。」《周禮》「凡兵事韋弁服」注曰:「韋弁以靺韋為弁,

又以為衣裳。」此爵弁、韋弁顯異者也。惟《書》云：「二人雀弁執惠。」偽孔傳云：「雀韋弁。」似即以爵弁為韋弁者。然孔穎達疏云：「據阮諶《三禮圖》，雀弁以布為之。此傳言雀韋弁者，此人執兵，宜以韋為之。然下言冕執兵者不可以韋為冕，未知孔意如何。」則孔疏於此傳原不深信。且即以爵韋為之，要止得名曰爵弁，不得通名韋弁。故《釋名》曰：「以爵韋為之，謂之爵弁。韎韋為之，謂之韋弁。」二語極為分晰，不容相混。至於《周禮·司服》有韋弁無爵弁，賈疏云：「爵弁之服，惟有承天變及天子哭諸侯乃服之。所服非常，故天子吉服不列之。」此義頗得。如必謂韋弁即爵弁，《司服》未嘗遺爵弁，則王之吉服自大裘至冠弁，其等殺凡八。公之服自袞冕以下，大裘不得服。侯伯之服自鷩冕以下，袞冕不得服。以次殺之。士之服自皮弁以下，韋弁不得服。其制甚明。如韋弁即爵弁，士於禮已不得服矣，何以《士冠禮》曰：「爵弁服纁裳」乎？且《儀禮·士昏禮》、《士喪禮》既有爵弁服，而《聘禮》曰：「君使卿韋弁歸饔餼。」又曰：「夕夫人使下大夫韋弁歸禮。」則是既有爵弁，又有韋弁明矣。又安得以《司服》不載為疑也。【B】蓋祥道與陸佃皆王安石客，安石說經，既創造新義，務異先儒，故祥道與陸佃亦皆排斥舊說。由一時風氣所趨，無庸深詰也。

【探源】《四庫全書總目》卷二十三《儀禮釋例》提要：

　　【A】惟宗陳祥道之說，謂《周禮》之韋弁即爵弁。其說過新，不可信。考《士冠禮》「爵弁服」注曰：「爵弁者冕之次，其色赤而微黑，如爵頭然。或謂之緅，其布三十升。」《周禮》「凡兵事韋弁服」注曰：「韋弁以韎韋為弁，又以為衣裳。」此爵弁、韋弁顯異者也。惟《書》云：「二人雀弁執惠。」偽孔傳云：「雀韋弁。」似即以爵弁為韋弁者。然孔穎達疏云：「據阮諶《三禮圖》，雀弁以布為之。此傳言雀韋弁者，此人執兵，宜以韋為之。然下言冕執兵者不可以韋為冕，未知孔意如何。」則孔疏於此傳原不深信。且即以爵韋為之，要止得名曰爵弁，不得通名韋弁。故《釋名》曰：「以爵韋為之，謂之爵弁。韎韋為之，謂之韋弁。」二語極為分晰，不容相混。至於《周禮·司服》有韋弁無爵弁，賈疏云：「爵弁之服，惟有承天變及天子哭諸侯乃服之。所服非常，故天子吉服不列之。」此義頗得。如必謂韋弁即爵弁，《司服》未嘗遺爵弁，則王之吉服自大裘至冠弁，其等殺凡八。公之服，自袞冕以下大裘不得服。侯伯之服，自鷩冕

以下衰冕不得服。以次殺之。士之服自皮弁而下韋弁不得服。其制甚明。如韋弁即爵弁，士於禮已不得服矣，何以《士冠禮》曰「爵弁服纁裳」乎？且《儀禮·士冠禮》、《士昏禮》、《士喪禮》既有爵弁服，而《聘禮》曰：「君使卿韋弁歸饔餼。」又曰：「夕夫人使下大夫韋弁歸禮。」則是既有爵弁，又有韋弁明矣。又安得以《司服》不載為疑也。

《四庫全書總目》卷二十二經部二十二《禮書》提要：

【B】蓋祥道與陸佃皆王安石客，……安石說經，既創造新義，務異先儒。故祥道與陸佃亦皆排斥舊說。……蓋一時風氣所趨，無庸深詰。

【小結】此條抄自《四庫全書總目》卷二十二《禮書》提要、卷二十三《儀禮釋例》提要。作偽方式有二。第一，點竄字句；第二，多源組合，A段抄自《儀禮釋例》提要，B段抄自《禮書》提要。

183. 深衣之制

深衣之制，眾說糾紛。江永據《玉藻》「深衣三袪，縫齊倍要，衽當旁」云：「如裳前後當中者，為襟為裾，皆不名衽。惟當旁而斜殺者乃名衽。」今以永說求之訓詁諸書，雖有合有不合，而衷諸經文，其義最當。考《說文》云：「衽，衣裣也。」裣即襟，永以裳之前為襟，而旁為衽。《說文》乃以衣襟為衽，則不獨旁為衽矣。又《爾雅》云：「執衽謂之袪，扱衽謂之襭。」李巡曰：「衽者，裳之下也。」云下則裳之下皆名衽，不獨旁矣。然《方言》曰：「褸謂之衽。」郭璞注云：「衣襟也。」與《說文》前襟名衽義正同。而郭注又云：「或曰衽，裳際也。」云裳際則據兩旁矣。永之所考，蓋據郭璞後說也。又劉熙《釋名》云：「襟，禁也，交於前，所以禁御風寒也。裾，倨也，倨倨然也直，亦言在後當見倨也。衽，襜也，在旁襜襜然也。」證以永說，謂裳前襟後裾，皆直幅不交裂，即《釋名》所云「倨裾然直」也。謂在旁者乃名衽，則即《釋名》「在旁襜襜」之義也。其釋經文「衽，當旁」三字實非孔疏所能及。至後辨續衽鉤邊一條，謂續衽在左，前後相屬，鉤邊在右，前後不相屬。鉤邊在漢時謂之曲裾，乃別以裳之一幅斜裁之，綴於右後衽之上，使鉤而前。孔疏合續衽、鉤邊為一。其說亦考證精覈，遠勝前人矣。

【探源】《四庫全書總目》卷二十一《深衣考誤》提要：

深衣之制，眾說糾紛。永據《玉藻》「深衣三袪，縫齊倍要，衽當旁」云：「如裳前後當中者，為襟為裾，皆不名衽。惟當旁而斜殺者乃名衽。」今以永說求之訓詁諸書，雖有合有不合，而衷諸經文，其義最當。考《說文》曰：「衽，衣襘也。」襘即襟，永以裳之前為襟，而旁為衽。《說文》乃以衣襟為衽，則不獨裳為衽矣。又《爾雅》曰：「執衽謂之袺，扱衽謂之襭。」李巡曰：「衽者裳之下也。」云下則裳之下皆名衽，不獨旁矣。然《方言》曰：「褸謂之衽。」郭璞注曰：「衣襟也。」與《說文》前襟名衽義正同。而郭注又云：「或曰衽裳際也。」云裳際則據兩旁矣。永之所考，蓋據璞注後說也。又劉熙《釋名》云：「襟，禁也，交於前，所以禁御風寒也。裾，倨也，倨倨然直，亦言在後當見倨也。衽，襜也，在旁襜襜然也。」證以永說，謂裳前襟後裾，皆直幅不交裂，則即《釋名》所云「倨倨然直」也。謂在旁者乃名衽，則即《釋名》「在旁襜襜」之義也。其釋經文「衽，當旁」三字實非孔疏所能及。其後辨續衽鉤邊一條，謂續衽在左，前後相屬，鉤邊在右，前後不相屬。鉤邊在漢時謂之曲裾，乃別以裳之一幅斜裁之，綴於右後衽之上，使鉤而前。孔疏誤合續衽、鉤邊為一。其說亦考證精覈，勝前人多矣。

【小結】此條抄自《四庫全書總目》卷二十一《深衣考誤》提要。作偽方式為點竄字句。

184. 周之九服

《王制》曰：「凡四海之內九州，州方千里。」鄭注云：「此大界方三千里，三三而九，方千里者九也。其一為縣，內餘八，各立一州，此殷制也。」《王制》又云：「凡九州千七百七十三國。」鄭注云：「《春秋傳》曰：『禹會諸侯於塗山，執玉帛者萬國。』言執玉帛，惟謂中國耳。中國而言萬國，則是諸侯之地有方百里，有方七十里，有五十里。要服之內，地方七千里，乃能容之。夏末既衰，土地減，國數少，殷湯承之，更制中國方三千里之界，亦分為九州，而建此千七百七十三國焉。」鄭必以《王制》所言為殷制者，此中國方三千里，上稽之唐虞及夏初，疆域皆不合，下考之《周禮》亦不符，故推以為殷湯承夏之衰而然。周公輔成王，復禹之舊，分其五服為九，亦為方萬里，亦以要服之內方七千里為九州，《周禮·職方氏》：「方千里曰王畿，其外方五百里曰

侯服，又其外方五百里曰甸服，又其外方五百里曰男服，又其外方五百里曰彩服，又其外方五百里曰衛服，又其外方五百里曰蠻服，又其外方五百里曰夷服，又其外方五百里曰鎮服，又其外方五百里曰藩服。」是周之九服為方萬里也。又《大行人職》所說與《職方》同，而以「蠻服」為「要服」，其下乃云「九州之外謂之蕃國」。於「要服」下言「九州之外」，則要服之內，為九州矣。鄭注《皋陶謨》云：「禹敷土畢，廣輔五服而成之，至面各五千里。」「去王城五百里曰甸服，於周為王畿，其弼當侯服。其外五百里為侯服，當甸服，其弼當男服。其外五百里為綏服，當彩服，其弼當衛服。其外五百里為要服，與周要服相當，去王城三千五百里。四面相距方七千里，是九州之內也。要服之弼當其夷服。又其外方五百里曰荒服，當鎮服，其弼當藩服，去王城五千里。四面相距方萬里。」是周之九服即禹弼成之五服，而分為九者也。

【探源】《尚書後案》卷二十四《周書》：

《王制》云：「凡四海之內九州，州方千里。」鄭注云：「此大界方三千里，三三而九，方千里者九也。其一為縣，內餘八，各立一州，此殷制也。」《王制》又云：「凡九州千七百七十三國。」鄭注云：「《春秋傳》曰：『禹會諸侯於塗山，執玉帛者萬國。』言執玉帛，則惟謂中國爾。中國而言萬國，則是諸侯之地有方百里，有方七十里，有方五十里。……要服之內，地方七千里，乃能容之。夏末既衰，土地減，國數少，殷湯承之，更制中國方三千里之界，亦分為九州，而建此千七百七十三國焉。」鄭必以《王制》所言為殷制者，以中國方三千里，上稽之唐虞及夏初，疆域皆不合，下考之《周禮》，亦不符，故推以為殷湯承夏之衰而然。周公輔成王致太平，復禹之舊，分其五服為九，亦為方萬里，亦以要服之內方七千里為九州，……《周禮·職方氏》：「方千里曰王畿，其外方五百里曰侯服，又其外方五百里曰甸服，又其外方五百里曰男服，又其外方五百里曰彩服，又其外方五百里曰衛服，又其外方五百里曰蠻服，又其外方五百里曰夷服，又其外方五百里曰鎮服，又其外方五百里曰藩服。」是周之九服為方萬里也。又《大行人職》所說與《職方氏》同，而以「蠻服」為「要服」，其下乃云「九州之外謂之蕃國」。於「要服」下言「九州之外」，則要服之內，為九州矣。鄭注《皋陶謨》云：「禹敷土畢，廣輔五服而成之，至面各五千里。」「去王城五百里曰甸服，

於周為王畿，其弼當侯服。其外五百里為侯服，當甸服，其弼當男服。其外五百里為綏服，當彩服，其弼當衛服。其外五百里為要服，與周要服相當，去王城三千五百里。四面相距方七千里，是九州之內也。要服之弼當其夷服。又其外方五百里曰荒服，當鎮服，其弼當藩服，去王城五千里。四面相距方萬里。」是周之九服即禹弼成之五服，而分為九者也。

【小結】此條抄自《尚書後案》卷二十四《周書》。作偽方式為點竄字句。

185. 井田溝洫不同制

王畿千里，分為五等：曰六鄉，曰《載師》「廛里」以下九等田，曰六遂，曰四處公邑，皆用溝洫法；曰三等埰地，用井田法。二者立制不同，然五溝五塗則同。故《地官·遂人》云：「凡治野，夫間有遂，遂上有徑。十夫有溝，溝上有畛。百夫有洫，洫上有塗。千夫有澮，澮上有道。萬夫有川，川上有路，以達於畿。」鄭注：「遂、溝、洫、澮，皆所以通水於川也。遂廣深各二尺，溝倍之，洫倍溝，澮廣二尋，深二仞。徑、畛、塗、道、路，皆所以通車徒於國都也。」《正義》：「此溝洫法與井田異制，其遂、溝、洫、澮廣深亦與井田溝、澮廣深同。故鄭還約《匠人》井田之法而言也。」《考工記》云：「匠人為溝洫，耜廣五寸，二耜為耦。一耦之伐，廣尺，深尺，謂之𤰝。田首倍之，廣二尺，深二尺，謂之遂。九夫為井，井間廣四尺，深四尺，謂之溝。方十里為成，成間廣八尺，深八尺，謂之洫。方百里為同，同間廣二尋，深二仞，謂之澮。」鄭注：「此畿內埰地之制。埰地制井田，異於鄉、遂及公邑。」一夫所佃百畝，方百步。九夫為井，方一里，三夫為屋。「一井之中，三屋九夫，三三相具，以出賦稅，其治溝也。方十里為成，成中容一甸，甸方八里出田賦，緣邊一里治洫。方百里為同，同中容四都、六十四成，方八十里出田賦，緣邊十里治澮。」《正義》云：「『畿內埰地之制』者，對畿外諸侯亦制井田，與此同。云『埰地制井田，異於鄉、遂及公邑』者，按《遂人》云：『夫間有遂，十夫有溝，百夫有洫，千夫有澮，萬夫有川。』方三十三里少半里，九而方一同，以南畝圖之，遂縱溝橫，洫縱澮橫，九澮而川周其外。若九一而方一同，則百里之內九九八十一澮。井田則一同惟一澮。既溝、澮稀稠不同，又彼溝洫法以為貢，只就夫稅之，十一而貢，此則九夫為井，井稅一夫，美惡取於此，不稅民之所自治，是溝洫、井田異也。」井田之法，畝縱遂橫，溝縱洫橫，澮

縱自然川橫。其夫間縱者分，夫間之界耳。無遂，其遂注入溝，溝注入洫，洫注入澮，澮注自然入川。此界舉一成以三隅反之，一同可見矣。《遂人》云「夫間有遂」，以南畝圖之，則遂縱而溝橫。此不云「夫間有遂」，云「田首倍之謂之遂」，遂則橫而溝縱也。自余洫、溝、川，依此遂、溝縱橫參之可知。但彼云「九澮而川周其外」，川則人造之；此百里有澮，澮水注入川，相去逆，故宜為自然川也。此井田溝洫之制，創之三代相因不變者也。

【探源】《尚書後案》卷二《虞夏書》：

王畿千里，分為五等：曰六鄉，曰《載師》「廛里」以下九等田，曰六遂，曰四處公邑，皆用溝洫法；曰三等埰地，用井田法。二者立制不同，然五溝五塗則同。故《地官·遂人》云：「凡治野，夫間有遂，遂上有徑。十夫有溝，溝上有畛。百夫有洫，洫上有塗。千夫有澮，澮上有道。萬夫有川，川上有路，以達於畿。」鄭注：「遂、溝、洫、澮，皆所以通水於川也。遂廣深各二尺，溝倍之，洫倍溝，澮廣二尋，深二仞。徑、畛、塗、道、路，皆所以通車徒於國都也。」正義：「此溝洫法與井田異制，其遂、溝、洫、澮廣深亦與井田溝、澮廣深同。故鄭還約《匠人》井田之法而言也。」《考工記》云：「匠人為溝洫，耜廣五寸，二耜為耦。一耦之伐，廣尺，深尺，謂之甽。田首倍之，廣二尺，深二尺，謂之遂。九夫為井，井間廣四尺，深四尺，謂之溝。方十里為成，成間廣八尺，深八尺，謂之洫。方百里為同，同間廣二尋，深二仞，謂之澮。」鄭注：「此畿內埰地之制。埰地制井田，異於鄉、遂及公邑。」一夫所佃百畝，方百步。九夫為井，方一里，三夫為屋。「一井之中，三屋九夫，三三相具，以出賦稅，共治溝也。方十里為成，成中容一甸，甸方八里出田稅，緣邊一里治洫。方百里為同，同中容四都、六十四成，方八十里出田稅，緣邊十里治澮。」正義云：「『畿內埰地之制』者，對畿外諸侯亦制井田，與此同。云『埰地制井田，異於鄉、遂及公邑』者，按《遂人》云：『夫間有遂，十夫有溝，百夫有洫，千夫有澮，萬夫有川。』方三十三里少半里，九而方一同，以南畝圖之，遂縱溝橫，洫縱澮橫，九澮而川周其外。若一九而方一同，則百里之內九九八十一澮。井田則一同惟一澮。既溝、澮稀稠不同，又彼溝洫法以為貢，只就夫稅之，十一而貢，此則九夫為井，井稅一夫，美惡取於

此，不稅民之所自治，是溝洫、井田異也。」井田之法，畎縱遂橫，溝縱洫橫，澮縱自然川橫。其夫間縱者，分夫間之界耳。無遂，其遂注入溝，溝注入洫，洫注入澮，澮注自然入川。此略舉一成，以三隅反之，一同可見矣。《遂人》云「夫間有遂」，以南畝圖之，則遂縱而溝橫。此不云「夫間有遂」，云「田首倍之謂之遂」，遂則橫而溝縱也。自余洫、澮、川，依此遂、溝縱橫參之可知。但彼云「九澮而川周其外」，川則人造之；此百里有澮，澮水注入川，相去逆，故宜為自然川也。愚謂井田溝洫之制創於禹，三代相因不變。

【小結】此條抄自《尚書後案》卷二《虞夏書》。作偽方式為點竄字句。

186. 呵引之制

案：《宋史‧禮志》有「呵引之制」一條，但言兩人呵引，而制未詳。《職官志贊》引一條云：「舊中書門下、翰林學士、御史中丞並緋衣雙引，仍傳呼。」注云：「開寶中，學士止令一吏前導，亦罷傳呼，唯謝恩初上日，雙引傳呼。」淳化四年，令東宮三少、尚書、丞、郎入朝，以緋衣吏前導，並通官呵止。三品以上用朝堂驅使官，餘用本司驅使官。又《王旦傳》：「駕還，旦子弟迎於郊。忽聞後有騶訶聲，驚視之，乃旦也。」又王欽若居第在太廟後壖，自言出入訶導不自安，因賜第定安坊。又閣日新言：「京城百官早朝，而學士、丞、郎、舍人以上導，從前呵止太盛，難以趨避，望令裁減。」陳襄《文昌雜錄》云：「《通典》『梁禦史中丞給威儀十人，其八人武冠絳韝，一人緗衣執杖，依次列行，七人唱呼入殿，引喤至階。一人執青儀囊，不喤。』」國朝故事，御史中丞蒞官，呵引至朝堂門，兩朱衣吏雙引入朝堂，至文德殿門止。《金史‧儀衛志》：「百官儀從，正從一品邀喝四人。正、從二品邀喝三人。三品以下無聞外官之邀喝。惟隨路副統軍則不邀喝。」凡所謂呵引、引喤、騶呵、導從、訶止、訶導、邀喝，古以為入殿之儀，而後世不然。今百官之喝道乃沿明制。而《明史》於儀衛職官皆無所紀，惟《通雅‧車類》有云：「北都自萬曆末年，四品以下乘小轎喝道。今京官喝道者，獨三品以上及御史之巡城者又不同矣。」

【探源】《韓門綴學》續編「引喤」：

> 《宋史‧禮志》有「呵引之制」一條，但言兩人呵引，而制未
> 詳。《職官志贊》引一條云：「舊中書門下、翰林學士、御史中丞並

緋衣雙引，仍傳呼。」注云：「開寶中，學士止令一吏前導，亦罷傳呼，唯謝恩初上日，雙引傳呼云。」淳化四年，令東宮三少、尚書、丞、郎入朝，以緋衣吏前導，並通官呵止。三品以上用朝堂驅使官，餘用本司驅使官。又《王旦傳》：「駕還，旦子弟迎於郊。忽聞後有騶訶聲，驚視之，乃旦也。」又王欽若居第在太廟後壖，自言出入訶導不自安，因賜第定安坊。又閣日新言：「京城百官早朝，而學士、丞、郎、舍人以上導，從呵止太盛，難以趨避，望令裁減。」陳襄《文昌雜錄》云：「《通典》：『梁禦史中丞給威儀十人，其八人武冠絳韝，一人絪衣執鞭杖，依次列行，七人唱呼入殿，引喤至階。一人執青儀囊不喤（音橫）。』」國朝故事，御史中丞蒞官，呵引至朝堂門，兩朱衣吏雙引入朝堂，至文德殿門止。《金史·儀衛志》：「百官儀從，正、從一品邀喝四人。正、從二品邀喝三人。三品以下無聞外官之邀喝。惟隨路副統軍則不邀喝。」……凡所謂引喤、呵引、騶訶、導從、呵止、訶導、邀喝，古以為入殿之儀，而後世不然。今百官之喝道乃沿明制。而《明史》於儀衛職官皆無所紀，惟《通雅·車類》有云：「北都自萬曆末年，四品以下乘小轎喝道。今京官喝道者，獨三品以上，及御史之巡城者又不同矣。」

【小結】此條抄自《韓門綴學》續編「引喤」。作偽方式為點竄字句；改變標題，將「引喤」改為「呵引之制」。

今按，「引喤」，古代貴官出行時，其侍從在前高聲喝道。「呵引」，猶呵道。

《經史雜記》探源卷七

187. 策簡長短之制

【A】案《尚書疏》引顧氏曰：「策長二尺四寸，簡長一尺二寸。」此顧彪語實非也。嘗徧考之，策之制靡定，長短各有所施；簡則以二尺四寸為定。《周盤傳》編二尺四寸簡寫《堯典》一篇；束晳《穆天子傳序》以前所考定古尺度，其簡二尺四寸，皆定制者。惟《班書·杜周傳》注孟康曰「以三尺竹簡書法律」為異。《南史·王僧虔傳》有「發楚王冢，獲竹簡書青絲編，簡廣數分，長二尺」，又異。按：《鹽鐵論》云：「二尺四寸之律，古今一也。」王伯厚謂「律蓋書以二尺四寸簡」，杜周、朱傳俱舉其大數謂之三尺。漢禮儀與律令同錄，曹襃禮既寫以二尺四寸簡，律可知也。然則二尺四寸為簡定制明矣。

【B】又按《左傳疏》云：「單執一劄謂之為簡，連編諸簡乃名為策。」以傳文考之，亦殊未然。襄二十五年「齊南史氏執簡以往」，此書「崔杼弒其君」五字，自一行可盡，執簡宜矣。若文十三年「子無謂秦無人，吾謀適不用也」，亦僅十二字，簡所能容，何用連簡之策？又杜元凱云：「大事書之於策，小事書之於簡而已。」果爾，崔杼弒君何等大事，齊卻書簡？繞朝贈處，常言僚友間耳，乃又書策。反覆不合，疑可互稱。蓋古人正名百物，未嘗假借。後世乃通用之耳。

【探源】《尚書古文疏證》卷七第一百十一：

　　【B】又按：《左傳疏》云：「單執一劄謂之為簡，連編諸簡乃名為策。」余嘗以傳文考之，亦殊未然。襄二十五年「齊南史氏執簡以往」，此書「崔杼弒其君」五字，自一行可盡，執簡宜矣。若文十

三年「子無謂秦無人，吾謀適不用也」，亦僅十二字，簡所能容，何用聯簡之策？又杜元凱序云：「大事書之於策，小事簡牘而已。」果爾，崔杼弑君何等大事，齊卻書簡？繞朝贈處，常言僚友間耳，乃又書策。反覆皆不合，疑可互稱。善乎！熊南沙有言：「古人正明百物，未嘗假借，後世乃通之耳！」

【A】又按：《尚書疏》引顧氏云：「策長二尺四寸，簡長一尺二寸。」此語不知何所自來，餘遍考之，策之制靡定，長短各有所施；簡則二尺四寸。……《周盤傳》編二尺四寸簡寫《堯典》一篇；束皙《穆天子傳序》以前所考定古尺度，其間二尺四寸，皆定制者。惟《班書·杜周傳》注孟康曰「以三尺竹簡書法律」為異。《南史·王僧虔傳》有「發楚王冢，獲竹簡書青絲編，簡廣數分，長二尺」，又異。……又按：《鹽鐵論》云：「二尺四寸之律，古今一也。」王伯厚謂「律蓋書以二尺四寸簡」，杜周、朱博俱舉其大數謂之三尺。漢禮儀與律令同錄，曹襄禮既寫以二尺四寸簡，律可知也。然則二尺四寸為簡定制，蓋非無稽云。

【小結】此條抄自閻若璩《尚書古文疏證》卷七第一百十一。作偽方式有二：第一，點竄字句；第二，改變順序（原文順序為 B、A）。

188. 古尺數步數畝數里數

考《王制》：「古者以周尺八尺為步，今以周尺六尺四寸為步。古者百畝當今百四十六畝三十步，古者百里當今百二十一里六十步四尺二寸二分。」是古步大於今步，古里大於今里。但《王制》漢文帝博士作，古謂周，今謂漢，不得於古為夏，今為周。且周尺之制見宋秦熺《鐘鼎款識》：「《漢志》劉歆銅尺、後漢建武銅尺、晉前尺並同。」宋高若訥依舊志定十五等尺，第一為周尺，即此也，詳蔡氏《律呂新書》。周尺較今尺止七寸四分。今尺較古尺乃一尺三寸五分。古一步六尺，見《小司徒》注引《司馬法》及《漢·食貨志》。今一步五尺。見杜佑《通典·刑類·甲兵》篇之《守拒法》。宋迄明沿之。國朝以五尺五寸為步，見王貽《上居易錄》所載孔尚任《周尺考》。今仍以五尺為步。古步較今步止四尺四寸四分，今步較古步乃一步有七寸五分。古百步為畝，見《小司徒》注引《司馬法》。自漢至今，常以二百四十步為畝，古百畝當今四十一畝三分畝之二。大畝始於漢，見桓寬《鹽鐵論》。顧氏《玉篇》謂始秦孝

公。古三百步為里，見《宣十五年穀梁傳》及《孔子家語》、《大戴禮記·王言》篇。今三百六十步為里。見唐李翱《平賦書》。宋如唐，見《文獻通考·王禮》第十二卷。元以二百四十步為里，見陶宗儀《輟耕錄》。明如宋，見《洪武正韻》，今仍之。是尺數、步數、畝數、里數皆古小今大。步數雖古大今小，以尺通計之，仍為古小今大。《王制》之說殊不足據也。

【探源】《尚書後案》卷二《虞夏書》：

> 《王制》：「古者以周尺八尺為步，今以周尺六尺四寸為步。古者百畝當今百四十六畝三十步，古者百里當今百二十一里六十步四尺二寸二分。」是古步大於今步，古里大於今里。……但《王制》漢文帝博士作，古謂周，今謂漢，不得以古為夏，今為周。且周尺之制見宋秦熺《鐘鼎款識》：「《漢志》劉歆銅尺、後漢建武銅尺、晉前尺並同。」宋高若訥依《隋志》定十五等尺，第一為周尺，即此也（詳蔡氏《律呂新書》）較今尺止七寸四分。今尺較古尺乃一尺三寸五分。古一步六尺，（見《小司徒》注引《司馬法》及《漢·食貨志》），今一步五尺（見唐杜佑《通典·刑類·甲兵》篇之《守拒法》。宋迄明冶之。國朝以五尺五寸為步，見王貽《上居易錄》所載孔尚任《周尺考》。今仍以五尺為步）。古步較今步止四尺四寸四分，今步較古步乃一步有七寸五分。古百步為畝（亦見《小司徒》注引《司馬法》），自漢至今，常以二百四十步為畝，古百畝當今四十一畝三分畝之二（大畝始於漢，見桓寬《鹽鐵論》。顧氏《玉篇》謂始秦孝公）。古三百步為里（見《宣十五年穀梁傳》及《孔子家語》、《大戴禮記·王言》篇），今三百六十步為里（見唐李翱《平賦書》。宋如唐，見《文獻通考·王禮》第十二卷。元以二百四十步為里，見陶宗儀《輟耕錄》。明如宋，見《洪武正韻》，今仍之）。是尺數、步數、畝數、里數皆古小今大（步數雖古大今小，以尺通計之，仍為古小今大）。《王制》之說殊不足據。

【小結】此條抄自《尚書後案》卷二《虞夏書》。作偽方式為點竄字句。

189. 大斗重秤起於魏齊

孔穎達《正義》云，魏、齊斗秤於古二而為一，周、隋斗秤於古三而為一。顧寧人所謂古今斗尺權量之一大變局也。然考《魏本紀》，自孝文帝遷洛

後，詔改長尺大斗，依《周禮》制度，頒之天下。又《張普惠傳》，孝明帝時，尚書欲復綿麻之徵，普惠疏曰：「高祖廢大斗，去長尺，改重秤，本以愛民。而軍國需綿麻之用，故綿上加稅綿八兩，布上加稅麻十五斤，其時百姓免長尺大斗重秤之苦，故樂於供輸。其後尺漸長闊，而綿麻又徵，以致百姓嗟怨。自後大臣不知去其幅廣度長乃秤重斗大，而特免綿麻之徵，苟悅天下之心，所謂悅之不以其道也。」據此知魏之斗秤自孝文時改從周制後，未久而復變。穎達所謂二而為一者，蓋謂宣武、孝明時也。

【探源】《廿二史劄記》卷十五「魏齊斗秤」：

> 孔穎達《正義》，魏、齊斗秤於古二而為一，周、隋斗秤於古三而為一。顧寧人所謂古今斗尺權量之一大變局也。……自孝文帝遷洛後，詔改長尺大斗，依《周禮》制度，班之天下。……按《張普惠傳》，孝明帝時，尚書欲復綿麻之徵，普惠疏曰：「高祖廢大斗，去長尺，改重秤，本以愛民。而軍國需綿麻之用，故絹上加稅綿八兩，布上加稅麻十五斤，其時百姓免長尺大斗重秤之苦，故樂於供輸。其後尺漸長闊，而綿麻又徵，以致百姓嗟怨。自後大臣不知去其幅廣度長及秤重斗大，而特免綿麻之徵，以苟悅天下之心，所謂悅之不以其道也。」然則魏斗秤自孝文改從周制後，仍未久而變。穎達所謂二而為一者，蓋宣武、孝明時已變之制也。

【小結】此條抄自《廿二史劄記》卷十五「魏齊斗秤」。作偽方式有三：第一，點竄字句；第二，增加句子；第三，改變標題，將「魏齊斗秤」改為「大斗重秤起於魏齊」。

190. 十萬為億

案《說文》：「億，安也」，則非數。「意，滿也。一曰十，萬為意。」是此字當從心不從人也。《詩·伐檀》：「禾三百億」，毛傳云「萬萬曰億」，鄭箋云「十萬曰億」。《正義》「萬萬曰億，今數也。傳以時事言之，故今《九章算術》皆以萬萬為億。箋以《詩》、《書》古人之言，故以古數言之。蓋以田方百里，於今數為九百萬畝，而《王制》云方百里為田九十億畝，是億為十萬也。賈逵、唐固注《國語》，皆以萬萬為億。韋昭則云：「十萬曰億，古數也。秦始以萬萬為億。」徐岳《數術記遺》曰：「黃帝為法，數有十等，及其用也，乃有三焉。十等者，億、兆、京、垓、秭、壤、溝、澗、正、載。三等者，上中下

也。下數十十變之，若言十萬曰億，十億曰兆，十兆曰京也。中數萬萬變之，若言萬萬曰億，萬億曰兆，萬兆曰京也。上數數窮則變，若言萬萬曰億，億億曰兆，兆兆曰京也。」甄鸞曰：「毛傳萬萬曰億，中數也。鄭注十萬曰億，下數也。」

【探源】《尚書後案》卷十九《周書》：

> 億，《說文》卷八上《人部》云：「安也。」則非數。卷十下《心部》意字注云：「滿也。一曰十，萬曰意。」然則此字當從心，不從人也。……《詩·伐檀》「禾三百億」，毛傳云「萬萬曰億」，鄭箋云「十萬曰億」。《正義》「萬萬曰億」，今數也。傳以時事言之，故今《九章算術》皆以萬萬為億。箋以《詩》、《書》古人之言，故以古數言之。……以田方百里，於今數為九百萬畝，而《王制》云方百里為田九十億畝，是億為十萬。……賈逵、唐固注《國語》，皆以萬萬為億。韋昭則云：「十萬曰億，古數也。秦始以萬萬為億。」……徐岳《數術記遺》曰：「黃帝為法，數有十等，及其用也，乃有三焉。十等者，億、兆、京、垓、秭、壤、溝、澗、正、載。三等者，上中下也。下數十十變之，若言十萬曰億，十億曰兆，十兆曰京也。中數萬萬變之，若言萬萬曰億，萬億曰兆，萬兆曰京也。上數數窮則變，若言萬萬曰億，億億曰兆，兆兆曰京也。」甄鸞曰：「毛注萬萬曰億，中數也。鄭注十萬曰億，下數也。」

【小結】此條抄自《尚書後案》卷十九《周書》。作偽方式為點竄字句。

191. 錢法權子母

【A】《國語·周語》：「景王二十一年，將鑄大錢。單穆公曰：『不可，古者，天災降戾，於是乎量資幣、權輕重，以振救民。民患輕，則為之作重幣以行之。於是乎有母權子而行，民皆得焉。若不堪重，則多作輕而行之，亦不廢重，於是乎有子權母而行，小大利之。』」韋注曰：「重曰母，輕曰子，以子貿物，物輕則子獨行。物重則以母權而行之。子母相通，民皆得其欲。堪，任也，不任之者，幣重物輕，妨其用也，故作輕幣雜而用之。以重者貿其貴，以輕者貿其賤。子權母者。母不足，則以子平而行之。故錢小大，民皆以為利也。」案《漢書》應劭注曰：「母，重也。其大倍，故為母也。子，輕也。其輕少半，故為子也。民患幣之輕而物貴，為重幣以平之，權時而行，以廢其輕，故曰母

權子,猶言重權輕也。民皆得者,本末有無皆得其利也。民患幣重,則多作輕
錢而行之,亦不廢去重者,言重者行其貴,輕者行其賤也。」又孟康注云:「重
為母,輕為子。若市八十錢物,以母當五十,以子三十贖之。」正可與韋注相
發明。【B】夫權子母輕重,謂權時物之貴賤而行。子母輕重之錢,蓋言錢法也。
今俗以母錢生息亦謂之權子母,非其本也。

【探源】《經義雜記》卷七「權子母輕重」:

【B】權子母輕重,謂權時物之貴賤而行。子母輕重之錢,此言
錢法。今俗以母錢生息亦謂之權子母,非其本也。

【A】《國語·周語下》:「景王二十一年,將鑄大錢。單穆公曰:
『不可,古者天災降戾,……於是乎量資幣、權輕重,以振救民。
民患輕,則為之作重幣以行之。於是乎有母權子而行,民皆得焉。
若不堪重,則多作輕而行之,亦不廢重,於是乎有子權母而行,小
大利之。』」韋注:「重曰母,輕曰子,以子貿物,物輕則子獨行。物
重則以母權而行之。子母相通,民皆得其欲。堪,任也。不任之
者,幣重物輕,妨其用也,故作輕幣雜而用之。以重者貿其貴,以
輕者貿其賤。子權母者。母不足,則以子平而行之。故錢小大,民
皆以為利也。」案《漢書》應劭注曰:「母,重也。其大倍,故為母
也。子,輕也。其輕少半,故為子也。民患幣之輕而物貴,為重幣
以平之,權時而行,以廢其輕,故曰母權子,猶言重權輕也。民皆
得者,本末有無皆得其利也。民患幣重,則多作輕錢而行之,亦不
廢去重者,言重者行其貴,輕者行其賤也。」又孟康注曰:「重為
母,輕為子。若市八十錢物,以母當五十,以子三十續之。」可與
韋注相發明。

【小結】此條抄自《經義雜記》卷七「權子母輕重」條。作偽方式有三:
第一,點竄字句;第二,改變順序(原文順序為 B、A);第三,改變標題,將
「權子母輕重」改為「錢法權子母」。

今按,《漢語大詞典》:子母,古稱錢幣輕而幣值低者為子,重而幣值高者
為母。《國語·周語下》:「古者天災降戾,於是乎量資幣、權輕重,以振救民。
民患輕,則為作重幣以行之,於是乎有母權子而行,民皆得焉。」三國吳韋昭
注:「重曰母,輕曰子。以貿物,物輕則子獨行,物重則以母權而行之也。子
母相通,民皆得其欲也。」

192. 合龠即兩龠

《漢·律曆志》「一黍為一分」，《尚書疏》作「千二百黍為一分」，《漢志》「合龠為合」，《疏》又作「十龠為合」，皆非也。按：合龠當即兩龠。若十龠為合，則一合乃有黍一萬二千，一升有一百二十萬，毋乃太多？且一龠容千二百黍，重十二銖。兩銖為兩，則二十四銖也。十六兩為斤。若十龠為合，則一合乃有五兩，一升有五十兩，重三斤零二兩，亦覺太重。即以今市中量校之，米一升僅重一斤零三兩。稻米與黍，其性輕重未詳，然今之量自當大於古二、三倍。若古黍一升重三斤零二兩，則古之量反大於今甚遠，必無此事。《儀禮·既夕》「朝一溢米」，鄭注云：「二十四兩曰溢，為米一升二十四分升之一。」則古米一升，實一斤零四兩強也。

【探源】《蛾術編》卷七十二「《書》疏言量之數與《漢志》異」：

> 案《漢志》「一黍為一分」，疏作「千二百為一分」；《漢志》「合龠為合」，《疏》作「十龠為合」，皆誤也。「合龠」當為「兩龠」。若十龠為合，有黍一萬二千，一升有一百二十萬，毋乃太多？且一龠容千二百黍，重十二銖。兩銖為兩，則二十四銖也。十六兩為斤。若十龠為合，則一合有五兩，一升有五十兩，重三斤零二兩，亦覺太重。即以今市中所用糯稬稻米量校之，米一升僅得一斤零三兩。稻米與黍，其性輕重未詳。……而今之量自當大於古二、三倍。若古黍一升重三斤零二兩，則古之量反大於今，必無此事。《既夕禮》「朝一溢米」，鄭注：「二十兩曰溢，為米一升二十四分升之一。」然則古米一升，實一斤零三兩強也。

【小結】此條抄自《蛾術編》卷七十二「《書》疏言量之數與《漢志》異」條。作偽方式有二：第一，點竄字句；第二，改變標題，將「《書》疏言量之數與《漢志》異」改為「合龠即兩龠」。

193. 古贖刑用銅

【A】古贖罪皆用銅，漢始改用黃金，但少其斤兩，令與銅相敵。故鄭《駁異義》言：「贖死罪千鍰。鍰六兩大半兩，為四百一十六斤十兩大半兩銅，與今贖死罪金三斤為價相依附。」是古贖罪皆用銅也。漢及後魏，贖罪皆黃金。後魏以金難得，合金一兩收絹十匹。今律乃復依，古死罪贖銅一百二十斤，於古稱為三百六十斤。孔以鍰為六兩，計千鍰為三百七十五斤，今贖輕於古也。【B】考《堯典》「金作贖刑」，傳曰：「金，黃金。《呂刑》『其罰百鍰』，

傳為『黃鐵』。均是贖罪，而金鐵不同者，古金、銀、銅、鐵總號為金。《考工》攻金之工築氏為削，冶氏為殺矢，鳧氏為鐘，㮚氏為量，段氏為鎛，桃氏為劍。其所為者有銅有鐵，是銅鐵俱名金，則鐵亦包銅矣。《堯典》「黃金」，《呂刑》「黃鐵」，皆銅也。【C】《堯典》傳云：「誤而入刑，出金贖罪，即律過失殺傷人，各依其狀以贖論是也。」《呂刑》所言「疑赦」乃罰者，即今律疑罪各從其實，以贖論是也。

【探源】《尚書後案》卷一《虞夏書》：

【B】疏曰：「此以金為黃金。《呂刑》『其罰百鍰』，傳為『黃鐵』。俱是贖罪，金鐵不同者，古金、銀、銅、鐵總號為金。……《考工記》攻金之工築氏為削，冶氏為殺矢，鳧氏為鐘，㮚氏為量，段氏為鎛，桃氏為劍。其所為者有銅有鐵，是銅鐵俱名金，則鐵名亦包銅矣。」此傳「黃金」，《呂刑》「黃鐵」，皆銅也。

【A】古贖罪皆用銅，漢始改用黃金，但少其斤兩，令與銅相敵。故鄭《駁異義》言：「贖死罪千鍰。鍰六兩大半兩，為四百一十六斤十兩大半兩銅，與今贖死罪金三斤為價相依附。」是古贖罪皆用銅也。漢及後魏，贖罪皆用黃金。後魏以金難得，合金一兩收絹十四。今律乃復依古，死罪贖銅一百二十斤，於古稱為三百六十斤。孔以鍰為六兩，計千鍰為三百七十五斤，今贖輕於古也。

【C】誤而入罪，出金以贖，即律過失殺傷人，各依其狀以贖論是也。《呂刑》所言「疑赦」乃罰者，即今律疑罪各從其實，以贖論是也。

【小結】此條抄自《尚書後案》卷一《虞夏書》。作偽方式有二：第一，點竄字句；第二，改變順序（原文順序為 B、A、C）。

194. 三代以貝玉為貨幣

考桓寬《鹽鐵論》曰：「幣與世易。夏后氏以元貝。」《周書·王會》云「若人元貝」，孔晁注曰：「若人，吳越之蠻。元貝，班貽貝也。」《釋魚》說貝文狀云：「餘蚳，黃白文。餘泉，文。」《小雅·巷伯》疏引舍人注曰「水中蟲也」。李巡曰：「餘蚳，貝甲黃為質，白為文采。餘泉，貝甲以白為質，黃為文采。」陸璣《毛詩疏》云：「貝，龜鱉之屬，其質黃質白文，白質黃文。又有紫貝，白質如玉，紫點為文，行列相當。大者徑一尺六七寸。九真、交趾以為杯盤寶

物。」《說文・貝部》云:「海介蟲也。居陸名猋,居水名蜬。」又《周禮・小行人》云:「合六幣,圭以馬,璋以皮,璧以帛,琮以錦,琥以繡,璜以黼。」《管子・國畜》篇云:「玉起於禺氏,金起於汝、漢,珠起於赤野,距周七千八百里。先王為其塗之遠,至之難,故託用以其重,以珠玉為上幣,以黃金為中幣,以刀布為下幣。」《地數》、《揆度》二篇亦云然。《史記・平準書》云:「虞夏之幣,金為三品,或黃、或白、或赤、或錢、或布、或刀、或龜貝。至秦,幣為三等,黃金以溢名,為上幣;銅錢識曰半兩,重如其文,為下幣。而珠、玉、龜、貝、銀、錫之屬為器飾寶藏,不為幣。」然則自秦以下,貝玉始不為幣,三代皆以為幣也。

【探源】《尚書後案》卷六《商書》:

> 桓寬《鹽鐵論》曰:「幣與世易。夏后氏以元貝。」《周書・王會》云「若人元貝」,孔晁注曰:「若人,吳越之蠻。元貝,班貽貝也。」《釋魚》說貝文狀云:「餘蚳,黃白文。餘泉,文。」《小雅・巷伯》疏引舍人注曰:「水中蟲也。」李巡曰:「餘蚳,貝甲黃為質,白為文采。餘泉,貝甲以白為質,黃為文采。」陸璣《毛詩疏》云:「貝,龜鱉之屬,其文黃質白文,白質黃文。又有紫貝,白質如玉,紫點為文,行列相當。大者徑一尺六七寸。九真、交趾以為杯盤寶物。」《說文・貝部》云:「海介蟲也。居陸名猋,在水名蜬。」又《周禮・小行人》云:「合六幣,圭以馬,璋以皮,璧以帛,琮以錦,琥以繡,璜以黼。」《管子・國畜》篇云:「玉起於禺氏,金起於汝、漢,珠起於赤野,距周七千八百里。先王為其塗之遠,至之難,故託用於其重,以珠玉為上幣,以黃金為中幣,以刀布為下幣。」《地數》、《揆度》二篇亦云然。《史記・平準書》云:「虞夏之幣,金為三品,或黃、或白、或赤、或錢、或布、或刀、或龜貝。至秦,幣為三等,黃金以溢名,為上幣;銅錢識曰半兩,重如其文,為下幣。而珠、玉、龜、貝、銀、錫之屬為器飾寶藏,不為幣。」然則自秦以下,貝玉始不為幣,自此以上皆以為幣,蓋三代同之。

【小結】此條抄自《尚書後案》卷六《商書》。作偽方式為點竄字句。

195. 書契非起於伏羲

案《書序》云:「書契起於伏羲。」司馬貞《三皇本紀》、劉恕《外紀》、

陳樫《外紀》皆本之，非也。《繫辭》曰：「上古結繩而治，後世聖人易之以書契。」後世聖人指黃帝、堯、舜，豈伏羲乎？許慎《說文解字自序》曰：「黃帝史倉頡見鳥獸之跡，初造書契。」《晉書‧衛瓘傳》：「子恒作《書勢》曰：『昔在黃帝，有沮誦、倉頡者始作書契，以代結繩。』」則書契之作始於黃帝無疑矣。謂包犧氏為萬世文字之祖者，自為畫八卦言之也。六書之學，本於八卦，而八卦之畫，不待於六書也。

【探源】《蛾術編》卷十五說字一「六書原本八卦出非一時」：

> 《尚書後辨》於《偽孔序》引閻百詩《古文尚書疏證》云：「此言書契起於伏羲。」司馬貞《三皇本紀》、劉恕《外紀》、陳樫《外紀》皆本之，非也。《繫辭》曰：「上古結繩而治，後世聖人易之以書契。」後世聖人指黃帝、堯、舜，豈伏羲乎？許慎《說文‧自序》曰：「黃帝史倉頡見鳥獸之跡，初造書契。」《晉‧衛瓘傳》：「子恒作《書勢》曰：『昔在黃帝，創製造物。有沮誦、倉頡者始作書契，以代結繩。』」則書契之作始於黃帝無疑矣。謂庖犧氏為萬世文字之祖，此自為畫八卦言之。六書之學，原本於八卦，八卦之畫，不待於六書。

【小結】此條抄自《蛾術編》卷十五「六書原本八卦出非一時」條。作偽方式有二：第一，點竄字句；第二，改變標題，將「六書原本八卦出非一時」改為「書契非起於伏羲」。

196. 曆家歲差之法

歲差者，太陽每歲與恒星相距之分也。如今年冬至，太陽纏某宿度，至明年冬至時，不能復纏原宿度，而有不及之分。但其差甚微，古人初未之覺，至晉虞喜始知之，因立歲差法，歷代治曆者宗焉。而所定之數，各家不同。喜以五十年差一度，劉宋何承天以百年差一度，祖沖之以四十五年差一度，隋劉焯以七十五年差一度，唐傅仁均以五十五年差一度，僧一行以八十二年差一度，宋《紀元曆》以七十八年差一度，蔡伯靜以六十年差一度，惟宋楊忠輔以六十七年差一度，以周天三百六十度，每度六十分，每分六十秒，約之得每年差五十二秒半。元郭守敬因之，較諸家為密。今新法曆書載西洋人第谷以前恒星東行，隨時修改，訖無定數，與古曆累改歲差之意同。迨至第谷殫精推測，方定恒星每東行五十一秒，約七十年有餘而行一度。此所差之數在古法為黃道西移

之度，在新法為恒星東行之度。徵之天象，恒星原有移動，則新法之理長也。蓋使恒星不動而黃道西移，則恒星之黃道經緯度宜每歲不同，而赤道經緯度宜終古不變，今測恒星之黃道經緯度每歲東行，而緯度不變，至於赤道經度則逐歲不同，而緯度尤甚。自星紀至鶉首六宮，星在赤道南者，緯度古多而今漸少；在赤道北者，緯度古少而今漸多。自鶉首至星紀六宮，星在赤道南者，緯度古少而今漸多；在赤道北者，緯度古多而今漸少。凡距赤道二十三度以內之星，在赤道北者皆可以過赤道南，在赤道南者亦可以過赤道北，則恒星隨黃道東行而非黃道之西移明矣。第谷所定，行之二百餘年，驗之於天，雖無差忒，但星行微渺，必歷多年其差乃見。是則第谷所定之數，亦未可泥為定準。惟隨時測驗，依天行以推其數可也。

【探源】《尚書後案》卷一《虞夏書》：

> 歲差者，太陽每歲與恒星相距之分也。如今年冬至，太陽躔某宿度，至明年冬至時，不能復躔原宿度，而有不及之分。但其差甚微，古人初未之覺，至晉虞喜始知之，因立歲差法，歷代治曆者宗焉。而所定之數，各家不同。喜以五十年差一度；劉宋何承天以百年差一度，祖沖之以四十五年差一度；隋劉焯以七十五年差一度；唐傅仁均以五十五年差一度，僧一行以八十二年差一度；宋《紀元曆》以七十八年差一度，蔡伯靜以六十年差一度；……惟宋楊忠輔以六十七年差一度，以周天三百六十度，每度六十分，每分六十秒，約之得每年差五十二秒半。元郭守敬因之，較諸家為密。今新法曆書載西人第谷以前恒星東行，隨時修改，訖無定數，與古曆累改歲差之意同。迨至第谷殫精推測，方定恒星每歲東行五十一秒，約七十年有餘而行一度。此所差之數在古法為黃道西移之度，在新法為恒星東行之度。徵之天象，恒星原有動移，則新法之理長也。蓋使恒星不動而黃道西移，則恒星之黃道經緯度宜每歲不同，而赤道經緯度宜終古不變，今測恒星之黃道經度每歲東行，而緯度不變，至於赤道經度則逐歲不同，而緯度尤甚。自星紀至鶉首六宮，星在赤道南者，緯度古多而今漸少；在赤道北者，緯度古少而今漸多。自鶉首至星紀六宮，星在赤道南者，緯度古少而今漸多；在赤道北者，緯度古多而今漸少。凡距赤道二十三度半以內之星，在赤道北者皆可以過赤道南，在赤道南者亦可以過赤道北，則恒星循黃道東行而

非黃道之西移明矣。第谷所定，行之二百餘年，驗之於天，雖無差忒，但星行微渺，必歷多年其差乃見。然則第谷所定之數，亦未可泥為定率。惟隨時測驗，依天行以推其數可也。

【小結】此條抄自《尚書後案》卷一《虞夏書》。作偽方式為點竄字句。

197. 古曆家九道八行之說

【A】案張衡、蔡邕、王蕃等說渾天者皆云：周天三百六十五度四分度之一，天體圓如彈丸，北高南下，北極出地上三十六度，南極入地下三十六度。北極去南極直徑一百二十二度弱，其依天體隆曲，南極去北極一百八十二度強。正當天之中央，南北二極中等之處，謂之赤道，去南北極各九十一度。春分，日行赤道，從此漸北。夏至赤道之北二十四度，去北極六十七度，去南極一百一十五度，日行黑道。從夏至日以後，日漸南，至秋分還行赤道，與春分同。冬至，行赤道之南二十四度，去南極六十七度，去北極一百一十五度，其日之行處謂之黃道。又有月行之道，與日道相近，交路而過，半在日道之裏，半在日道之表。其當交則兩道相合，交去極遠處，兩道相去六度。《漢書‧天文志》：「日有中道，月有九行。中道者，黃道，一曰光道。日，冬則南，夏則北，冬至於牽牛，夏至於東井。日之所行為中道。冬至，日南極，晷長。夏至，日北極，晷短。月有九行者，黃道一，黑道二，出黃道北；朱道二，出黃道南；白道二，出黃道西；青道二，出黃道東。立春、春分，月東從青道；立秋、秋分，西從白道；立冬、冬至，北從黑道；立夏、夏至，南從朱道。」戴震謂：「月道出入黃道內外，二十七日有奇而交道一終。交終不復於原處，其差一度又幾半度。每年之差，自東而西十九度奇。故古曆家有九道八行之說，所以考其差也。春分青道為正東，立春青道為東南，冬至黑道為正北，立冬黑道為東北，秋分白道為正西，立秋白道為西北，夏至朱道為正南，立夏朱道為西南。如交在冬至南緯二十三度半而入陰曆，半交必在春分黃道內五度半，春分無南北緯，則月北緯五度半，是為春分青道。凡三十交，退在立冬南緯十六度奇而入陰曆，半交必在立春黃道內五度半，立春南緯十六度奇，則月南緯幾十一度，是為立春青道。又三十交退在秋分，無南北緯而入陰曆，半交必在冬至黃道裏五度半，冬至南緯二十三度半，則月南緯十八度，是為冬至黑道。又三十交，退在立秋，北緯十六度奇而入陰曆，半交必在立冬黃道裏五度半，立冬南緯十六度奇，則月南緯幾十一度，是為立冬黑道。又三十交退在夏至，北緯二十三

度半而入陰曆，半交必在秋分黃道裏五度半，秋分無南北緯，則月北緯五度半，是為秋分白道。又三十交退在立夏，北緯十六度奇而入陰曆，半交必在立秋黃道裏五度半，立秋北緯十六度奇，則月北緯幾二十二度，是為立秋白道。又三十交退在春分，無南北緯而入陰曆，半交必在夏至黃道裏五度半，夏至北緯二十三度半，則月北緯二十九度，是為夏至朱道。又三十交退在立春，南緯十六度奇而入陰曆，半交必在立夏黃道裏五度半，立夏北緯十六度奇，則月北緯幾二十二度，是為立夏朱道。又三十交退在冬至，月復循青道，以四年過半循二青道，四年過半循二黑道，四年過半循二白道，四年過半循二朱道。十八年過半，八行一周。古曆自南而北交於黃道為中交，常以中交為主，今曆謂之正交。古曆自北而南為正交，今曆謂之中交。日食，朔當交也。月食，望當交也。【B】察此九道，可以知交道出入焉，可以考當交、半交距赤道遠近焉，可以明交終所差，每月交於某宮、某度焉，可以辨交之中終與朔望不齊，每朔望去交遠近及當交而有食焉。」戴所言南北緯者，在赤道南為南緯，在赤道北為北緯。九道之說於是明矣。【C】自宋人疑之，至元而遂廢。

【探源】《尚書後案》卷十二《周書》：

【A】張衡、蔡雍、王蕃等說渾天者皆云：周天三百六十五度四分度之一，天體圓如彈丸，北高南下，北極出地上三十六度，南極入地下三十六度。北極去南極直徑一百二十二度弱，其依天體隆曲，南極去北極一百八十二度強。正當天之中央，南北二極中等之處，謂之赤道，去南北極各九十一度。春分，日行赤道，從此漸北。夏至赤道之北二十四度，去北極六十七度，去南極一百一十五度，日行黑道。從夏至日以後，日漸南，至秋分還行赤道，與春分同。冬至，行赤道之南二十四度，去南極六十七度，去北極一百一十五度，其日之行處謂之黃道。又有月行之道，與日道相近，交路而過，半在日道之裏，半在日道之表。其當交則兩道相合，交去極遠處，兩道相去六度。……考《漢書·天文志》云：「日有中道，月有九行。中道者，黃道，一曰光道。日，冬則南，夏則北，冬至於牽牛，夏至於東井。日之所行為中道。冬至，日南極，晷長。……夏至，日北極，晷短。……月有九行者，黃道一，黑道二，出黃道北；朱道二，出黃道南；白道二，出黃道西；青道二，出黃道東。立春、春分，月東從青道；立秋、秋分，西從白道；立冬、冬至，北從黑道；立夏、

夏至，南從朱道。」……戴震《九道八行說》云：「月道出入黃道內外，二十七日有奇而交道一終。交終不復於原處，其差一度又幾半度。每年之差，自東而西十九度奇。古曆家有九道八行之說，所以考其差也。……春分青道為正東，立春青道為東南，冬至黑道為正北，立冬黑道為東北，秋分白道為正西，立秋白道為西北，夏至朱道為正南，立夏朱道為西南。如交在冬至南緯二十三度半而入陰曆，半交必在春分黃道內五度半，春分無南北緯，則月北緯五度半，是為春分青道。凡三十交，退在立冬南緯十六度奇而入陰曆，半交必在立春黃道內五度半，立春南緯十六度奇，則月南緯幾十一度，是為立春青道。又三十交退在秋分，無南北緯而入陰曆，半交必在冬至黃道裏五度半，冬至南緯二十三度半，則月南緯十八度，是為冬至黑道。又三十交退在立秋，北緯十六度奇而入陰曆，半交必在立冬黃道裏五度半，立冬南緯十六度奇，則月南緯幾十一度，是為立冬黑道。又三十交退在夏至，北緯二十三度半而入陰曆，半交必在秋分黃道裏五度半，秋分無南北緯，則月北緯五度半，是為秋分白道。又三十交退在立夏，北緯十六度奇而入陰曆，半交必在立秋黃道裏五度半，立秋北緯十六度奇，則月北緯幾二十二度，是為立秋白道。又三十交退在春分，無南北緯而入陰曆，半交必在夏至黃道裏五度半，夏至北緯二十三度半，則月北緯二十九度，是為夏至朱道。又三十交退在立春，南緯十六度奇而入陰曆，半交必在立夏黃道裏五度半，立夏北緯十六度奇，則月北緯幾二十二度，是為立夏朱道。又三十交退在冬至，月復循青道。以四年過半循二青道，四年過半循二黑道，四年過半循二白道，四年過半循二朱道。十八年過半，八行一周。古曆以自南而北交於黃道為中交，常以中交為主，今曆謂之正交。古曆自北而南為正交，今曆謂之中交。日食，朔當交也。月食，望當交也。

【C】九道自宋人疑之，至元而遂廢。

【B】可以知交道出入焉，可以考當交、半交距赤道遠近焉，可以明交終所差，每月交於某宮、某度焉，可以辨交之中終與朔望不齊，每朔望去交遠近及當交而有食焉。……」戴所言南北緯者，在赤道南為南緯，在赤道北為北緯。九道之說於是明矣。

【小結】此條抄自《尚書後案》卷十二《周書》。作偽方式有二。第一，點竄字句；第二，改變順序（原文順序為 A、C、B）。

198. 晦朔弦望

【A】案楊子《法言·五百》篇云：「月未望則載魄於西，既望則終魄於東。」宋咸注曰：「載魄當作朏。」其實魄即朏也。《禮記·鄉飲酒義》云：「月三日則成魄。」《白虎通·日月》篇云：「日之為言實也，常滿有節。月之為言闕也，有滿有闕。八日成光，二八十六日轉而歸功晦至朔旦，受符復行。故《援神契》曰『月三日成魄』。」【B】《詩·天保》疏云：「日月在朔交會，俱右行於天，日遲月疾。從朔而分，至三日，月去日已當二次，始死魄而出，漸漸遠日，而月光漸長。八日、九日，月體正半，昏而中，似弓之張而弦直，謂之上弦。漸進至十五、十六日，月體滿，與日正相當，謂之望。從此漸虧，至二十三日、二十四日，亦正半在，謂之下弦。漸虧至晦而盡。」諸家皆言三日為魄，以二日有時不見也。蓋前月有三十日，則是月合朔早，二日初昏，月去日差遠，已有微明見於西方。前月二十九日小盡，則是月合朔晚，二日初昏，月去日未遠，未可得見，必三日初昏始見西方也。【C】此其大略也。「魄」當作「霸」，《說文·月部》：「霸，月始生霸然也。承大月二日，承小月三日，從月，靃聲。《周書》曰『哉生霸』。普伯切。」【D】今《康誥》、《武成》、《顧命》諸篇皆作「魄」，惟《漢·律曆志》引《武成》則作「霸」。考古鐘鼎文，《公諴鼎》云：「惟十有四月，既生霸。」王俅《嘯堂集古錄·周雖公緘鼎銘》云：「惟十有四月，既死霸。」《周高元尊銘》云：「惟十有六年十月，既生霸。」《周毛父敦銘》云：「惟六月，既生霸。」皆作「霸」。周伯琦《六書正訛》云：「霸，俗作必駕切。以為伯王字。而月霸乃用魄字。」沿習已久，「月霸」字遂廢不用。

【探源】《尚書後案》卷十五《周書》：

　　　　【A】揚子《法言》卷六《五百》篇云：「月未望則載魄於西，既望則終魄於東。」宋咸注曰：「載魄當作朏。」其實魄即朏也。……《禮記·鄉飲酒義》云：「月三日則成魄。」《白虎通》卷下《日月》篇云：「日之為言實也，常滿有節。月之為言闕也，有滿有闕。八日成光，二八十六日轉而歸功晦。至朔旦，受符復行。故《援神契》曰『月三日成魄』。」

【C】《說文‧月部》云：「霸，月始生霸然也。承大月二日，承小月三日，從月，霩聲。《周書》曰『哉生霸』。普伯切。」

【B】《詩‧天保》疏云：「日月在朔交會，俱右行於天，日遲月疾，從朔而分，至三日，月去日已當二次，始死魄而出，漸漸遠日，而月光稍長，八日、九日，月體正半，昏而中，似弓之張而弦直，謂上弦也。漸進至十五、十六日，月體滿，與日正相當，謂之望。從此漸虧，至二十三日、二十四日，亦正半在，謂之下弦。漸虧至晦而盡。」諸家皆言三日為魄，以二日有時不見也。蓋前月有三十日，則是月合朔早，二日初昏，月去日差遠，已有微明見於西方。前月二十九日小盡，則是月合朔晚，二日初昏，月去日未遠，未可得見，必三日初昏始見西方也。……

【D】《武成》「惟一月壬辰，旁死魄」，又「既生魄」。《顧命》：「惟四月哉生魄。」皆作魄。……《漢‧律曆志》引《武成》亦作「霸」。考古鐘鼎文，……《公誠鼎》云：「惟十有四月，既死霸。」又王俅《嘯堂集古錄》卷上《周雝公誠鼎銘》云：「惟十有四月，既死霸。」……《周高克尊銘》云：「惟十有六年十月，既生霸。」……又卷下《周毛父敦銘》云：「惟六月，既生霸。」……周伯琦《六書正訛》云：「霸，俗作必駕切。以為霸王字。而月霸乃用魄字。」

【小結】此條抄自《尚書後案》卷十五《周書》。作偽方式有三：第一，點竄字句；第二，增加句子；第三，改變順序（原文順序為 A、C、B、D）。

199. 古今宿度不同

天分三百六十五度四分度之一，日行一晝夜周天，天行一晝夜周天，而又過之。以所過之數為一度，而二十八宿分之度有未盡，又得四分之一。案《漢書‧律曆志》所載，東方七十五度，則角十二，亢九，氐十五，房五，心五，尾十八，箕十一也。北方九十八度，則斗二十六，牛八，女十二，虛十，危十七，室十六，壁九也。西方八十度，則奎十六，婁十二，胃十四，昴十一，畢十六，觜二，參九也。南方百一十二，度則井三十三，鬼四，柳十五，星七，張十八，翼十八，軫十七也。合共三百六十五度而已。《後漢書》劉昭《補律曆志》：「永元十五年，詔造黃道銅儀。東方七十七度，則角十三，亢十，氐十六，房五，心五，尾十八，箕十也。北方九十六度，則斗二十四度四分度之一，

牛七，女十一，虛十，危十六，室十八，壁十也。西方八十三度，則奎十七，
婁十二，胃十五，昴十二，畢十六，觜三，參八也。南方一百九度，則井三十，
鬼四，柳十四，星七，張十七，翼十九，軫十八也。」合共三百六十五度，而
係四分度之一於斗宿焉。而《晉書・天文志》云：「周天三百六十五度五百八
十九分度之百四十五。」《魏書》及《隋書・天文志》俱載宋何承天《論渾天
象體》云：「周天三百六十五度三百四分之七十五若以四分之一計之。」則《晉
志》尚餘九分，《隋志》尚餘四分，前人約略言之，不似後人細密也。唐《麟
德甲子元曆》，東方七十五度，北方九十八度，西方八十度，南方一百十二度，
赤道之度皆同前漢。東方七十七度，北方九十六度，西方八十三度，南方一百
九度，黃道之度同於後漢。至開元《大衍曆》，經赤道則東與北皆同前漢，而
西八十一度，多其一焉。南一百十二度，少其一焉。蓋一行以儀測定，得畢、
觜、參、鬼四宿分度，與古不同也。黃道則東七十五度少，北九十七度太，西
八十二度，南百一十度半，不但不與漢同，且與《麟德曆》亦異。蓋赤道分天
之半，一定不易。故古今不甚參差。黃道行赤道之中，推歲差所在，二至前後
以差減而得，二分前後以差加而得，故求之有餘。分就近，分太半、少及強弱
之數。《唐書》明其故而言之不詳。至《宋史》乃詳之。宋少精算者，北宋之
《應天》、《乾元》、《儀天》、《崇天》、《明天》、《奉天》、《觀天》、《紀元》，自
建隆至靖康百六十餘年，曆凡八改。南宋之《統元》、《乾道》、《淳熙》、《會元》、
《統天》、《開禧》、《會天》、《成天》，自建炎至德佑百五十年，曆又八改。眾
說無所適從。於眾中為舉景祐所測驗者。赤道則東方七十五度，北方九十八度，
西方八十一度，南方百十一度，合共三百六十五度。黃道則東方七十五度少，
北方九十七度二千五百六十三秒十九，西方八十二度少，南方百十一度半，合
共三百六十五度。所謂太半、少者，獨黃道有之耳。《元史》則赤道、黃道皆
有太少、半，而詳其分數，每一度析為百分。赤道東方七十九度二十分，北方
九十三度八十分，太西方八十三度八十五分，南方一百八度四十分，合共三百
六十三度二百二十五分。黃道東方七十八度一十二分，北方九十四度一十分，
太西方八十三度九十五分，南方一百九度八分，合共三百六十四度一百二十五
分。其所多二十五分，即四分度之一也。蓋曆法至郭守敬《授時曆》，考測已
為至精。西法始自前明，分周天三百六十整度，每度六十分，即以渾天，如紙
界烏絲別為之格。周天凡二十一千六百分而已，非若古之一度百分者，周天有
三十六千五百二十五分也。又以觜參易換，古先觜後參，今先參後觜。赤道東

鬼四，柳十四，星七，張十七，翼十九，軫十八也。」合共三百六十五度，而係四分度之一於斗宿焉。乃《晉書·天文志》云：「周天三百六十五度五百八十九分度之百四十五。」《魏書》及《隋書·天文志》俱載宋何承天《論渾天象體》云：「周天三百六十五度三百四分之七十五，若以四分之一計之。」則《晉志》尚餘九分，《隋志》尚餘四分，前人約略言之，不似後人細密也。唐《麟德命子元曆》，東方七十五度，北方九十八度，西方八十度，南方一百十二度，赤道之度皆同前漢。東方七十七度，北方九十六度，西方八十三度，南方一百九度，黃道之度同於後漢。至開元《大衍曆》經，赤道則東與北，皆同前漢，而西八十一度，多其一焉。南一百十二度，少其一焉。蓋一行以儀測定，得畢、觜、參、鬼四宿分度，與古不同也。黃道則東七十五度少，北九十七度太，西八十二度，南百一十度半，不但不與漢同，且與《麟德曆》亦異。蓋赤道分天之半，一定不易。故今古不甚參差。黃道行赤道之中，推歲差所在，二至前後以差減而得，二分前後以差加而得，故求之有餘分，就近分太半少及強弱之數。《唐書》明其故而言不詳。至《宋史》乃詳之。宋少精算者，北宋之《應天》、《乾元》、《儀天》、《崇天》、《明天》、《奉天》、《觀天》、《紀元》，自建隆至靖康百六十餘年，曆凡八改。南宋之《統元》、《乾道》、《淳熙》、《會元》、《統天》、《開禧》、《會天》、《成天》，自建炎至德祐百五十年，曆又八改，眾說無所適從。於眾中為舉景祐所測驗者。赤道則東方七十五度，北方九十八度，西方八十一度，南方百十一度，合共三百六十五度。黃道則東方七十五度少，北方九十七度二千五百六十三秒十九，西方八十二度少，南方百十一度半，合共三百六十四度。所謂太半、少者，獨黃道有之耳。《元史》則赤道、黃道皆有太半、少，而詳其分數，每一度析為百分。赤道東方七十九度二十分，北方九十三度八十分太，西方八十三度八十五分，南方一百八度四十分，合共三百六十三度二百二十五分。黃道東方七十八度一十二分，北方九十四度一十分，太西方八十三度九十五分，南方一百九度八分，合共三百六十四度一百二十五分。其所多二十五分，即四分度之一也。蓋曆法至郭守敬《授時曆》，考測已為至精。西法始自前明，分周天三百六十整度，每度六十分，

即以此渾天，如紙界烏絲別為之格。周天凡二十一千六百分而已，非若古之一度百分者，周天有三十六千五百二十五分也。又以觜參易換，古先觜後參，今先參後觜。赤道東方七十六度一百九十三分，則角十一度四十四分，亢九度十九分，氐十六度四十一分，房五度二十八分，心六度九分，尾二十一度六分，箕八度四十六分也。北方九十度二百三分，則斗二十四度二十四分，牛六度五十分，女十一度七分，虛八度四十一分，危十四度五十三分，室十七度整，壁十度二十八分也。西方七十八度一百八十五分，則奎十四度三十分，婁十二度四分，胃十五度四十五分，昴十度二十四分，畢十六度三十四分，參二十四分整，觜十一度二十四分也。南方一百三度一百九十九分，則井三十二度四十九分，鬼二度二十一分，柳十二度四分，星五度四十八分，張十七度十九分，翼二十度二十八分，軫十五度三十分也。合共三百四十七度七百八十分（合十三度）。黃道東方七十二度二百六十四分，北方九十八度二百五十四分，西方六十九度一百七十一分，南方一百七度九十一分，合共三百四十六度七百八十分（合十三度）。若今欽天監所測，角九，亢十，氐十七，房四，心六，尾十五，箕八，斗二十三，牛七，女十，虛十，危十九，室十四，壁十二，奎十一，婁十二，胃十一，昴八，畢十三，參一，觜十一，井三十，鬼三，柳十六，星八，張十七，翼十六，軫十二，各宿一度之前俱有初度，合共三百六十度。此與《明史》所載西法又各不同，且明之西法，如《元曆》之度後有分，今則以初度先於一度，是又西法之變差錯為整齊也。

【小結】此條抄自《韓門綴學》卷四「宿度古今不同」。作偽方式有二：第一，點竄字句；第二，改變標題，將「宿度古今不同」改為「古今宿度不同」。

200. 曆數節氣之度

歲有分至啟閉，察其日躔、發斂焉。月有朔望朏霸，考其日月相推、交道表裏焉。日有永短昏昕，驗其晝夜刻漏、出入裏差焉。星辰有列星見伏昏旦中星，日躔月逡，所在按其十有二次及眾星與黃赤道相直焉。曆有贏縮，遲疾進退，消長之微，察之圭臬，隨時測驗，積微至著，修正不失焉。分謂春分、秋

分，至謂冬至、夏至，啟謂立春、立夏，閉謂立秋、立冬，是謂八節。夏至日極北，以後漸向南，至秋分南北中，至冬至而南極；極則復向北，至春分而中，夏至而復北極。自南而北為斂，自北而南為發，發斂一終而歲成焉。朔謂月一日，日月合朔也。望謂月十五日，月滿與日相望也。朓從月出，月未盛之明也。霸月始生，霸然也。承大月二日，小月三日，此月之盈虧消息也。永謂仲夏晝長，短謂仲冬晝短，昏者日入三商為昏，昕者旦明日將出也。晝長宵短，晝短宵長，以昏昕為度，視日之見沒也。列星見伏者，見謂見於東方。《詩》云「三星在天」，《毛詩》云：「三星，參也。在天，謂始見東方也。」是昏見也。《國語》：「辰角見而雨畢，天根見而水涸，木見而艸木節解，駟見而霜隕，火見而清風戒寒。」《昭四年左傳》「西陸朝覿」，是皆謂旦見東方也。伏者，日躔其宿，則其星隨日西沒而不見。若《夏小正》云：「參月參則伏。」傳曰：「伏者，非亡也。星無時不見，我有不見之時，故曰伏也。」昏旦中者，若《月令》「孟春昏參中，旦尾中」之屬，中謂正南方之中也。日月躔逡者，躔謂行歷其次，逡謂行過而退。若《月令》「孟春之月，日在營室」，鄭注「日月會於陬訾」，「仲春日在奎」，注「日月會於降婁」之屬。星辰之分為十二次者也。贏謂行疾而前侵，縮謂行遲而不及。日月行一度，歲一周天。月日行十三度十九分度之七，二十七日九百四十分日之三百一十四而一周天。日月交會之後，積二十九日九百四十分日之四百九十九。月一周天之外，又行及日而一會，是其常也。但日月之行皆有遲有疾，故有二十九日不及九百四十分日之四百九十九而一會者，亦有過乎九百四十分日之四百九十九而一會者，必審乎此，而後可定月之大小也。今曆或兩三月相仍皆大，或兩三月相仍皆小，是日月有贏縮也。日月在天，必假恒星以識其躔舍。而恒星約六十九年有餘而右移一度，故「日發斂一終而成歲」。冬至起乎此，仍復乎其所，而星則稍移，是謂歲差。故歲功終古不忒，而星之見伏昏旦中，曆久必變。曆家必隨時修改，不可執古以例今也。

【探源】《尚書後案》卷十二《周書》：

> 分至啟閉，紀於歲者也，察之日躔、發斂。朔望朓霸紀於月者也，察之日月相推、交道表裏。永短昏昕，紀於日者也，察之晝夜刻漏、出入裏差。列星見伏昏旦中星，日躔月逡，所在紀於十二辰者也，察之十有二次及眾星與黃赤道相直。贏縮遲疾，進退消長之微，紀於曆數者也，察之圭臬，隨時測驗，積微至著，修正不失。

分謂春分、秋分，至謂冬至、夏至，啟謂立春、立夏，閉謂立秋、立冬，是為八節。夏至日極北，以後漸向南，至秋分南北中，至冬至而南極；極則復向北，至春分而中，夏至而復北極。自南而北為斂，自北而南為發，發斂一終為一歲。……朔謂月一日，日月合朔也。望謂月十五日，月滿與日相望也。朏從月出，月未盛之明也。霸月始生，霸然也。承大月二日，小月三日，是紀於月之盈虧消息者也。永謂仲夏晝長，短謂仲冬晝短，昏者日入三商為昏，昕者旦明日將出也。晝長宵短，晝短宵長，以昏昕為度，是紀於日之見沒者也。列星見伏者，見謂見於東方。《詩》云「三星在天」，《毛傳》云：「三星，參也。在天，謂始見東方也。」是昏見也。《國語》：「辰角見而雨畢，天根見而水涸，本見而草木節解，駟見而隕霜，火見而清風戒寒。」《昭四年左傳》「西陸朝覿」，是皆謂旦見東方也。伏者，日躔其宿，則其星隨日西沒而不見。若《夏小正》云：「參月參則伏。」傳曰：「伏者，非亡也。星無時不見，我有不見之時，故曰伏。」是也。昏旦中者，若《月令》「孟春昏參中，旦尾中」之屬，中謂正南方之中也。日月躔逡者，躔謂行曆其次，逡謂行過而退。若《月令》「孟春之月，日在營室」，鄭注「日月會於陬訾」，「仲春日在奎」，注「日月會於降婁」之屬。……今並言星辰者，辰即列星之分為十二次者。……贏謂行疾而前侵，縮謂行遲而不及。日月行一度，歲一周天。月日行十三度十九分度之七，二十七日九百四十分日之三百一十四而一周天。日月交會之後，積二十九日九百四十分日之四百九十九。月一周天之外，又行及日而一會，是其常也。但日月之行皆有遲有疾，故有二十九日不及九百四十分日之四百九十九而一會者，亦有過乎九百四十分日之四百九十九而一會者，必審乎此，而後可定月之大小也。今曆或兩三月相仍皆大，或兩三月相仍皆小，是日月有贏縮也。日月在天，必假恒星以議其躔舍。而恒星約六十九年有餘而右移一度，故「日發斂一終而成歲」。冬至起乎此，仍復乎其所，而星則稍移，是謂歲差。故歲功終古不忒，而星之見伏昏旦中，曆久必變。曆家必隨時修改。以示民不可執古以例今也。

【小結】此條抄自《尚書後案》卷十二《周書》。作偽方式為點竄字句。

201. 古今星象不同

案《明史・天文志》言，三垣二十八宿之星，有古多今少，古少今多，古無今有，古有今無之說，今以欽天監所測參之，與《明志》又各有同異焉。如紫微垣之六甲，古六今一，華蓋古十六今四，天廚古六今五，天市垣之市樓古六今二，太微垣之常陳古七今三，郎位古十五今十，長垣古四今二，氐宿之亢池古六今四，尾宿之天龜古五今四，斗宿之鱉古十四今十三，牛宿之羅堰古三今二，女宿之十二國中趙、周、秦、代，古各二今各一，扶筐古七今四，虛宿之司危、司祿古各二今各一，敗臼古四今一，離瑜古三今二，天壘城古十三今五，危宿之杵古三今一，臼古四今三，車府古七今五，天鉤古九今六，天鈔古十今四，蓋屋古二今一，室宿之羽林軍古四十五今二十六，螣蛇古二十二今十五，壁宿之天廄古十今三，奎宿之天溷古七今四，畢宿之天節古八今七，觜宿之座旗古九今五，鬼宿之外廚古六今五，軫宿之青丘古七今四，此古多今少與《明志》同者也。若紫微垣之傳舍古九明五今六，天牢古六明二今一，角宿之庫樓古十明八今九，危宿之人古五明三今四，井宿之軍井古十三明五今六，此古多今少，而自明至今，多少又有不同也。至如角宿之柱古十五今十四，氐宿之騎官古二十七今七，心宿之積卒古十二今二，牛宿之九坎古九今四，右旗古九今八，天桴古四今二，室宿之土功吏古二今一，畢宿之九州殊域古九今七，九斿古九今八，此亦古多今少，而《明志》又無述焉。又紫微垣之御女四，天柱五，大理二五，帝內座五，大贊府（《步天歌》云後門東邊大贊府，今星無之）天床六，內廚二，四勢四，太微垣之五，諸侯五，亢宿之折威七，氐宿之帝席三，斗宿之天鑰八，農丈人一，牛宿之天田九，女宿之離珠五，室宿之八魁九，畢宿之咸池三，張宿之天廟十四，翼宿之東甌五，軫宿之軍門二，土司空四，器府二十，此古有今無與《明志》同者也。若井宿之積水一星，今亦無之，而《明志》無述焉。至《明志》所載紫微垣之天理四星全無，而今又俱見之。《明志》又有古少今多者，昴宿七星而有三十六，蓋以測遠鏡得之。有古無今有者，策星傍客星，神宗萬曆元年所出，先大後小，至今則又無聞焉。其異同又不得而知也。

案：梅文鼎《揆日候星紀要》又謂西儒新增南極之星二十一，名火鳥（十），水委（三），蛇首、蛇腹、蛇尾（十五），小斗（七），飛魚（七），南船（五），海山（六），十字架（四），馬尾（四），馬腹（三），蜜蜂（四），三角形（三），海石（五），金魚（四），夾臼（二），附臼（一），異雀（十），孔

雀（十），波斯（十一），鳥喙（六），鶴（十二），共一百三十四星。此當自古有之，特古人未之見耳。

【探源】《韓門綴學》卷四「星有古今不同」：

三垣二十八宿之星，……而乃有古多今少，古少今多，古無今有，古有今無者，《明史・天文志》始著其說，以今欽天監所測，則與《明史》又有同有異。其同者，如紫微垣之六甲，（古六今一），華蓋（古十六今四），天廚（古六今五），天市垣之市樓（古六今二），太微垣之常陳（古七今三），郎位（古十五今十），長垣（古四今二，氐宿之亢池（古六今四），尾宿之天龜（古五今四），斗宿之鱉（古十四今十三），牛宿之羅堰（古三今二），女宿之十二國中趙、周、秦、代，（古各二今各一），扶筐（古七今四），虛宿之司危、司祿（古各二今各一），敗臼（古四今一），離瑜（古三今二），天壘城（古十三今五），危宿之杵（古三今一），臼（古四今三），車府（古七今五），天鉤（古九今六），天錢（古十今四），蓋屋（古二今一），室宿之羽林軍（古四十五今二十六），騰蛇（古二十二今十五），壁宿之天廐（古十今三），奎宿之天溷（古七今四），畢宿之天節（古八今七），觜宿之座旗（古九今五），鬼宿之外廚（古六今五），軫宿之青丘（古七今三），此古多今少之與《明史》同者也。而若紫微垣之傳舍（古九明五今八），天牢（古六明二今一），角宿之庫樓（古十明八今九），危宿之人（古五明三今四），井宿之軍井（古十三明五今六），此亦古多今少，而自明至今，又有多少之不同也。至如角宿之柱（古十五今十四），氐宿之騎官（古二十七今七），心宿之積卒（古十二今二），牛宿之九坎（古九今四），右旗（古九今八），天桴（古四今二），室宿之土功吏（古二今一），畢宿之九州殊域（古九今七），九斿（古九今八），此亦古多今少而《明史》無述焉。……若紫微垣之御女（四），天柱（五），大理（二），五帝內座（五），大贊府（《步天歌》云後門東邊大贊府，今星無之）天床（六），內廚（二），四勢（四），太微垣之五諸侯（五），亢宿之折威（七），氐宿之帝席（三），斗宿之天鑰（八），農丈人（一），牛宿之天田（九），女宿之離珠（五），室宿之八魁（九），畢宿之咸池（三），張宿之天廟（十四），翼宿之東甌（五），軫宿之軍門（二），土司空（四），器

府（三十二），此古有今無之與《明史》同者也。而若井宿之積水一星，今亦無之，而《明史》無述焉。其同異不可知也。至《明史》所載紫微垣之天理四星全無，而今則又俱見之。《明史》又有古少今多者，昴宿七星而有三十六，蓋以測遠鏡得之。有古無今有者，策星旁客星，神宗萬曆元年所出，先大後小，至今則又無聞焉。又梅文鼎《揆日候星紀要》謂西儒新增南極之星二十一，名火鳥（十），水委（三），蛇首、蛇腹、蛇尾（十五），小斗（七），飛魚（七），南船（五），海山（六），十字架（四），馬尾（四），馬腹（三），蜜蜂（四），三角形（三），海石（五），金魚（四），夾白（二），附白（一），異雀（十），孔雀（十），波斯（十一），鳥喙（六），鶴（十二），共一百三十四星。此當自古有之，特古人未之見耳。

【小結】此條抄自《韓門綴學》卷四「星有古今不同」條。作偽方式有二：第一，點竄字句；第二，改變標題，將「星有古今不同」改為「古今星象不同」。

202. 置閏

考天體至圓，繞地左旋，日月皆右旋。以麗天之故，皆為天所曳而左轉。晝夜之分必以日之周匝為限。日為天所曳而繞地一周之間，已右行二千九百三十二里千四百六十一分里之三百四十八矣。即以此所行之里數為天之一度，故日一晝夜行一度也。日右行一度，則比日之匝，而天之左旋者過一度矣，積三百六十五日四分日之一而周復其故處，故分周天之數為三百六十五度四分度之一，是一歲日行之數也。日行通率，每日十三度十九分度之七，積二十七日九百四十分日三百一十四而一周天。自前月合朔以來比月之周天，而日又行二十七度有奇矣。故必更越二日，凡二十九日九百四十分日之四百九十九，而復與日會，是為一月。（天之旋如磨左轉，日月如蟻行磨上而右轉，磨速蟻遲，故蟻為磨曳轉）十二會，得全日三百四十八，（凡為二十九日者，十二也。全日，淨日也。對餘分言）餘分之積又五千九百八十八，（凡為四百九十九分者十二也）如日法，九百四十而一，（如算日之法，以九百四十分為一日）得六，（凡為六日）不盡三百四十八，（將餘分五千九百八十八除之，六日外猶餘此數）通計得日三百五十四日九百四十分日之三百四十八，是一歲月行之數也。（一歲三百六十日，而月行少五日又五百九十二分）歲有十二月，月有三十日，

三百六十者，一歲之常數也。故日與天會而多五日九百四十分日之二百三十五，（舉全數云有六日）為氣盈；月與日會而少五日九百四十分日之五百九十二，（即每歲小月六，少六日弱）為朔虛。合氣盈、朔虛，一歲餘十一日弱，未滿三歲已成一月，則置閏焉。故一歲閏率，則十日有奇，（日之八百二十七）三歲一閏率，則三十二日有奇，（日之六百單一）五歲再閏，則五十四日有奇，（日之三百七十五）十有九歲七閏，則氣朔分齊，是為一章也。閏法十九歲氣朔分齊為一章，此亦大略也。蓋十九歲猶有餘分未盡，若整齊則須十一月甲子朔子時半冬至為曆元，而十九年為章，二十七章為會，凡五百一十三年。三會為統，凡一千五百三十九年。三統為元，則積四千六百一十七年，日月皆無餘分，而又得十一月甲子朔夜半冬至，而又為曆元矣。

【探源】《尚書後案》卷一《虞夏書》：

> 天體至圓，繞地左旋，日月皆右旋。以麗天之故，皆為天所曳而左轉。晝夜之分必以日之周匝為限。日為天所曳而繞地一周之間，已右行二千九百三十二里千四百六十一分里之三百四十八矣。即以此所行之里數為天之一度，故日一晝夜行一度也。日右行一度，則比日之匝，而天之左旋者過一度矣，積三百六十五日四分日之一而周復其故處，故分周天之度為三百六十五度四分度之一，是一歲日行之數也。月行通率，每日十三度十九分度之七，積二十七日九百四十分日之三百一十四而一周天。自前月合朔以來比月之周天，而日又行二十七度有奇矣。故必更越二日，凡二十九日九百四十分日之四百九十九，而復與日會，是為一月。（天之旋如磨左轉，日月如蟻行磨上而右轉，磨速蟻遲，故蟻為磨曳轉）十二會，得全日三百四十八，（凡為二十九日者，十二也。全日，淨日也，對餘分言）餘分之積又五千九百八十八，（凡為四百九十九分者十二也）如日法，九百四十而一，（如算日之法，以九百四十分為一日）得六，（凡得六日）不盡三百四十八，（將餘分五十九百八十八除之，六日外猶餘此數）通計得日三百五十四日九百四十分日之三百四十八，是一歲月行之數也。（一歲三百六十日，而月行少五日又五百九十二分）歲有十二月，月有三十日，三百六十者，一歲之常數也。故日與天會而多五日九百四十分日之二百三十五，（舉全數云有六日）為氣盈；月與日會而少五日九百四十分日之五百九十二，（即每歲小月六，少

六日弱）為朔虛。合氣盈、朔虛，一歲餘十一日弱，未滿三歲已成一月，則置閏焉。故一歲閏率，則十日有奇。（日之八百二十七）三歲一閏率，則三十二日有奇。（日之六百單一）五歲再閏，則五十四日有奇。（日之三百七十五）十有九歲七閏，則氣朔分齊，是為一章也。閏法十九歲氣朔分齊為一章，此亦大略也。蓋十九歲猶有餘分未盡，若整齊則須十一月甲子朔子時半冬至為曆元，而十九年為章，二十七章為會，凡五百一十三年。三會為統，凡一千五百三十九年。三統為元，則積四千六百一十七年，日月皆無餘分，而又得十一月甲子朔夜半冬至，而又為曆元矣。

【小結】此條抄自《尚書後案》卷一《虞夏書》。作偽方式為點竄字句。

203. 日食有晝食夜食之分

案《春秋·隱三年》：「春，王二月己巳，日有食之。」《桓三年》：「秋七月壬辰朔，日有食之既。」《京房易傳》推隱三年之食，貫中央，上下竟而黑。桓三年之食，貫中央，上下竟而黃。鄭康成以為月正掩日，日光從四邊出，故言從中起也。《南齊書·天文志》：「舊說日有五蝕，謂起上下左右中央也。」又云：「若日中有虧，名為西子，不名謂蝕也。」莊十八年春，王三月，日有食之。《穀梁傳》曰：「不言日，不言朔，夜食也。」范氏《集解》本於鄭氏，以為「朔日，日始出，其食虧傷之處未復，故知，此自以夜食。夜食則亦屬前月之晦」。楊士勳疏引徐邈云：「夜食則星無光。」張靖《策廢疾》云：「立八尺之木，不見其影。」並與范意異。《南齊書》難曰：「日之夜食驗於夜星之亡，晝蝕既盡，晝星何故反見？」答曰：「夜食度遠，與所當而同沒；晝食度近，非由沖而得明」也。案日食固有食未復而入地，或先食而後出地者，故《史記》以「明旦日食而出，出而解，為夜食」，而星之無光，殆難考信。至西子之說，似即日中黑子耳。惟是古曆有定朔、平朔之異，古曆皆以月之大小相間。而《後漢書》所載衛承等以為當先小，李梵等以為當先大。宋何承天始有三大二小之說，人無信者。至唐《麟德曆》而定朔之乃行，後世循用。案日食，自漢至隋，凡二百九十三，而食於晦者七十七，晦前一日者三，初二日者三。唐至五代凡一百一十，而食於晦者一，初二日者一，初三日者一。宋較前代為密，宋之日食凡一百四十八，雖無晦食者，而有當食不食者十三，**當時乃有五星救護之說。群臣表賀者，蓋由曆法之不精也**。元凡四十五，亦無晦食，而有

推食不食者一，食而失推者一，夜食書晝者一，至加時差四五刻者。人皆謂推測之法後人精於前人，而猶不能無誤，其實前人非疏，曆本當隨時改易，假使以今所立之法，後去數百年要亦以漸而差也。自明崇正初日食失驗，用徐光啟言，詔西洋人推算，而曆法漸精矣。

【探源】《韓門綴學》卷四「日食」：

《春秋·隱公三年》：「春，王二月己巳，日有食之。」《桓公三年》：「秋七月壬辰朔，日有食之既。」《京房易傳》推隱三年之食，貫中央，上下竟而黑。桓三年之食，貫中央，上下竟而黃。鄭康成以為月正掩日，日光從四邊出，故言從中起也。《南齊書·天文志》云：「舊說日有五蝕，謂起上下左右中央也。」又云：「若日中有虧，名為西子，不名為蝕也。」莊公十八年，春王三月，日有食之。《穀梁傳》曰：「不言日，不言朔，夜食也。」范氏《集解》本於鄭君，以為「朔日，日始出，其食有虧傷之處未復，故知，此自以夜食。夜食則亦屬前月之晦」。楊士勗疏引徐邈云：「夜食則星無光。」張靖《策廢疾》云：「立八尺之木，不見其影。」並與范意異。《南齊書》難曰：「日之夜蝕，驗於夜星之亡，晝蝕既盡，晝星何故反見？」答曰：「夜食度遠，與所當而同沒；晝食度近，非由沖而得明」也。按日食固有食未復而入地，或先食而後出地者，故《史記》以「明旦日食而出，出而解，為夜食」，而星之無光，殆難考信。至西子之說，似即日中黑子耳。惟是古曆有定朔、平朔之異，古曆皆以月之大小相間。而《後漢書》所載衛承等以為當先小，李梵等以為當先大。宋何承天始有三大二小之說，人無信者。至唐《麟德曆》而定朔之法乃行，後代循用。按日食，自漢至隋，凡二百九十三，而食於晦者七十七，晦前一日者三，初二日者三。唐至五代凡一百一十，而食於晦者一，初二日者一，初三日者一。宋較前代為密，宋之日食凡一百四十八，雖無晦食者，而有當食不食者十三，元凡四十五，亦無晦食，而有推食不食者一，食而失推者一，夜食書晝者一，至加時差四五刻者。人皆謂推測之法，後人精於前人，而猶不能無誤，其實前人非疏，曆本當隨時改易，假使以今所立之法，後去數百年，要亦以漸而差也（崇正初日食失驗，乃以徐光啟言，詔西洋人推曆法）。

【小結】此條抄自《韓門綴學》卷四「日食」條。作偽方式有三：第一，點竄字句；第二，增加句子；第三，改變標題，將「日食」改為「日食有畫食夜食之分」。

204. 求地中

【A】《周禮·大司徒》云：「以土圭之法測土深，正日影，以求地中。日南則景短多暑，日北則景長多寒，日東則景夕多風，日西則景朝多陰。日至之景尺有五寸，謂之地中。」【B】鄭引鄭司農云：「土圭之長，尺有五寸。以夏至之日立八尺之表，其影適與土圭等，謂之地中。【C】據中表之東表而言，於晝漏半中表景得正時，東表日已昳矣，是地與日為近。晝漏半已得正夕景，故云景夕多風。據中表之西表而言，是地與日為近。亦於晝漏半中表景得正時，西表日未中仍得朝時之景，故云日西則景朝多陰。據中表之南表而言，晝漏半，立八尺之表，表北得尺四寸景，不滿尺五寸，不與土圭等，是其日南，是地與日為近南，景短多暑。據中表之北表而言，亦晝漏半，表北得尺六寸，是地與日為近北，景長多寒也。」然則日至之景尺有五寸，適當土中也。

【D】案《易通卦驗》云：「冬至日，置八神，樹八尺之表，日中，視其影如度者，歲美人和。暑不如度者，歲惡人偽。」「神」讀如「引」，言八引者，樹杙於地，四維四中，引繩以正之，故名曰引。立表者，先正方面，於視日審矣。

【探源】《尚書後案》卷十八《周書》：

　　【A】《周禮·大司徒》云：「以土圭之法測土深，正日景，以求地中。日南則景短多暑，日北則景長多寒，日東則景夕多風，日西則景朝多陰。日至之景尺有五寸，謂之地中。」……

　　【C】據中表之東表而言，於晝漏半中表景得正時，東表日已昳矣，是地與日為近。晝漏半已得夕景，故云景夕多風。據中表之西表而言，是地於日為近西。亦於晝漏半中表景得正時，西表日未中仍得朝時之景，故云日西則景朝多陰。據中表之南表而言，晝漏半，立八尺之表，表北得尺四寸景，不滿尺五寸，不與土圭等，是其日南，是地於日為近南，景短多暑。據中表之北表而言，亦晝漏半，表北得尺六寸景，是地於日為近北，景長多寒也。然則日至之景尺

有五寸，適當土中也。

《尚書後案》卷十二《周書》：

【D】《易通卦驗》云：「冬至日，置八神，樹八尺之表，日中，視其景如度者，歲美人和。暮不如度者，歲惡人偽。」「神」讀如引，言八引者，樹杙於地，四維四中，引繩以正之，故名曰引。立表者，先正方面，於視日審矣。

【B】鄭引司農注云：「土圭之長尺有五寸。以夏至之日立八尺之表，其景適與土圭等，謂之地中。」

【小結】此條抄自《尚書後案》卷十二《周書》、卷十八《周書》。作偽方式有二：第一，點竄字句；第二，捏合為一，A、C段抄自卷十八，D、B段抄自卷十二。

205. 箕風畢雨

考東方蒼龍七宿，角、亢、氐、房、心、尾、箕。箕，東方木宿，風中央土氣，木克土，土十為木八妻，從妻所好，故好風也。西方白虎七宿，奎、婁、胃、昴、畢、觜、參。畢，西方金宿，雨西方金氣克木，木八為金九妻，從妻所好，故好雨也。《詩緯》云：「箕為天口，主出氣。」《詩·大東》云：「惟南有箕，不可以簸揚。」《漸漸之石》云：「月離于畢，俾滂沱矣。」《仲尼弟子列傳》云：「夫子當行，使弟子持雨具，已而果雨。弟子問：『何以知之？』夫子曰：『昨暮月不宿畢乎？』」鄭眾注《大宗伯》云：「風師，箕也。雨師，畢也。」《漢·天文志》云：「箕星為風，東北之星也。」下即繼以《書》云「星有好風」，是箕好風，畢好雨，從古有此說也。又《昭九年春秋傳》曰：「火，水妃也。」妃者合也。《陰陽書》有五行妃合之說。甲乙木也，丙丁火也，戊巳土也，庚辛金也，壬癸水也。木剋土，土剋水，水剋火，火剋金，金克木。火畏水，以丁為壬妃，故一與二合丁壬也。土畏木，以己為甲妃，故三與十合甲巳也。水畏土，以癸為戊妃，故五與六合戊癸也。金畏火，以辛為丙妃，故七與四合丙辛也。木畏金，以乙為庚妃，故九與八合乙庚也。其一與二，三與十，五與六，七與四，九與八相合之義，則見於《昭十七年春秋傳》曰：「水，火之牡也。」劉歆說云：「水以天一為火二牡，木以天三為土十牡，土以天五為水六牡，火以天七為金四牡，金以天九為木八牡。陽奇為牡，陰偶為妃。故曰：『水，火之牡。』又曰：『火，水妃也。』」《易·繫辭》：「天數五，地數五，

五位相得而各有合。」天數一、三、五、七、九，地數二、四、六、八、十，一、二、三、四、五，得五皆為六、七、八、九、十，此之謂「相得」。而丁壬等之各為牡妃，其中具有相合之義，此天地五行之合也。由此推之，皆從己所克得其妃，從妃所好也。

【探源】《尚書後案》卷十二《周書》：

> 鄭云「箕，東方木宿，從妻好風，畢，西方金宿，從妻好雨」云云者。東方蒼龍七宿，角、亢、氐、房、心、尾、箕。西方白虎七宿，奎、婁、胃、昴、畢、觜、參。……《詩緯》云：「箕為天口，主出氣。」《詩·大東》云：「惟南有箕，不可以簸揚。」《漸漸之石》云：「月離于畢，俾滂沱矣。」《仲尼弟子列傳》云：「夫子當行，使弟子持雨具，已而果雨。弟子問：『何以知之？』夫子曰：『昨暮月不宿畢乎』」……鄭眾注《大宗伯》云：「風師，箕也。雨師，畢也。」《漢·天文志》云：「箕星為風，東北之星也。」下即繼以《書》云「星有好風」，是箕好風，畢好雨，從古有此說。《昭九年春秋傳》曰：「火，水妃也。」妃者合也。《陰陽書》有五行妃合之說。甲乙木也，丙丁火也，戊巳土也，庚辛金也，壬癸水也。木剋土，土剋水，水剋火，火剋金，金克木。火畏水，以丁為壬妃，故一與二合丁壬也。土畏木，以巳為甲妃，故三與十合甲巳也。水畏土，以癸為戊妃，故五與六合戊癸也。金畏火，以辛為丙妃，故七與四合丙辛也。木畏金，以乙為庚妃，故九與八合乙庚也。其一與二，三與十，五與六，七與四，九與八相合之義，則《昭十七年春秋傳》曰：「水，火之牡也。」劉歆說云：「水以天一為火二牡，木以天三為土十牡，土以天五為水六牡，火以天七為金四牡，金以天九為木八牡。陽奇為牡，陰偶為妃。故曰：『水，火之牡也。』又曰：『火，水妃也。』」《易·繫辭》：「天數五，地數五，五位相得而各有合。」天數一、三、五、七、九，地數二、四、六、八、十，一、二、三、四、五，得五皆為六、七、八、九、十，此之謂「相得」。而丁壬等之各為牡妃，其中具有相合之義，此天地五行之合也。……此鄭推言之，皆從己所克得其妃，從妃所好也。

【小結】此條抄自《尚書後案》卷十二《周書》。作偽方式有二：第一，點竄字句；第二，增加句子。

206. 古宮室之制

　　【A】讀《禮》者必明古人宮室之制，然後所位所陳，揖讓進退，不失其方。雖先王制度，代遠難稽，姑即見於《禮》文者約略言之，猶可概見焉。門與東、西塾同在一基。《說文》云：「塾門，側堂也。」《儀禮‧士虞禮》所謂「七俎在西塾之西」，《士冠禮》所謂「擯者負東塾」是也。【B】前為堂，後為室，堂以南向為尊。戶在其東南，牖在其西南，戶外之西，牖外之東，堂正中南向，王位在焉。堂兩旁為東、西夾。劉熙《釋名》謂「在堂兩頭曰夾」。【C】《儀禮‧公食大夫禮》云：「公迎賓入，大夫立於東夾南，士立於門，小臣東堂下，宰夫夾北，內官之士在宰東上，介門西。」蓋均即位於堂上下，東西夾者是也。兩夾之前堂謂之東西箱。【D】《儀禮‧覲禮》篇注云：「東箱，東夾之前，相翔待事之處。」《特牲饋食禮》注云：「西堂，西夾之前，近南。」疏曰：「即西箱也。」《爾雅‧釋宮》云：「室有東、西箱，曰廟。」郭璞注云：「夾室前堂是東西箱，即東西堂。」是兩箱在東西夾室之前矣。故《公食大夫禮》云：「公揖退於箱下。公受宰夫束帛以侑，西向立。」注云：「箱，東夾之前，俟事之處。受束帛於序端。」蓋東箱即接序端，公當於序端受束帛，故先立於東箱以俟之。取其地近則事便也。【E】其間有牆焉，即東西序。《爾雅‧釋宮》：「東西牆謂之序。」注云：「所以序別內外。」疏云：「此謂室前堂上東西箱之牆也。後室兩旁則為東西房。」【F】劉熙《釋名‧釋宮室》篇云：「房，旁也，在室兩旁也。」是房在夾室之後矣。【G】但大夫、士雖有東西夾室，而後室卻只有西邊一室，東邊一房，無所謂東西房者。【H】考《禮記‧禮器》疏推鄭意云：《士喪禮》小斂，婦人髽於室，而《喪大記》諸侯之禮云：「小斂，婦人髽帶麻於房中。」以《士喪》男子括發在房，婦人髽於室，無西房故也。《士喪禮》「婦人髽於室」，在男子之西，則諸侯之禮「婦人髽於房」，亦在男子之西，是有西房矣。有西房則有東房，是諸侯有左右房。士只一房也，知大夫亦只一房者。【I】考《詩正義》曰：「《鄉飲酒義》『尊於房戶之間，賓主共之。』」是大夫無西房，故以房與室戶之間為中也。【J】房雖與室毗連，其間有牆以間之，各不相通，故各於南隅設戶以通於堂。其後室之中東西北三面皆牆，惟南一面東為戶，西為牖。西房之戶出於西序內室牖之西，東房之戶出於東序內室戶之東，蓋皆東南隅，惟東房之戶則在西南隅，因欲通於堂故也。【K】故《小雅‧斯干》詩云：「築室百堵，西南其戶。」鄭箋謂天子之寢左右房，異於一旁者之室，戶也。是燕寢室內或開西戶以達於東房。考燕寢西戶之制，不見於經。

《玉藻》曰：「君子之居恒當戶，寢恒東首。」則燕寢也。而注以當戶為嚮明，則燕寢之戶是南向也。【L】蓋周自文王遷豐僅作靈臺辟雍。其餘猶諸侯制度。武王遷鎬因之。鎬京宮室，周公亦未及改作。成王崩於鎬京，其喪禮陳設定在路寢，必有東西房，一如諸侯路寢之制。其後厲王之亂，宮室毀壞，先王制作無復可因。宣王中興，別更起造，自依天子之制。故《斯干》之詩，鄭注以為天子之寢也。【M】後之學者於序、楹、楣、阿、箱、夾、戶、牖之屬，不能備知其處，其於古人陳設之地、進退之位、**揖讓之節，皆茫然無據**，且將以後世之規模，臆測先王之度數矣。

【探源】《蛾術編》卷六十六說制四「西南其戶」：

【I】《鄉飲酒義》云：「尊於房戶之間。」由無西房，故以房與室戶之間為中也。

《尚書後案》卷二十五《周書》：

【H】《禮記·禮器疏》推鄭意云：《士喪禮》小斂，婦人髽於室。而《喪大記》諸侯之禮云：「小斂，歸人髽帶麻於房中。」以《士喪》男子括髮在房，婦人髽於室，無西房故也。《士喪禮》「婦人髽於室」，在男子之西，則諸侯之禮「婦人髽於房」，亦在男子之西，是有西房矣。有西房自然有東房，是諸侯有左右房，士止一東房也。知大夫亦止一房者⋯⋯

【F】劉熙《釋名》卷五《釋宮室》篇云：「房，旁也，在室兩旁也。」⋯⋯是房在夾室之後矣。⋯⋯

【J】房雖與室連比，其間有墉以間之，各不相通，故各於南隅設戶以通於堂。其後室之中東西北三面皆墉，惟南一面東為戶，西為牖。故西房之戶出於西序內室牖之西，東房之戶出於東序內室戶之東也（戶皆在東南隅，惟東房之戶則在西南隅，因欲通於堂，故如此）。

《四庫全書總目》卷二十經部二十《宮室考》提要：

【D】《儀禮·覲禮》篇注曰：「東箱，東夾之前，相翔待事之處。」《特牲饋食禮》注曰：「西堂，西夾之前，近南。」疏曰：「即西箱也。」《爾雅·釋宮》曰：「室有東、西廂，曰廟。」郭璞注曰：「夾室前堂。據此則東西廂即東西堂。」明在東西夾室之前。⋯⋯《公食大夫禮》曰：「公揖退於箱下，公受宰夫束帛以侑，西鄉立。」注

云：「箱，東夾之前，俟事之處，受束帛於序端。」蓋東廂即接序端，
公當於序端受束帛，故先立於東廂以俟之。地近則事便也。

《四庫全書總目》卷二十《儀禮圖》、《儀禮旁通圖》提要：

【A】惟是讀《儀禮》者必明於古人宮室之制，然後所位所陳，
揖讓進退，不失其方。……門與東、西塾同在一基。……則《士虞
禮》「七俎在西塾之西」無其地。及《士冠禮》「擯者負東塾」之類。

《蛾術編》卷六十六說制四「《顧命》宮室制度」：

【B】《釋名》云：「夾室在堂兩頭，故曰夾也。」……前為堂，
後為室。堂兩旁為東西夾室……戶在其東南，牖在其西南。堂以南
向為尊，王位在戶外之西，牖外之東。

【G】但大夫士宮室，其前堂雖亦有東西夾室，而後室卻只有西
邊一室，東邊一房，無所謂東西房。

【L】以文王遷豐，僅作靈臺辟雍，其餘猶諸侯制度。武王遷鎬
因之。……鎬京宮室，周公亦未及改作。成王崩於鎬京，故喪禮陳
設之處在路寢者，有東西房，如諸侯路寢之制。……其後屬王之亂，
宮室毀壞，宣王中興，別更起造，自然依天子法，不作諸侯制。

【E】《釋宮》云：「東西牆謂之序。」注云：「所以序別內外。」

《四庫全書總目》卷二十二經部二十二《參讀禮志疑》提要：

【C】考《儀禮·公食大夫禮》：「公迎賓入，大夫立於東夾南，
士立於門，小臣東堂下，宰東夾北，內官之士在宰東上，介門西。」
蓋均即位於堂之上下。

《四庫全書總目》卷二十經部二十《儀禮釋宮增注》提要：

【K】又《詩·斯干》云：「築室百堵，西南其戶。」鄭箋謂天
子之寢左右房，異於一房者之室戶也。……此燕寢室內或開西戶以
達於東房。考燕寢西戶之制，不見於經。《玉藻》曰：「君子之居恒
當戶，寢恒東首。」則燕寢也。而注以當戶為嚮明，則燕寢之戶南
向也。

《四庫全書總目》卷二十經部二十《儀禮釋宮》提要：

【M】如序、楹、楣、阿、箱、夾、牖、戶、當榮、當碑之屬，
讀《儀禮》者尚不能備知其處。則於陳設之地、進退之位，俱不能
知，甚或以後世之規模臆測先王之度數，殊失其真。

【小結】此條抄自《蛾術編》卷六十六說制四「西南其戶」條、「《顧命》宮室制度」條、《尚書後案》卷二十五《周書》、《四庫全書總目》卷二十《宮室考》提要、《儀禮圖及儀禮旁通圖》提要、《儀禮釋宮》提要、《儀禮釋宮增注》提要、卷二十二《參讀禮志疑》提要。作偽方式有四：第一，點竄字句；第二，增加句子；第三，改變順序；第四，多源組合，A 段抄自《儀禮圖及儀禮旁通圖》提要，B、G、L、E 段抄自「《顧命》宮室制度」條，C 段抄自《參讀禮志疑》提要，D 段抄自《宮室考》提要，H、F、J 段抄自《周書》，I 段抄自「西南其戶」條，K 段抄自《儀禮釋宮增注》提要，M 段抄自《儀禮釋宮》提要。

207. 天子諸侯朝門之制

據《天官‧宰夫》《閽人》、《夏官‧司士》《太僕》、《秋官‧小司寇》《朝士》、《冬官‧匠人》諸職之經注及疏，又據《明堂位》、《玉藻》、《文王世子》等篇之經注及疏，並《詩‧大雅‧綿》篇、《論語‧鄉黨》篇參考之，天子諸侯各有三朝，一外朝，二治朝，三燕朝。但天子五門，自外向內數之，一皋門，二庫門，三雉門，四應門，五路門。皋門內庫門外為外朝，朝士建其法，小司寇掌其政，列三槐、九棘，設嘉石、肺石，致萬民而詢國危、國遷，立君於斯，斷獄於斯。庫門內雉門外，則右社稷，左宗廟，不設朝。雉門，閽人掌其禁，而又謂之中門，以其居五門之中。設兩觀，《釋宮》謂之「闕」，《冢宰》謂之「象魏」，一物三名。應門內路門外為治朝，司士正其位，宰夫掌其法，而太僕正王之位，王日視朝於斯。路門內為燕朝，即路寢，太僕正其位，掌擯相，而族人朝於斯，圖宗人嘉事於斯，燕射於斯，王日聽政於斯。諸侯則三門，庫門內為外朝，雉門內為治朝，路門內為燕朝，無皋、應。但庫門為天子皋門制，雉門為天子應門制，惟此為異。以上皆以鄭康成之說為定。案外朝在庫門外，《朝士》注甚明。而《小司寇》注云「在雉門外」。「雉」本當作「庫」，賈疏已明言之。《三禮義宗》及《通典》承誤作「雉」，遂疑康成自相矛盾，非也。治朝、燕朝對外朝而言，皆內朝。《玉藻》說諸侯之事云：「朝服以日視朝於內朝，群臣辨色始入，君日出而視朝，退適路寢聽政。使人視大夫，大夫退，然後適小寢。」此內朝即治朝。若《文王世子》云：「其朝於內朝，臣有貴者以齒。其在外朝，則以官。」此以路門外為外朝者，對路寢庭為外朝，其實亦是內朝也。

【探源】《尚書後案》卷二十五《周書》：

今據《天官·宰夫》《閽人》、《夏官·司士》《太僕》、《秋官·小司寇》《朝士》、《冬官·匠人》諸職之經注及疏，又據《明堂位》、《玉藻》、《文王世子》等篇之經注及疏，並《詩·大雅·綿》篇、《論語·鄉黨》篇參考之，天子諸侯各有三朝，一外朝，二治朝，三燕朝。但天子五門，自外向內數之，一皋門，二庫門，三雉門，四應門，五路門。皋門內庫門外為外朝，朝士建其法，小司寇掌其政，列三槐、九棘，設嘉石、肺石，致萬民而詢國危、國遷，立君於斯，斷獄訟於斯。庫門內雉門外，則右社稷，左宗廟，不設朝。雉門，閽人掌其禁，而又謂之中門，以其居五門之中。設兩觀，《釋宮》謂之「闕」，《冢宰》謂之「象魏」，一物三名。應門內路門外為治朝，司士正其位，宰夫掌其法，而太僕正王之位，王日視朝於斯。路門內為燕朝，即路寢，太僕正其位，掌擯相，而族人朝於斯，圖宗人嘉事於斯，燕射於斯，王日聽政於斯。諸侯則三門，庫門內為外朝，雉門內為治朝，路門內為燕朝，無皋、應。……但庫門為天子皋門制，雉門為天子應門制，惟此為異。以上諸文皆以康成鄭氏說為定。（外朝在庫門外，《朝士》注甚明。而《小司寇》注云「在雉門外」。「雉」本當作「庫」，賈疏已明言之。《三禮義宗》及《通典》承誤作「雉」，後人遂疑康成自相矛盾，非也。治朝、燕朝對外朝言，皆內朝。《玉藻》說諸侯之事云：「朝服以日視朝於內朝，群臣辨色始入，君日出而視朝，退適路寢聽政。使人視大夫，大夫退，然後適小寢。」此內朝即治朝。若《文王世子》云：「其朝於內朝，臣有貴者以齒。其在外朝，則以官。」此以路門外為外朝者，對路寢燕朝為外朝，其實亦是內朝。）

《蛾術編》卷六十九說制七「天子諸侯各有三朝」：

據《周禮》《天官·宰夫閽人》、《夏官·司士太僕》、《秋官·小司寇朝士》、《冬官·匠人》諸職之經注及疏，《禮記·曲禮》《明堂位》、《玉藻》、《文王世子》等篇之經注及疏，並《詩·大雅·綿》篇、《論語·鄉黨》篇參考之，天子諸侯，各有三朝，一外朝，二治朝，三燕朝。但天子五門，自外向內數之，一皋門、二庫門、三雉門、四應門、五路門。皋門內庫門外為外朝，朝士建其法，小司寇

掌其政。列三槐九棘，設嘉石肺石，致萬民而詢。國危國遷立君於斯，斷獄訟於斯。庫門內雉門外，則右社稷、左宗廟，不設朝。雉門閽人掌其禁，而又謂之中門，以其居五門之中。設兩觀，《釋宮》謂之闕，《冢宰》謂之象魏，一物三名。應門內路門外為治朝，司士正其位，宰夫掌其法，而太僕正王之位，王日視朝於斯。路門內為燕朝，即路寢。太僕正其位掌擯相，而族人朝於斯，圖宗人嘉事於斯，燕射於斯，王日聽政於斯。諸侯則三門，庫門內為外朝，雉門內為治朝，路門內為燕朝，無皋、應。魯亦無皋、應。但庫門為天子皋門制，雉門為天子應門制，惟此為異。以上諸文，皆以康成之說為定。天子外朝在庫門外，《朝士》注甚明。而《小司寇》注云：「在雉門外。」「雉」本當作「庫」，傳寫誤作「雉」，賈公彥所見本已誤，賈不得迴護斡旋之。《三禮義宗》及《通典》承誤作「雉」，後人遂疑康成自相矛盾，非也。……治朝、燕朝對外朝而言，皆內朝。……《玉藻》說諸侯之事云：「朝服以日視朝於內朝，群臣辨色始入，若日出而視朝，退適路寢聽政。使人視大夫；大夫退，然後適小寢。」此內朝即治朝。《文王世子》云：公族朝於內朝，臣有貴者以齒。其在外朝則以官。

【小結】此條抄自《尚書後案》卷二十五《周書》。另《蛾術編》卷六十九「天子諸侯各有三朝」條亦有類似內容。作偽方式為點竄字句。

208. 外朝治朝無堂階

【A】案江永云：「古宮室之制，堂必築土崇高，廟寢皆有之。」有堂即有階。《論語》「攝齊升堂」，謂路寢內朝。《儀禮・士相見》「君在堂，升見無方階」，《燕禮》「公升即席」，《檀弓》「杜蕢入寢，歷階而升」是也。若路門外治朝，庫門外外朝，皆平地為庭，無堂無階，故謂之朝廷。廷者，庭中也。【B】《小宗伯》注云：「宗廟、社稷在庫門內之左右。」《匠人》云：「外有九室，九卿朝焉。」注云：「九室，如今朝堂諸曹治事處。」此當在應門內之左右，其中間則平地。【C】《曾子問》「諸侯旅見天子，雨沾服失容則廢」，明在庭中也。《聘禮》「使者受命於朝」，及司士、朝士等職，言治朝、外朝皆無升階之文。又人君出入乘車，登車於路寢西階之前，下車於阼階之前，見《春官・樂師》鄭注。鄭本之《尚書大傳》，蓋治朝、外朝皆無堂階，故可乘車出入。使

有堂階，則九等、七等之級，車馬豈能升降乎？

【探源】《蛾術編》卷六十九「天子諸侯各有三朝」：

【A】江慎修曰：「古宮室之制，堂必築土崇高，廟寢皆有之。」有堂即有階，《論語》「攝齊升堂」，謂路寢內朝。《士相見禮》「君在堂，升見無方階」，《燕禮》「公升即席」，《檀弓》「杜蕢入寢，歷階而升」，是也。若路門外治朝，庫門外外朝，皆平地為庭，無堂無階，故謂之朝廷。廷者，庭中也。

【C】《曾子問》「諸侯旅見天子，雨沾服失容則廢」，明在庭中也。《聘禮》「使者受命於朝」，及司士、朝士等職，言治朝、外朝皆無升階之文。又人君出入乘車，登車於路寢西階之前，下車於阼階之前，見《春官‧樂師》鄭注，鄭本之《尚書大傳》，蓋治朝、外朝，皆無堂階，故可乘車出入。

《尚書後案》卷二十五《周書》：

【B】《小宗伯》注云：「宗廟、社稷在庫門內之左右。」《匠人》云：「外有九室，九卿朝焉。」注云：「九室如今朝堂諸曹治事處。」此當在應門內之左右，其中間則皆平地。

【小結】此條抄自《蛾術編》卷六十九「天子諸侯各有三朝」條、《尚書後案》卷二十五《周書》。作偽方式有三：第一，點竄字句；第二，增加句子；第三，多源組合，A、C段抄自「天子諸侯各有三朝」條，B段抄自《周書》。

209. 門屏間謂之寧

案：鄭注《覲禮》據《禮緯》云「天子外屏」。外屏者，經云侯氏肉袒入廟門，天子辭，再拜稽首。「出，自屏南適門西。」疏云：「據此文，出門乃云屏南，知是外屏。廟如此，寢可知矣。」《釋宮》云：「兩階間謂之鄉，中庭之左右謂之位，門屏之間謂之寧，屏謂之樹。」此一節皆從內向外言之。階庭是路寢之階庭，則門是路門，屏是路門外之屏。故《曲禮》疏云路門外有屏，即樹塞門是。此說是矣。又據郭注「人君視朝所寧立處」，謂天子受朝於路門外之朝，於門外寧立，以待諸侯之至。此說亦是。又引李巡云「正門內兩塾間曰寧」。謂諸侯內屏在路門內，天子外屏在路門外，而近應門。此則雖是而微誤。正門是應門，屏是所以蔽路門，則寧當在路門外之兩塾間。是門側堂，內外各有二。寧既在路門外兩塾間，則南距應門之兩塾間尚遠，何得云近？李

巡微誤，此疏亦因之微誤。又考《說文》寧部云：「辨積物也。」疑與貝部之貯字同。門屏間字當作著，《齊風》「俟我於著」，《昭十一年傳》「朝有著定」是也。

【探源】《尚書後案》卷二十五《周書》：

鄭注《覲禮》據《禮緯》云「天子外屏」。外屏者，經云侯氏肉袒入廟門，天子辭，再拜稽首。「出，自屏南適門西。」疏云：「據此文，出門乃云屏南，知是外屏。廟如此，寢可知。」《釋宮》云：「兩階間謂之鄉，中庭之左右謂之位，門屏之間謂之寧，屏謂之樹。」此一節皆是從內向外言之。階庭是路寢之階庭，則門是路門，屏是路門外之屏。故《曲禮》疏云路門外有屏，即樹塞門是。此說是矣。又據郭注「人君視朝所寧立處」，謂天子受朝於路門外之朝，於門外寧立，以特諸侯之至。此說亦是。又引李巡云「正門內兩塾間曰寧」。謂諸侯內屏在路門內，天子外屏在路門外，而近應門。此則雖是而微誤。正門是應門，屏是所以蔽路門，則寧當在路門外之兩塾間。塾是門側堂，內外各二。寧既在路門外兩塾間，則南距應門之兩塾間尚遠，何得云近？李巡微誤，此疏亦因之微誤。又考《說文》卷十四上《寧部》云：「辨積物也。」此字疑與《貝部》之貯字同。門屏間字當作著，《齊風》「俟我於著」，《昭十一年傳》「朝有著定」。

【小結】此條抄自《尚書後案》卷二十五《周書》。作偽方式為點竄字句。

210. 五行萬物之本

考《唐志》曰：「五行見象於天為五星，分位於地為五方，行於四時為五氣，德秉於人為五常，用於人為五材，播於音律為五聲，發於文章為五色，而總其氣為五行。」人稟五行之氣以生，故於物為最靈。木為歲星，火為熒惑，金為太白，水為辰星，土為填星。見《漢·天文志》。木臭羶，火臭焦，土臭香，金臭羶，水臭朽。臭即氣也。見《月令》。金色白，木色青，水色黑，火色赤，土色黃。金聲商，木聲角，水聲羽，火聲徵，土聲宮。見杜預《昭元年》、《二十五年傳》解。惟五常所屬，《天文志》以仁屬木，義屬金，禮屬火，知屬水，信屬土，宋儒皆從之。而鄭康成以信屬水，知屬土，與《天文志》異。《乾鑿度》孔子曰：「八卦之序成立，則五氣變形。故人生而應八卦之體，得

五氣以為五常，仁、義、禮、知、信是也。萬物始生於震。震，東方之卦也，陽氣始生，受形之道也，故東方為仁。成於離。離，南方之卦也，陽得正於上，陰得正於下，尊卑之象定，禮之序也，故南方為禮。入於兌。兌，西方之卦也，陰用事而萬物宜，義之理也，故西方為義。漸於坎。坎，北方之卦也，陰氣形盛，陽氣含閉，信之類也，故北方為信。四方之義皆統於中央，故乾、坤、艮、巽位在四維；中央所以繩四方行也，智之決也，故中央為智。道興於仁，立於禮，理於義，定於信，成於智，五者道德之分也。」鄭蓋用《乾鑿度》之說也。

【探源】《尚書後案》卷十二《周書》：

> 又案曰《唐志》曰：「五行見象於天為五星，分位於地為五方，行於四時為五氣，德稟於人為五常，用於人為五材，播於音律為五聲，發於文章為五色，而總其氣為五行。」人稟五行之氣以生，故於物為最靈。今考木為歲星，火為熒惑，金為太白，水為辰星，土為填星。見《漢・天文志》。木臭羶，火臭焦，土臭香，金臭腥，水臭朽。臭即氣也。見《月令》。金色白，木色青，水色黑，火色赤，土色黃。金聲商，木聲角，水聲羽，火聲徵，土聲宮。見杜預《昭元年》、《二十五年傳》解。惟五常所屬，《天文志》以仁屬木，義屬金，禮屬火，知屬水，信屬土，宋儒皆從之。而鄭以信屬水，知屬土，與《天文志》異。《乾鑿度》孔子云：「八卦之序成立，則五氣變形。故人生而應八卦之體，得五氣以為五常，仁、義、禮、信、智是也。萬物始出於震。震，東方之卦也，陽氣始生，受形之道也，故東方為仁。成於離。離，南方之卦也，陽得正於上，陰得正於下，尊卑之象定，禮之序也，故南方為禮。入於兌。兌，西方之卦也，陰用事而萬物得其宜，義之理也，故西方為義。漸於坎。坎，北方之卦也，陰氣形盛，陽氣含閉，信之類也，故北方為信。四方之義皆統於中央，故乾、坤、艮、巽位在四維；中央所以繩四方行也，智之決也，故中央為智。道興於仁，立於禮，理於義，定於信，成於智，五者道德之分也。」鄭說本此。

【小結】此條抄自《尚書後案》卷十二《周書》。作偽方式為點竄字句。

211. 五行所生之次

《易・繫辭》曰：「天一，地二，天三，地四，天五，地六，天七，地八，

天九，地十。」即五行生成之數也。天一生水，地二生火，天三生木，地四生金，天五生土，此其生數也。《月令》，春其數八，夏其數七，中央其數五，秋其數九，冬其數六。數者，五行佐天地生物成物之次也。五行自水始，火次之，木次之，金次之，土為後。木生數三，成數八。火生數二，成數七。金生數四，成數九。水生數一，成數六。但言八七九六者，舉其成數。土生數五，成數十，但言五者，土以生為本也。《白虎通》曰：「行者，為天行氣也。水訓準，平均法則之稱。言水在黃泉養物，平均有準則也。木，觸也。陽氣動躍，觸氣而出也。火之為言化也，陽氣用事，萬物變化也。金訓禁，言秋時萬物陰氣所禁止也。土訓吐，言土居中，總吐萬物也。」生物謂木火七八之數，成物謂金水九六之數，則春夏生物，秋冬成物。故《易·繫辭》「精氣為物，遊魂為變」，注云：「精氣為七八，遊魂為六九。」是七八生物，九六終物也。《洪範》一曰水者，乾貞於十一月子，十一月一陽生，故水數一。二曰火者，坤貞於六月未，六月兩陰生，陰不敢當午也。三曰木者，正月三陽生，是建寅之月，故次木。四曰金者，八月四陰生，是建酉之月，故次金。五曰土者，五陽生，三月建辰之月，辰為土，土王四季，載四行，又廣大，故次土也。水在北方者，從盛陰之氣，所以潤下從陰也。火在南方者，從盛陽之氣，炎上從陽也。木在東方者，東是半陰半陽。曲直，以陰陽俱有，體質尚柔，故可曲可直。金在西方者，亦半陰半陽，但物既成就，體性堅剛，雖可改革，須火柔之。土在中央者，以其包載四行，含養萬物，為萬物之主，稼穡所以養萬物也。所謂陰陽所生之次也。《逸周書·小開武解》云：「五行：一黑位水，二赤位火，三蒼位木，四白位金，五黃位土。」孔晁注云：「言其所順而動。」是亦陰陽所生之次也。若播五行於四時，則《月令》木火土金水，更生休王，是又相生遞王之次也。《春秋繁露·五行之義》篇云：「五行，一曰木，二曰火，三曰土，四曰金，五曰水。木，五行之始也。水，五行之終也。土，五行之中也。此其天次之序也。木生火，火生土，土生金，金生水，水生木，此其父子也。木居左，金居右，火居前，水居後，土居中央，此其父子之序。相受而布，故木受水，火受木，土受火，金受土，水受金也。諸授之者皆其父，受之者皆其子也。常因其父以使其子，天之道也。」此董子之言，義各有所取也。

【探源】《尚書後案》卷十二《周書》：

　　《易·繫辭》曰：「天一，地二，天三，地四，天五，地六，天七，地八，天九，地十。」此即五行生成之數。天一生水，地二生

火，天三生木，地四生金，天五生土，此其生數也。……《月令》，春其數八，夏其數七，中央土其數五，秋其數九，冬其數六。鄭注：「數者，五行佐天地生物成物之次也。……而五行自水始，火次之，木次之，金次之，土為後。木生數三，成數八。火生數二，成數七。金生數四，成數九。水生數一，成數六。但言八七九六者，舉其成數。土生數五，成數十，但言五者，土以生為本。」此與書注相發，彼正義曰：「《白虎通》云：『行者，為天行氣也。水訓準，平均注則之稱。言水在黃泉養物，平均有準則也。木，觸也。陽氣動躍，觸地而出也。火之為言化也，陽氣用事，萬物變化也。金訓禁，言秋時萬物陰氣所禁止也。土訓吐，言土居中，總吐萬物也。』生物謂木火七八之數，成物謂金水九六之數，則春夏生物，秋冬成物。故《易‧繫辭》『精氣為物，遊魂為變』，注云：『精氣謂七八，遊魂謂九六。』是七八生物，九六終物也。《洪範》云云，所以一曰水者，乾貞於十一月子，十一月一陽生，故水數一。二曰火者，坤貞於六月未，六月兩陰生，陰不敢當午也。三曰木者，正月三陽生，是建寅之月，故次木。四曰金者，八月四陰生，是建酉之月，故次金。五曰土者，三月五陽生，三月建辰之月，辰為土，土王四季，載四行，又廣大，故次土也。水在北方者，從盛陰之氣，所以潤下從陰也。火在南方者，從盛陽之氣，炎上從陽也。木在東者，東是半陰半陽。曲直，以陰陽俱有，體質尚柔，故可曲可直。金在西方者，亦半陰半陽，但物既成就，體性堅剛，雖可改革，須火柔之。土在中者，以其包載四行，含養萬物，為萬物之主，稼穡所以養萬物也。」……鄭云「陰陽所生之次」，傳亦云「皆其生數」也。《逸周書》卷三《小開武解》云：「五行：一黑位水，二赤位火，三蒼位木，四白位金，五黃位土。」孔晁注云：「言其所順而動。」是亦言陰陽所生之次，與《洪範》合也。至於「播五行於四時」，則《月令》木火土金水，更相休王，是為相生遞王之次，與此次不同。《春秋繁露》卷十一《五行之義》篇云：「五行，一曰木，二曰火，三曰土，四曰金，五曰水。木，五行之始也。水，五行之終也。土，五行之中也。此其天次之序也。木生火，火生土，土生金，金生水，水生木，此其父子也。木居左，金居右，火居前，水居後，土居中央，此其父

子之序。相受而布，是故木受水，火受木，土受火，金受土，水受金也。諸授之者皆其父，受之者皆其子也。常因其父以使其子，天之道也。」董子言如此，義各有取也。

【小結】此條抄自《尚書後案》卷十二《周書》。作偽方式為點竄字句。

212. 五事配五行

五事配五行，諸說互異。貌木、言金、視火、聽水、思土，伏生、董仲舒、劉歆、睦孟等之言災異，班固之志五行，鄭康成之注《大傳》，及孔傳、孔疏之注諸經，皆同此說。蓋伏生等說本《易》八卦方位，四正卦：東震為春、為木，西兌為秋、為金，北坎為冬、為水，南離為夏、為火。坤土寄王西南，位實中央。五事分配之，《說卦傳》云：「震，動也。兌，說也。坎，陷也。離，麗也。」貌主動，為震。言主說，說從言，為兌。聽者耳，有陷象，為坎。視者光之麗於物，為離。又云：「震為足，坎為耳，離為目，兌為口。」耳目口固顯合，而足亦貌之動也。又云：「坎為耳痛，兌為口舌。」注家云：「坎為耳，為疾，故為耳痛。兌得震聲，故為口舌。」又虞翻《逸象》云：「坤為思、為土，坎為虛、為入、為納，為見、為明、為光。」皆足以證伏生等之說。後儒各逞意見，異論紛紛矣。

【探源】《尚書後案》卷十二《周書》：

> 又案曰：「五事」配「五行」，諸說互異。貌木、言金、視火、聽水、思土，伏生、董仲舒、劉歆、睦孟等之言災異，班固之志五行，鄭康成之注《大傳》，及孔傳、孔疏並同，……伏生等說本《易》八卦方位，四正卦：……東震為春、為木，西兌為秋、為金，北坎為冬、為水，南離為夏、為火。坤土寄王西南，位實中央。「五事」分配之，《說卦傳》云：「震，動也。兌，說也。坎，陷也。離，麗也。」貌主動，為震。言主說，說字從言，為兌。聽者耳，有陷象，為坎。視者光之麗於物，為離，又云：「震為足，坎為耳，離為目，兌為口。」耳目口固顯合，而足亦貌之動也。……又云：「坎為耳痛，兌為口舌。」注家云：「坎為耳，為疾，故為耳痛。兌得震聲，故為口舌。」又虞翻《逸象》云：「坤為思、為土，坎為虛、為入、為納，離為見、為明、為光。」是皆足以證伏生等說。

【小結】此條抄自《尚書後案》卷十二《周書》。作偽方式有二：第一，點竄字句；第二，增加句子。

213. 董、劉《春秋》災異之說

【A】董仲舒治《公羊》，劉向治《穀梁》，推其陰陽，驗以禍福。其於天人相應之理，言之皆深切著明，為儒者宗。故何邵公注《公羊》，范武子解《穀梁》，每皆據其說焉。說見《漢書・五行志》，今略考之。【B】如隱三年二月己巳，日有食之。《漢志》：「《穀梁傳》曰：『言日不言朔，食晦。』《公羊傳》曰：『食二日。』董仲舒、劉向以為其後戎執天子之使，鄭獲魯隱，滅戴、衛，魯宋咸殺君。」案《漢書》引《公羊傳》「食二日」，此西漢儒說《公羊》之言，傳無此文。傳曰：「其或日或不日，或失之前或失之後，失之前者，朔在前也。」何注謂「二日食，己巳日有食之」是也。又云：「是後衛州吁弒其君完，諸侯初僭，魯隱係獲，公子翬進諂。」與董、劉義合也。【C】隱九年三月癸酉，大雨，震電，庚辰，大雨雪。《漢志》：「大雨，雨水也，震，雷也。劉向以為周三月今正月也，當雨水，雪雜雨，雷電未可以發也。既已發也，則雪不當復降。皆失節，故謂之異。於《易》，雷以二月出，其卦曰『豫』，言萬物隨雷出地，皆逸豫也。以八月入，其卦曰『歸妹』，言雷復，入地則孕毓根核，保藏蟄蟲，避盛陰之害；出地則養長華實，發揚隱伏，宣盛陽之德。入能除害，出能興利，人君之象也。是時隱以弟桓幼，代而攝立。公子翬見隱公居位已久，勸之遂立。隱既不許，翬懼而易其辭，遂與桓共殺隱。天見其將然，故正月大雨水而雷電。是陽不閉陰，出涉危難而害萬物。天戒若曰，為君失時，賊弟佞臣將作亂矣。後八日大雨雪，陰見間隙而勝陽，篡弒之禍將成也。公不寤，後三年而殺。」案《穀梁傳》：「八日之間，再有大變，陰陽錯行，故謹而日之也。」范解《穀梁》，何注《公羊》，皆與劉子政義合，是《公》、《穀》說同也。【D】桓十四年秋八月壬申，御廩災，乙亥，嘗。《漢志》董仲舒以為先是四國共伐魯，大破之於龍門。百姓傷者未瘳，怨諮未復，而君臣俱惰，內怠政事，外侮四鄰，非能保守宗廟終其天年者也，故天災御廩以戒之。劉向以為夫人八妾所舂米之臧以奉宗廟者也。時夫人有淫行，挾逆心，天戒若曰，夫人不可以奉宗廟。桓不寤，與夫人俱會齊，夫人譖桓公於齊侯，齊侯殺桓公。董子推所以致災之由，可謂遠識矣。而子政復推其本，以為夫人文姜不可以奉宗廟祭祀，益深切著明矣。【E】莊七年四月辛卯，恒星不見，夜中星隕如雨。《漢志》：「董仲舒、劉向以為常星二十八宿者，人君之象也；眾星，萬民之類也。列宿不見，象諸侯微也；眾星隕墜，民失其所也。夜中為中國也。不及地而復，象齊桓起而救存之也。鄉亡桓公，星遂至地，中國其良絕矣。劉向又以為夜中者，言不得終性

命，中道敗也。或曰象其叛也。言當中道叛其上也。天垂象以視下，將欲人君防惡遠非，慎卑省微以自全安也。如人君有賢明之材，畏天威命，若高宗謀祖己，成王泣金縢，改過修正，立信布德，存亡繼絕，修廢舉逸，下學而上達，裁什一之稅，復三日之役，節用儉服，以惠百姓，則諸侯懷德，士民歸仁，災消而福興矣。遂莫肯改寤，法則古人，而各行其私意，終於君臣乖離，上下交怨。自是之後，齊、宋之君弒，譚、遂、邢、衛之國滅，宿遷於宋，蔡獲於楚，晉相弒，五世乃定，此其效也。」案董、劉以常星二十八宿人君之象。《穀梁集解》引鄭康成云：「眾星列宿，諸侯之象，不見者，是諸侯棄天子禮義法度也。」與董、劉合。何氏以列星為常，以時列見，范氏以經星為常，列宿皆隨，文立解。蓋不知常星即二十八宿也。子政說此經，言詳理精，可為人君炯鑒。

【F】莊十一年秋，宋大水。《漢志》：「宋大水，董仲舒以為時魯、宋比年為乘丘、鄑之戰，百姓愁怨，陰氣盛，故二國俱水。劉向以為時宋愍公驕慢，睹災不改，明年與其臣宋萬博戲，婦人在側，矜而罵萬，萬弒公之應。」《左氏》以宋來告災，公使弔之，故書《公羊》「以有及我」之文。故董謂兩國俱水，何氏本之言。比年興兵，而百姓怨之，應《穀梁》言。宋為王者之後，故劉子政言宋愍驕慢之應。三傳義不同而各得本傳意也。【G】莊十七年冬，多麋。《漢志》：「劉向以為麋色青，近青祥也。麋之為言迷也，蓋牝獸之淫者也。是時，嚴公將取齊之淫女，其象先見，天戒若曰，勿取齊女，淫而迷國。嚴不寤，遂取之。夫人既入，淫於二叔，終皆誅死，幾亡社稷。董仲舒指略同。」何注《公羊》云：「麋之為言，猶迷也。」本董、劉義也，乃又謂：「象魯為鄭瞻所迷惑。」則據《春秋》說，以取齊女為聽鄭瞻計，較先儒迂遠矣。范解《穀梁》，語未發明，亦當以子政說補之也。【H】莊十八年春王三月，日有食之。《穀梁傳》曰：「不言日，不言朔，夜食也。」《漢志》：「史推合朔在夜，明旦日食而出，出而解，是為夜食。劉向以為夜食者，陰因日明之衰而奪其光，象周天子不明，齊桓將奪其威，專會諸侯而行伯道。其後遂九合諸侯，天子使世子會之，此其效也。《公羊傳》曰『食晦』，董仲舒以為宿在東壁，魯象也」。今《公羊》無傳，何注無「食晦」之文，而《漢志》引《公羊傳》曰「食晦」者，蓋董仲舒等所見。《公羊》有之，蓋漢初《公羊》家說也。【I】僖十年冬，大雨雪。《漢志》：「劉向以為先是釐公立妾為夫人，陰居陽位，陰氣盛也。《公羊經》曰：『大雨雹。』董仲舒以為公脅於齊桓公，立妾為夫人，不敢進群妾，故專壹之象見諸雹，皆為有所漸脅也，行專壹之政云。」《左氏》、《穀梁》無說，何注

《公羊》云：「夫人專愛之所生也。」與董、劉義同。【J】僖二十年五月乙巳，西宮災。《漢志》：「西宮災，劉向以為釐立妾為夫人，以入宗廟，故天災愍宮。若曰去其卑而新者，將害宗廟之正禮。董仲舒以為釐娶於楚，而齊媵之，脅公使立以為夫人。西宮者，小寢，夫人之居也。若曰妾何為居此宮，誅去之意也。以天災之，故大之曰西宮也。」何注《公羊》，既用董義，而又採《禮緯》，非也。范解《穀梁》，未能發明，當以劉子政之說補之。【K】「僖二十九年秋，大雨雹。劉向以為盛陽雨水，溫暖而湯熱，陰氣脅之不相入，則轉而為雹；盛陰雨雪，凝滯而冰寒，陽氣薄之不相入，則散而為霰。故沸湯之在閉器，而湛於寒泉，則為冰，及雪之銷，亦冰解而散，此其驗也。故雹者陰脅陽也，霰者陽脅陰也，《春秋》不書霰者，猶月食也。釐公末年信用公子遂，遂專權自恣，將至於殺君，故陰脅陽之象見。釐公不寤，遂終專權，後二年殺子赤，立宣公。《左傳》曰：『聖人在上無雹，雖有不為災。』說曰：『凡物不為災不書，書大，言為災也。』」此說可謂通陰陽之原矣。范注《穀梁》，蓋即抄襲劉義而尚未詳盡也。【L】僖三十三年十二月，隕霜，不殺草。《漢志》：「劉向以為今十月，周十二月。於《易》，五為天位，為君位。九月陰氣至，五通於天位，其卦為《剝》，剝落萬物，始大殺矣。明陰從陽，命臣受君令而後殺也。今十月隕霜而不能殺草，此君誅不行，舒緩之應也。是時，公子遂顓權，三桓始世官，天戒若曰，自此之後，皆為亂矣。文公不寤，其後遂殺公子赤，三家逐昭公。董仲舒指略同。」何注《公羊》云：「陽假陰威，陰威列索，故陽自隕霜，而反不能殺。此祿去公室，政在公子遂之應。」范解《穀梁》引《京房易傳》云：「君假與臣權，隕霜不殺草。」皆與董義合也。【M】僖三十三年十二月，李梅實。《漢志》：「劉向以為周十二月，今十月也。李梅當剝落，今反華實，近草妖也。先華而後實，不書華，舉重者也。陰成陽事，象臣顓君作威福。一曰冬當殺，反生，象驕臣當誅，不行其罰也。故冬華華者，象臣邪謀有端而不成，至於實，則成矣。是時僖公死，公子遂顓權，文公不寤，後有子赤之變。一曰君舒緩甚，奧氣不臧，則華實復生。董仲舒以為李梅實，臣下強也」。其說可補三傳之闕。【N】文三年秋，雨螽於宋。《漢志》：「劉向以為先是宋殺大夫而無罪。有暴虐賦斂之應。《穀梁傳》曰：『上下皆合，言甚。』董仲舒以為宋三世內取，大夫專恣，殺生不中，故螽先死而至。」楊疏引鄭玄云：「墜地而死。」與董、劉合。何注《公羊》謂：「群臣將爭強相殘殺之像。是後大臣比爭鬥相殺。」蓋由三世內娶，貴近妃族，禍自上下，故異之云爾。蓋用董仲舒說也。

【O】宣十六年夏，成周宣榭火。杜注：「宣榭，講武屋。」《正義》引服云：「宣揚威武之處。」《公羊》、《穀梁》經作「宣榭災」。《漢志》：「『宣榭災』。（舊本作『火』）榭者，所以藏樂器，宣，其名也。董仲舒、劉向以為十五年王劄子殺召伯、毛伯，天子不能誅。天戒若曰，不能行政令，何以禮樂為而臧之？」《左氏》以宣榭為講武之屋，服、杜注皆本《漢書》。《公》、《穀》以宣榭為藏樂器之所，與董、劉義同，乃何氏不得其解，以為宣王並以樂器，為宣王中興所作。既違《公羊》本文，復乖《左》、《穀》之義矣。【P】成三年二月甲子新宮災，三日哭。《漢志》：「新宮災，《穀梁》以為宣公，不言諡，恭也。劉向以為時魯三桓子孫始執國政，宣公欲誅之，恐不能，使大夫公孫歸父如晉謀。未反，宣公死，三家譖歸父於成公。成公父喪未葬，聽譖而逐其父之臣，使奔齊，故天災宣宮，明不用父命之象也。一曰，三家親而亡禮猶宣公殺子赤而立。亡禮而親，天災宣廟，示去三家也。董仲舒以為成居喪亡哀戚心，數興兵戰伐，故天災其父廟，示失子道，不能奉宗廟也。」案《公羊》當從董說。天意以成失子道，不能奉宗廟，不如災之。若謂宣篡立，故災之，則天何不誅之於未亡之先，而必欲災之於入廟之後乎？何注謂臣威太重，結怨強齊，則與宣廟無涉矣。《穀梁》當從劉說，謂成不能用父命以誅三家。夫能用父命，方可謂之孝。天意若曰，爾不能聽父生前之命，安用死後之廟哉？不如災之。徒為三日之哭，不敢稱諡，豈得為孝乎？《公羊》、《穀梁》云禮者，正微辭以婉刺也。何休、杜預云：「善得禮。」失經旨，亦非董、劉之意也。【Q】成七年春正月，鼷鼠食郊牛角，改卜牛。鼷鼠又食其角，乃免牛。《左氏》、《公羊》無傳。《漢志》：「劉向以為不敬而備霿之所致也。昔周公制禮樂，成周道，故成王命魯郊祀天地，以尊周公。至成公時，三家始顓政，魯將從此衰。天愍周公之德，痛其將有敗亡之禍，故以郊祭而見戒云。鼠，小蟲，性盜竊。鼷，又其小者也。牛，大畜，祭天尊物也。角，兵象，在上，君威也。小小鼷鼠，食至尊之牛角，象季氏乃陪臣盜竊之人，將執國命以傷君威，而害周公之祀也。改卜牛，鼷鼠又食其角，天重語之也。成公怠慢昏亂，遂君臣更執於晉。至於襄公，晉為溴梁之會，天下大夫皆奪君政。其後三家逐昭公，卒死於外，幾絕周公之祀。董仲舒以為鼷鼠食郊牛角，皆養牲不謹也。」何注《公羊》引《京房易傳》曰：「祭天不慎，鼷鼠食郊牛角。又食者，重錄魯不覺寤。」即本董義也。然惟劉子政以「角，兵象，在上，君威也」，食角為傷君威，更為深切著明也。【R】昭九年夏四月陳災。《公羊》、《穀梁》皆作「陳火」。《漢志》：「陳

火，董仲舒以為夏徵舒殺君，楚嚴王託欲為陳討賊，陳國閉門而待之，至因滅陳。陳臣子尤毒恨甚，極陰生陽，故致火災。劉向以為先是陳侯弟招殺陳太子偃師，皆外事，不因其宮館者，略之也。八年十月壬午，楚師滅陳，《春秋》不與蠻夷滅中國，故復書陳火也。」董、劉推所以致災之由，一自遠者言之，一自近者言之也。《公羊》何注云：「陳已滅，復火者，死灰復燃之象也。楚為無道，託討賊行義，陳臣子閉門虛心待之，而滅其國；若是，天存之者，悲之也。」與董說合。《穀梁》范注云：「陳已滅矣，猶書火者，不與楚滅也。」與劉說合。賈、服解《左傳》，何、范注《公》、《穀》，無不盡同。惟杜氏注《左》好為異例，輕改舊說，非也。【S】定元年冬十月隕霜，殺菽。《漢志》：「劉向以為周十月，今八月也。消卦為《觀》，陰氣未至君位而誅，罰不由君，出在臣下之象也。是時，季氏逐昭公，昭公死於外，定公得立，故天見災以視公也。釐公二年十月，隕霜，不殺草，為嗣君微，失秉事之象也。其後卒在臣下，則災為之生矣。異故言草，災故言菽，重殺穀。一曰菽，草之難殺者也，言殺菽，知草皆死也；言不殺草，知菽亦不死也。」義與傳合。《志》又云：「董仲舒以為菽，草之強者，天戒若曰，加誅於強臣。言菽，以微見季氏之罰也。」何注《公羊》云：「菽者少類，為稼強，季氏象也。是時定公喜於得位，而不念父黜逐之恥，反為淫祀，立煬宮，故天示以當早誅季氏。」蓋據董義也。【T】定二年夏五月壬辰，雉門及兩觀災。《漢志》：「董仲舒、劉向以為此皆奢僭過度者也。先是，季氏逐昭公，昭公死於外。定公即位，既不能誅季氏，又用其邪說，淫於女樂而退孔子。天戒若曰，去高顯而奢僭者。一曰，門闕，號令所由出也，今捨大聖而縱有罪，無以出號令矣。」何邵公注《公羊》以魯雉門為僭天子，與《漢志》所載董、劉說正合，乃范武子於《穀梁》未能發明，當據以補之。【U】哀三年五月辛卯，桓宮、僖宮災。《漢志》：「董仲舒、劉向以為此二宮不當立，違禮者也。哀公又以季氏之故不用孔子。孔子在陳聞魯災，曰：『其桓、釐之宮乎？』以為桓，季氏之所出，釐，使季氏世卿者也。」案哀公時，桓、僖有廟者。服解《春秋》，亦本董、劉之義。至於桓、僖親盡，不當有廟，天故災之。三傳說並同也。【V】哀四年六月辛丑，亳社災。《公羊經》作「蒲社」。《漢志》：「亳社災，董仲舒、劉向以為亡國之社，所以為戒也。天戒若曰，國將危亡，不用戒矣。春秋火災，屢於哀、定之間，不用聖人而縱驕臣，將以亡國，不明甚也。一曰，天生孔子，非為定、哀也。蓋失禮不用，火災應之，自然象也。」是《公》、《穀》及董、劉義皆以亳社為殷社，乃何氏不

知「蒲」字為「亳」字之聲借，見《公羊》經作「蒲」，遂以為先世之亡國，非也。【W】哀十二年十二月螽，《漢志》:「是時哀用田賦。劉向以為春用田賦，冬而螽。十三年九月螽，十二月螽，三螽虐取於民之效也。」《穀梁》三螽，范皆無說，用「田賦」傳曰:「古者公田什一，用田賦非正也。」故子政據以為說也。

【探源】《廿二史劄記》卷二「漢儒言災異」:

　　【A】董仲舒治《公羊春秋》，始推陰陽，為儒者宗。宣、元之後，劉向治《穀梁》，數其禍福。

《經義雜記》卷二十二「隱三年日食」:

　　【B】《五行志下之下》:「隱公三年二月己巳，日有食之。《穀梁傳》曰:『言日不言朔，食晦。』《公羊傳》曰:『食二日。』董仲舒、劉向以為其後戎執天子之使，鄭獲魯隱，⋯⋯滅戴⋯⋯、衛，魯宋咸殺君。」⋯⋯案《漢志》引《公羊傳》「食二日」，此西漢儒說《公羊》之言，傳無此文。傳曰:「其或日或不日，或失之前或失之後，失之前者，朔在前也。」何注謂「二日食，己巳日有食之」是也。又云:「是後衛州吁弒其君完，諸侯初僭，魯隱係獲，公子翬進諂謀。」與董、劉義皆合。

《經義雜記》卷二十「隱九年大雨」:

　　【C】《春秋》隱九年三月癸酉，大雨，震電，庚辰，大雨雪。⋯⋯又《漢書‧五行志》:「大雨，雨水也，震，雷也。⋯⋯劉向以為周三月今正月也，當雨水，雪雜雨，雷電未可以發也。既已發也，則雪不當復降。皆失節，故謂之異。於《易》，雷以二月出，其卦曰『豫』，言萬物隨雷出地，皆逸豫也。以八月入，其卦曰『歸妹』，言雷復入地。則孕毓根核，保藏蟄蟲，避盛陰之害;出地則養長華實，發揚隱伏，宣盛陽之德。入能除害，出能興利，人君之象也。是時隱以弟桓幼，代而攝立。公子翬見隱居位已久，勸之遂立。隱既不許，翬懼而易其辭，遂與桓共殺隱。天見其將然，故正月大雨水而雷電。是陽不閉陰，出涉危難而害萬物。天戒若曰，為君失時，賊弟佞臣將作亂矣。後八日大雨雪，陰見間隙而勝陽，篡殺之氣將成也。公不寤，後二年而殺。」案《穀梁傳》:「八日之間，再有大變，陰陽錯行，故謹而日之也。」范解引劉向云:⋯⋯何邵公注《公羊》云:⋯⋯

皆與劉子政義合,蓋《公》、《穀》說同也。

《經義雜記》卷二十四「御廩災」:

【D】《春秋》桓十四年秋八月壬申,御廩災,乙亥,嘗。⋯⋯又《漢書·五行志上》,《春秋》御廩災,董仲舒以為先是四國共伐魯,大破之於龍門。⋯⋯百姓傷者未瘳,怨咎未復,而君臣俱惰,內怠政事,外侮四鄰,非能保守宗廟終其天年者也,故天災御廩以戒之。劉向以為御廩夫人八妾所舂米之臧以奉宗廟者也。時夫人有淫行,挾逆心,天戒若曰,夫人不可以奉宗廟。桓不寤,與夫人俱會齊,夫人譖桓公於齊侯,齊侯殺桓公。⋯⋯董生推所以致災之由,可謂遠識矣。⋯⋯而子政復推其本,以為夫人文姜不可以奉宗廟祭祀,益深切著明矣。

《經義雜記》卷十「恒星不見」:

【E】《五行志下之下》,嚴公七年四月辛卯夜,恒星不見,夜中星隕如雨。董仲舒、劉向以為常星二十八宿者,人君之象也;眾星,萬民之類也。列宿不見,象諸侯微也;眾星隕墜,民失其所也。夜中者為中國也。不及地而復,象齊桓起而救存之也。鄉亡桓公,星遂至地,中國其良絕矣。劉向以為夜中者,言不得終性命,中道敗也。或曰象其叛也。言當中道叛其上也。天垂象以視下,將欲人君防惡遠非,慎卑省微以自全安也。如人君有賢明之材,畏天威命,若高宗謀祖己,成王泣金縢,改過修正,立信布德,存亡繼絕,修廢舉逸,下學而上達,裁什一之稅,復三日之役,節用儉服,以惠百姓,則諸侯懷德,士民歸仁,災消而福興矣。遂莫肯改寤,法則古人,而各行其私意,終於君臣乖離,上下交怨。自是之後,齊、宋之君弒,譚、遂、邢、衛之國滅,宿遷於宋,蔡獲於楚,晉相弒殺,五世乃定,此其效也。⋯⋯案董、劉以常星為二十八宿人君之象。《穀梁集解》引鄭康成云:「眾星列宿,諸侯之象,不見者,是諸侯棄天子禮義法度也。」與董、劉合。何氏以列星為常,以時列見,范氏以經星為常,列宿皆隨,文立解。蓋不知常星即二十八宿也。⋯⋯子政說此經,言詳理精,可為人君炯鑒。

《經義雜記》卷二「莊十一年宋大水」:

【F】《春秋》莊十一年秋,宋大水。⋯⋯《五行志上》:「董仲

舒以為時魯、宋比年為乘丘、鄑之戰，百姓愁怨，陰氣盛，故二國俱水。劉向以為時宋愍公驕慢，睹災不改，明年與其臣宋萬博戲，婦人在側，矜而罵萬，萬殺公之應。」……《左氏》以宋來告災，公使弔之，故書《公羊傳》「以有及我」之文。故董生謂兩國俱水，何氏本之言。為比興兵，而百姓怨之，應亦同《穀梁》言。宋為王者之後，故書。故劉子政言宋愍驕慢之應。義不同而各得本傳意也。

《經義雜記》卷十五「莊廿九年有蜚」：

【G】《左傳》：秋有蜚為災也。凡物不為災不書。杜無注。《漢志》云：劉歆以為負蠜也，性不食穀，食穀為災，介蟲之孽。可取以補注《左傳》。《漢志》又云：劉向以為蜚色青，近青眚也，非中國所有。南越盛暑，男女同川澤，淫風所生，為蟲臭惡。是時嚴公取齊淫女為夫人，既入，淫於兩叔，故蜚至矣。天戒若曰：今誅絕之，尚及不將生臭惡，聞於四方。嚴不寤，其后夫人與兩叔作亂，二嗣以殺，卒皆被辜。董仲舒指略同。案《公羊傳》云：何以書？記異也。何注：蜚者，臭惡之蟲也，象夫人有臭惡之行，言有者，南越盛暑所生，非中國之所有。范注引穀梁說曰：蜚者，南方臭惡之氣所生也，象君臣淫泆有臭惡之行。皆本西漢儒舊義。

《經義雜記》卷十三「莊十八年日食」：

【H】《五行志下之下》：「嚴公十八年三月，日有食之。《穀梁傳》曰：『不言日，不言朔，夜食。』……史推合朔在夜，明旦日食而出，出而解，……是為夜食。劉向以為夜食者，陰因日明之衰而奪其光，象周天子不明，齊桓將奪其威，專會諸侯而行伯道。其後遂九合諸侯，天子使世子會之，此其效也。《公羊傳》曰『食晦』，董仲舒以為宿在東壁，魯象也。」……案今《公羊》無傳，何注無「食晦」之文，而《漢志》引《公羊傳》曰「食晦」者，蓋董仲舒等所見。《公羊》有之，或漢初《公羊》家說也。

《經義雜記》卷十五「僖十年大雨雪」：

【I】《漢志中下》云：「釐公十年冬，大雨雪。……劉向以為先是釐公立妾為夫人，陰居陽位，陰氣盛也。《公羊經》曰：『大雨雹。』董仲舒以為公脅於齊桓公，立妾為夫人，不敢進群妾，故專壹之象見諸雹，皆為有所漸脅也，（孟康曰：謂陰陽漸脅。）行專壹

之政云。」案《左氏》、《穀梁》無說,何注《公羊》云:「夫人,專愛之所生也。」與先儒義同。

《經義雜記》卷一「西宮災」:

【J】《春秋》僖二十年五月乙巳,西宮災。……又《漢書・五行志上》:「西宮災,……劉向以為釐立妾母為夫人,以入宗廟,故天災憼宮。若曰去其卑而親者,將害宗廟之正禮。董仲舒以為釐娶於楚,而齊媵之,脅公使立以為夫人。西宮者,小寢,夫人之居也。若曰妾何為居此宮,誅去之意也。以天災之,故大之曰西宮也。」……何氏既用董義,而又採《禮緯》,……亦曲說也。范解《穀梁》,未能發明,當以劉子政說補之。

《經義雜記》卷十四「僖廿九年大雨雹」:

【K】《漢志》:「釐公二十九年秋,大雨雹。劉向以為盛陽雨水,溫暖而湯熱,陰氣脅之不相入,則轉而為雹;盛陰雨雪,凝滯而冰寒,陽氣薄之不相入,則散而為霰。故沸湯之在閉器,而湛於寒泉,則為冰,及雪之銷,亦冰解而散,此其驗也。故雹者陰脅陽也,霰者陽脅陰也。《春秋》不書霰者,猶月食也。釐公末年信用公子遂,遂專權自恣,將至於弒君,故陰脅陽之象見。釐公不寤,遂終專權,後二年弒子赤,立宣公。《左氏傳》曰:『聖人在上無雹,雖有不為災。』說曰:『凡物不為災不書,書大,言為災也。』」……案范注《穀梁》,抄襲劉義,語多破碎。……蓋通乎陰陽之原矣。

《經義雜記》卷二十七「隕霜不殺草」:

【L】《漢志中下》云:「僖公三十三年十二月,隕霜,不殺草。……劉向以為今十月,周十二月。於《易》,五為天位,為君位。九月陰氣至,五通於天位,其卦為《剝》,剝落萬物,始大殺矣。明陰從陽,命臣受君令而後殺也。今十月隕霜而不能殺草,此君誅不行,舒緩之應也。是時,公子遂顓權,三桓始世官,天戒若曰,自此之後,將皆為亂矣。文公不寤,其後遂殺子赤,三家逐昭公。董仲舒指略同。」……何注《公羊》云:「……陽假與陰威,陰威列索,故陽自隕霜,而反不能殺也。此祿去公室,政在公子遂之應也。」范解《穀梁》引《京房易傳》曰:「君假與巨權,隕霜不殺草。」何、范義與董、劉合。

《經義雜記》卷十四「李梅實」：

【M】《春秋》僖卅三年十二月，李梅實。……《五行志中下》云：「劉向以為周十二月，今十月也。李梅當剝落，今反華實，近草妖也。先華而後實，不書華，舉重者也。陰成陽事，象臣顓君作威福。一曰冬當殺，反生，象驕臣當誅，不行其罰也。故冬華華者，象臣邪謀有端而不成，至於實，則成矣。是時僖公死，公子遂顓權，文公不寤，後有子赤之變。一曰君舒緩甚，奧氣不臧，則華實復生。董仲舒以為李梅實，臣下強也。」……此說可以補三傳注之闕。

《經義雜記》卷十六「雨螽於宋」：

【N】《漢志中下》云：「文公三年秋，雨螽於宋。劉向以為先是宋殺大夫而無罪。有暴虐賦斂之應。《穀梁傳》曰：『上下皆合，言甚。』董仲舒以為宋三世內取，大夫專恣，殺生不中，故螽先死而至。」……楊疏引鄭玄云：「墜地而死。」與董、劉義合。……何注：「……群臣將爭強相殘賊之象。是後大臣比爭鬥相殺。」蓋由三世內娶，貴近妃族，禍自上下，故異之云爾。本董仲舒說。

《經義雜記》卷一「宣謝火」：

【O】《春秋》宣十六年夏，成周宣謝火。杜注：「宣謝，講武屋。」《正義》引服虔云：「宣揚威武之處。」……《公羊》、《穀梁》經作「宣謝災」。……又《漢書‧五行志上》：「『宣榭災』（舊本作『火』，……），榭者，所以藏樂器，宣，其名也。董仲舒、劉向以為十五年王箚子殺召伯、毛伯，天子不能誅。天戒若曰，不能行政令，何以禮樂為而藏之？」……案《左氏》以宣謝為講武之屋，服、杜注皆本《漢書》。……《公》、《穀》以宣謝為藏樂器之所，董、劉義同。……何氏不得其解，而以為宣王並以樂器，為宣王中興所作。既違《公羊》本文，復乖《左》、《穀》之義矣。

《經義雜記》卷十八「新宮災」：

【P】《春秋》成三年二月甲子新宮災，三日哭。……又《漢書‧五行志》上云：「新宮災，《穀梁》以為宣公，不言諡，恭也。劉向以為時魯三桓子孫始執國政，宣公欲誅之，恐不能，使大夫公孫歸父如晉謀。未反，宣公死，三家譖歸父於成公。成公父喪未葬，聽讒而逐其父之臣，使奔齊，故天災宣宮，明不用父命之象也。一曰，

三家親而亡禮，猶宣公殺子赤而立。亡禮而親，天災宣廟，欲示去三家也。董仲舒以為成居喪亡哀戚心，數興兵戰伐，故天災其父廟，示失子道，不能奉宗廟也。」……案《公羊》當從董說。天意以成失子道，不能奉宗廟，不如災之。……若謂以宣篡立，故災之，則天何不誅之於未亡之先，而必欲災之於入廟之後乎？何注謂臣威大重，結怨強齊，則與宣廟無涉。《穀梁》當從劉說，謂成不能用父命以誅三家。夫能用父命，方可謂之孝。天意若曰，爾不能聽父生前之命，安用死後之廟哉？不如災之。……而徒為三日之哭。哭而哀禮也。不敢稱謚，恭也。夫能用父命，方可謂之孝，有禮而恭，非孝子之能事也。……余謂《公羊》、《穀梁》云禮也者，皆微辭以婉刺也。何休、杜預云：「善得禮。」失經傳之旨，亦非董、劉之意也。

《經義雜記》卷二「鼷鼠食郊牛角」：

【Q】《春秋》成七年春王正月，鼷鼠食郊牛角，改卜牛。鼷鼠又食其角，乃免牛。《左氏》、《公羊》無傳。……《五行志中上》：「劉向以為不敬而傅霿之所致也。昔周公制禮樂，成周道，故成王命魯郊祀天地，以尊周公。至成公時，三家始顓政，魯將從此衰。天愍周公之德，痛其將有敗亡之漸，故於郊祭而見戒云。鼠，小蟲，性盜竊。鼷，又其小者也。牛，大畜，祭天尊物也。角，兵象，在上，君威也。小小鼷鼠，食至尊之牛角，象季氏乃陪臣盜竊之人，將執國命以傷君威，而害周公之祀也。改卜牛，鼷鼠又食其角，天重語之也。成公怠慢昏亂，遂君臣更執於晉。至於襄公，晉為溴梁之會，天下大夫皆奪君政。其後三家逐昭公，卒死於外，幾絕周公之祀。董仲舒以為鼷鼠食郊牛，皆養牲不謹也。」案何注《公羊》云，《京房易傳》曰：「祭天不慎，鼷鼠食郊牛角。又食者，重錄魯不覺寤。」即本董義。……劉子政以「角，兵象，在上，君威也」，食角為傷君威，……尤為深切著明。

《經義雜記》卷一「昭九年陳災」：

【R】《春秋》昭九年夏四月陳災。……《公羊》、《穀梁》經皆作「陳火」。……《公羊》何注云：「陳已滅，復火者，死灰復燃之象也。楚為無道，託討賊行義陳臣子辟門虛心待之，而滅其國；若是，

則天存之者,悲之也。」《穀梁》范注云:「陳已滅矣,猶書火者,不與楚滅也。」又漢書《五行志上》:「陳火,董仲舒以為陳夏徵舒殺君,楚嚴王託欲為陳討賊,陳國辟門而待之,至因滅陳。陳臣子尤毒恨甚,極陰生陽,故致火災。劉向以為先是陳侯弟招殺陳太子偃師,皆外事,不因其宮館者,略之也。八年十月壬午,楚師滅陳,《春秋》不與蠻夷滅中國,故復書陳火也。」……董、劉說《公》、《穀》,推所以致災之由,一自遠者言之,一自近者言之。……故賈、服解《左傳》,范注《穀梁》,無不盡同。獨杜氏好為異例,輕改舊說,非也。

《經義雜記》卷十五「隕霜殺菽」:

【S】《春秋》定元年冬十月隕霜,殺菽。……《漢志》云:「劉向以為周十月,今八月也。消卦為《觀》,陰氣未至君位而殺誅,罰不由君,出在臣下之象也。是時季氏逐昭公,公死於外,定公得立,故天見災以視公也。釐公二年十月,隕霜,不殺草,為嗣君微,失秉事之象也。其後卒在臣下,則災為之生矣。異故言草,災故言菽,重殺穀。一曰菽,草之難殺者也,言殺菽,知草皆死也;言不殺草,知菽亦不死也。」義與傳合。《志》又云:「董仲舒以為菽,草之強者,天戒若曰,加誅於強臣。言菽,以微見季氏之罰也。」案何注《公羊》云:「菽者少類,為稼強,季氏象也。是時定公喜於得位,而不念父黜逐之恥,反為淫祀,立煬宮,故天示以當早誅季氏。」與董合。

《經義雜記》卷一「雉門及兩觀災」:

【T】《春秋》定二年夏五月壬辰,雉門及兩觀災。……漢書《五行志上》:「董仲舒、劉向而為此皆奢僭過度者也。先是,季氏逐昭公,昭公死於外。定公即位,既不能誅季氏,又用其邪說,淫於女樂而退孔子。天戒若曰,去高顯而奢僭者。一曰,門闕,號令所由出也,今捨大聖而縱有罪,亡以出號令矣。」案劉子政、何邵公皆以魯雉門為僭天子,與《漢志》所載,董、劉說正合。……范武子《集解》最為空疏,宜據舊義補正之。

《經義雜記》卷二十「桓宮、僖宮災」:

【U】《春秋》哀三年五月辛卯,桓宮、僖宮災。……《漢書·

五行志上》：「董仲舒、劉向以為此二宮不當立，違禮者也。哀公又以季氏之故不用孔子。孔子在陳聞魯災，曰：『其桓、釐之宮乎？』以為桓，季氏之所出，釐，使季氏世卿者也。」……哀公時，桓、釐有廟者。服解亦本董、劉之義。至於桓、釐親盡，不當有廟，天故災之。三傳說並同也。

《經義雜記》卷一「亳社災」：

【V】《春秋》哀四年六月辛丑，亳社災。《左氏》無傳，《公羊經》作「蒲社」。……《漢書·五行志上》：「董仲舒、劉向以為亡國之社，所以為戒也。天戒若曰，國將危亡，不用戒矣。春秋火災，屢於定、哀之間，不用聖人而縱驕臣，將以亡國，不明甚也。一曰，天生孔子，非為定、哀也。蓋失禮不明，火災應之，自然象也。」案《公》、《穀》及董、劉義皆以亳社為殷社，……乃何氏見《公羊》作蒲，而以為先世之亡國。……不知「蒲」為「亳」字之聲借。

《經義雜記》卷十六「哀十二年螽」：

【W】《漢志》云：「哀公十二年十二月螽，是時哀用田賦。劉向以為春用田賦，冬而螽。十三年九月螽，十二月螽，此三螽，虐取於民之效也。」……《穀梁》三螽，范皆無說，用「田賦」傳云：「古者公田什一，用田賦非正也。」故子政據以為說。

【小結】此條抄自《經義雜記》卷一「亳社災」條、「昭九年陳災」條、「西宮災」條、「宣謝火」條、「雉門及兩觀災」條、卷二「鸜鵒食郊牛角」條、「莊十一年宋大水」條、卷十「恒星不見」條、卷十三「莊十八年日食」條、卷十四「李梅實」條、「僖廿九年大雨雹」條、卷十五「僖十年大雨雪」條、「隕霜殺菽」條、「莊廿九年有蜚」條、卷十六「哀十二年螽」條、「雨螽於宋」條、卷十八「新宮災」條、卷二十「隱九年大雨」條、「桓宮僖宮災」條、卷二十二「隱三年日食」條、卷二十四「御廩災」條、卷二十七「隕霜不殺草」條、《廿二史劄記》卷二「漢儒言災異」條。作偽方式有三：第一，點竄字句；第二，增加句子；第三，多源組合，A 段抄自「漢儒言災異」條，B 段抄自「隱三年日食」條，C 段抄自「隱九年大雨」條，D 段抄自「御廩災」條，E 段抄自「恒星不見」，F 段抄自「莊十一年宋大水」條，G 段出自《經義雜記》卷十五「莊廿九年有蜚」條，H 段抄自「莊十八年日食」條，I 段抄自「僖十年大雨雪」條，J 段抄自「西宮災」條，K 段抄自「僖廿九年大雨雹」

條，L 段抄自「隕霜不殺草」條，M 段抄自「李梅實」條，N 段抄自「雨蚃於宋」條，O 段抄自「宣謝火」條，P 段抄自「新宮災」條，Q 段抄自「鼷鼠食郊牛角」條，R 段抄自「昭九年陳災」條，S 段抄自「隕霜殺菽」條，T 段抄自「雉門及兩觀災」條，U 段抄自「桓宮、僖宮災」條，V 段抄自「亳社災」條，W 段抄自「哀十二年蚃」條。

214. 漢儒以災異規時政

【A】災異之說，莫詳於六經。《周易》吉、凶、悔、吝，皆關天道。其次《尚書》，《洪範》一篇備言五福六極之徵，其他謨誥，亦無不以惠迪、從逆為吉凶。至《詩》、《禮》、《樂》，則多詳於人事，而「正月繁霜」諸詩，亦一二見焉。惟《春秋》記人事兼書天變，【B】凡日食三十六、地震五、山陵崩三、彗星見三、夜恒星不見星隕如雨一、火災十四、以及五石隕墜、六鶂退飛、多麋、有蜮、鸜鵒來巢、晝暝晦、大雨雹、李梅冬實、七月霜、八月殺菽之類，大書特書不一書，豈果與人事無涉，徒託空言哉？【C】是蓋三代以來記載之古法，而天人相應之理繫焉。自戰國紛爭，詐力相尚，至嬴秦暴虐，天理幾於澌滅矣。漢興，董仲舒治《公羊春秋》，始推陰陽。劉向治《穀梁》，數其禍福。班固志《五行》，所載天象，每一變必驗一事。是漢儒之言天者，實有驗於人。故諸上疏者皆言之深切著明，無復忌諱。而尤言之最切者，則莫如董仲舒，謂國家將有失道之敗，乃天先出災害以譴告之，以此見天心之仁愛人君，欲止其亂也。谷永亦言，災異者天所以儆人君過失，猶嚴父之明誡，改則禍消，不改則咎罰。是皆援天道以證人事，若有毫髮不爽者。而其時人君亦多遇災而懼，如成帝以災異用翟方進言，遂出寵臣張放於外，賜蕭望之爵，登用周堪為諫大夫。哀帝亦因災異，用鮑宣言，用彭宣、孔光、何武，而罷孫寵、息夫躬等。其視天猶近，故應之以實不以文。降及後世，【D】人事繁興，情偽日起，視天甚遠。【E】凡事皆可以人力致而天無權。故自漢以後，即圖治之君，無復因災異以求端於天，即效忠之臣，亦無復援災異以規時政。或日食求言，亦只皆奉行故事而已。而天人相應之理幾乎息矣。

【探源】《廿二史劄記》卷二「漢儒言災異」：

　　【D】迨人事繁興，情偽日起，遂與天日遠一日。

　　【A】即以六經而論，《易》最先出，所言皆天道。《尚書》次之。《洪範》一篇備言五福、六極之徵，其他詔誥亦無不以惠迪、從逆

為吉凶。至《詩》、《禮》、《樂》，……則已多詳於人事。……如「正月繁霜」諸作，不一二見也。惟《春秋》記人事兼記天變。

【C】蓋猶是三代以來記載之古法，……戰國紛爭，詐力相尚，至於暴秦，天理幾於滅絕。漢興，董仲舒治《公羊春秋》，始推陰陽，……劉向治《穀梁》，數其禍福。……《五行志》所載天象，每一變必驗一事。……是漢儒之言天者，實有驗於人，故諸上疏者皆言之深切著明，無復忌諱。……而尤言之最切者，莫如董仲舒，謂國家將有失道之敗，天乃先出災害以譴告之，以此見天心之仁愛人君，欲止其亂也。谷永亦言，災異者天所以儆人君過失，猶嚴父之明誡，改則禍消，不改則咎罰。是皆援天道以證人事，若有杪忽不爽者。而其時人君亦多遇災而懼，如成帝以災異用翟方進言，遂出寵臣張放於外，賜蕭望之爵，登用周堪為諫大夫。……哀帝亦因災異，用鮑宣言，召用彭宣、孔光、何武，而罷孫寵、息夫躬等。其視天猶有影響相應之理，故應之以實不以文。降及後世……

【E】一若天下事皆可以人力致而天無權。……故自漢以後，無復援災異以規時政者。間或日食求言，亦只奉行故事。

【B】《春秋》，日食三十六，地震五，山陵崩二，彗星見三，夜恒星不見星隕如雨一，火災十四，以及五石隕墜，六鶂退飛，多麋，有蜮，鸜鵒來巢，晝暝晦，大雨雹，雨木冰，李梅冬實，七月霜，八月殺菽之類，大書特書不一書。如果與人無涉，則聖人亦何事多費此筆墨哉？

【小結】此條抄自《廿二史劄記》卷二「漢儒言災異」條。原文順序為D、A、C、E、B。作偽方式有四。第一，點竄字句；第二，增加句子；第三，改變順序；第四，改變標題，將「漢儒言災異」改為「漢儒以災異規時政」。

《經史雜記》探源卷八

215. 黑水無考

案屈原《天問》曰：「黑水元趾，三危安在？」蓋自戰國時，此地已渺茫矣。漢儒皆不能言黑水所出，故班《志》張掖、酒泉、敦煌郡下並無其文。至酈道元始原黑水出張掖雞山，而謂南流至敦煌，過三危，入南海。亦不過據《禹貢》順經為義，與他水歷敘所過郡縣者不同。故杜佑云：「道元注《水經》，銳意尋討，亦不能知黑水所經之處，年代久遠，今已湮淪也。」酈說僅見於《正義》，而撿今《水經注》無此文。蓋今書已非全本，惟《山海經》曰：「灌湘之山又東五百里，曰雞山，黑水出焉，而南流注於海。」此則為酈說之所本。顏師古注《漢書》，亦用酈說。《太平御覽》引《張掖記》云：「黑水出縣界雞山，亦名元圃，昔有娥氏女簡狄浴於元止之水，即黑水也。」據此則雞山當在今甘州府張掖縣界，漢為觻得縣地。然今張掖縣西有張掖河，即古羌穀水，出羌中，北流至縣西，為張掖河，合弱水，東北入居沿海。此乃弱水，並不經三危入南海，安得以為黑水耶？張守節《史記正義》又引《括地志》云：「黑水源出伊吾縣北百二十里，又南流二千里而絕。三危山在敦煌縣東南四十里。」此所言黑水源又與張掖雞山不同。唐伊吾縣，伊州治也，本伊吾盧地，貞觀初內附，乃置郡縣。今為哈密，並無黑水源。所謂南流絕三危者，亦無考。而張守節又自為之說曰：「南海即揚州東大海，岷江下至揚州東入海也。其黑水源在伊州，從伊州東南三千餘里至鄯州，鄯州東南四百餘里至河州，入黃河。」「南海去此甚遠，隔絕南山、隴、岷之屬。當是洪水浩浩，西戎不深致功，古文故有疏略。」是諸說皆不足據，當從杜佑，闕疑為是。

— 381 —

【探源】《尚書後案》卷三《虞夏書》：

屈原《天問》曰：「黑水元趾，三危安在？」蓋自戰國時，此地山川已渺茫矣。漢儒皆不能言黑水、三危所在，故班《志》張掖、酒泉、敦煌郡下無其文。……至酈道元始云「黑水出張掖雞山」而謂南流至敦煌，過三危，入南海。亦不過順經為義，與他水歷敘所過郡縣者，相去遠矣。故杜佑云：「道元注《水經》，銳意尋討，亦不能知黑水所經之處，年代久遠，今已堙涸也。」……酈說僅見於《正義》，而檢今《水經注》無此文。蓋今書已非全本，惟《山海經》曰：「灌湘之山又東五百里，曰雞山，黑水出焉，而南流注於海。」……此則為酈說之所本。顏師古注《漢書》，亦用酈說。《太平御覽》引《張掖記》曰：「黑水出縣界雞山，亦名元圃，昔有娀氏女簡狄浴於元止之水，即黑水也。」據此則雞山當在今甘州府張掖縣界，漢為觻得縣地。然今張掖縣西有張掖河，即古羌穀水，出羌中，北流至縣西，為張掖河，合弱水，東北入居延海。此乃弱水，並不經三危入南海，安得以為黑水邪？張守節《史記正義》又引《括地志》云：「黑水源出伊吾縣北百二十里，又南流二千里而絕。三危山在敦煌縣東南四十里。」此所言黑水源與張掖雞山又別。唐伊吾縣，伊州治也，本伊吾盧地，貞觀初內附，乃置郡縣。今為哈密，並無黑水源。所謂南流絕三危者，亦無考。而張守節又自為之說曰：「南海即揚州東大海，岷江下至揚州東入海也。其黑水源在伊州，從伊州東南三千餘里至鄯州，鄯州東南四百餘里至河州，入黃河。」「南海去此甚遠，阻隔南山、隴、岷之屬。當是洪水浩浩處，西戎不深致功，古文故有疏略。」……是諸說皆不足據，黑水當從杜佑，闕疑為是。

【小結】此條抄自《尚書後案》卷三《虞夏書》。作偽方式為點竄字句。

216. 今三江與《漢志》、《水經》不合

【A】案徐堅《初學記》引鄭康成書注以證三江曰：「左合漢為北江，右會彭蠡為南江，岷江居其中，則為中江。故《書》稱『東為中江』者，明岷江至彭蠡，與南北合，始得稱中也。」【B】蘇氏軾曰：「豫章江入彭蠡，而東至海，為南江。岷江，江之經流，會彭蠡以入海，為中江。漢自北入江，會彭蠡，為

北江。」《禹貢》之三江，確乎可據者也。【C】若《漢・地理志》於會稽毗陵縣注：「北江在北，東入海。」此即今岷江也。吳縣注：「南江在南，東入海。」此即今吳松江也。丹陽蕪湖縣注：「中江出西南，東至會稽陽羨縣入海。」此即今荊溪也。但此中江東流至陽羨者，與今水道全不相合。蓋高淳東壩，自明洪武、永樂兩次修築之後，若宣州、歙州及今廣德州西境諸水，悉從蕪湖以達大江，不復涓滴入太湖。惟廣德州東境及溧陽、金壇、宜興諸水總匯荊溪，東入太湖耳。故三吳水道遂與《漢志》相反。考東壩之所由始，周應合《景定建康志》云：「唐景福三年，楊行密將臺濛作五堰，拖輕舸饋糧，而中江之流始狹。（五堰者，銀林在溧水縣東南一百里，長二十里。少東曰分水堰，長十五里。又東五里曰苦李堰，長八里。又五里曰何家堰，長九里。又五里曰余家堰，所謂魯陽五堰也。）後易為上下二壩，通名東壩。」據此似東壩創自臺濛，然《元和志》：「當塗縣有蕪湖水，在縣西南八十里，源出縣東南之丹陽湖，西北流入大江。」則元和以前，此地已置堰，故水不東流溧陽，而西北入江，已與《漢志》「東至陽羨」不合矣。然《漢志》中江雖至陽羨入震澤，若毗陵之北江，即今通州入海之大江，不入震澤也。吳縣之南江即松江，乃震澤下流，非入震澤者也。而俗儒誤以《漢志》三江當禹三江，誤以《漢志》三江之中江入震澤，遂以三江皆入震澤，謬矣。蓋《漢志》中江即今蕪湖之縣河，高淳之胥溪，溧陽之永陽江，宜興之荊溪，西連固城、石臼、丹陽諸湖，受宣、歙、金陵、姑熟、廣德及大江水，東連三塔湖、長蕩湖，達荊溪震澤。此水三代以上本不相通，中三五里輒有高阜，猶是後代開鑿所遺。蓋春秋吳王闔廬伐楚，用伍員計開之。《左傳》襄三年，楚子重伐吳，「克鳩茲，至於衡山」，哀十五年，楚子西、子期伐吳及桐汭，皆由此道。自是江湖始通。後世誤以為禹跡，非也。《漢志》又有分江水、漸江水二條。分江水出丹陽郡石城縣，首受江，東至餘姚入海，過郡二，行千二百里。漸江水出丹陽郡黝縣南蠻中，東入海。「黝」，師古：「音伊，字本作黟。音同。」而《水經・沔水》中篇云：「沔水與江合流，又東過彭蠡澤。又東至石城縣，分為二，其一東北流，又過毗陵縣北，為北江。其一東至會稽餘姚縣，東入海。」此蓋附會《漢志》之分江水。因《漢志》別有南江在吳南，故不目曰南江，而酈注則遂目為南江，並援郭璞岷江、松江、浙江之說。（璞先有《水經注》三卷，今不傳，此所引蓋出其中）以此水與松江、浙江強相貫通，以附會一江分為三目。其說云：「南江東與貴長池水合，又東徑宣城之臨城縣南，又東合涇水、桐水，又東徑安吳縣，又東，旋溪水注

易為上下二壩，通名東壩。」據此似東壩創自臺蒙，其實《元和志》：「當塗縣有蕪湖水，在縣西南八十里，源出縣東南之丹陽湖，西北流入大江。」則元和以前，此地已置堰，故水不東流，而西北入江，與《漢志》「東至陽羨」，已不合矣。然《漢志》中江雖至陽羨入震澤，若毗陵之北江，即今通州入海之大江，不入震澤也。吳縣之南江即松江，乃震澤下流，非入震澤者也。……誤以《漢志》三江當禹三江，誤以《漢志》三江之中江入震澤，而遂以三江皆入震澤邪！……蓋《漢志》中江即今蕪湖之縣河，……高淳之胥溪，……溧陽之永陽江，……宜興之荊溪，……西連固城、石臼、丹陽諸湖，受宣、歙、金陵、姑孰、廣德及大江水，東連三塔湖、長蕩湖，達荊溪震澤。此水三代以上本不相通，中三五里輒有高阜，猶是後代開鑿所遺。蓋春秋時，吳王闔廬伐楚，用伍員計開之。《左傳》襄公三年，楚子重伐吳，「克鳩茲，至於衡山」。……哀公十五年，楚子西、子期伐吳及桐汭，……皆由此道。自是江湖始通。……後世誤以為禹跡。《漢志》……而又有分江水、漸江水二條。分江水出丹陽郡石城縣，首受江，東至餘姚入海，過郡二，（丹陽、會稽）行千二百里。漸江水出丹陽郡黟縣南蠻夷中，東入海。「黟」，師古：「音伊，字本作黝。音同。」……《水經》卷二十八《沔水中》篇云：「沔水與江合流，又東過彭蠡澤。又東至石城縣，分為二，其一東北流，又過毗陵縣北，為北江。其一東至會稽餘姚縣，東入海。」此蓋附會《漢志》之分江水。因《漢志》別有南江在吳南，故不目曰南江，而酈注則遂目為南江，並援郭璞岷江、松江、浙江為三江之說。（璞先有《水經注》三卷，今不傳，此所引蓋出其中）以此水與松江、浙江強相貫通，欲以附會一江分為三目。其說云：「南江東與貴長池水合，又東徑宣城之臨城縣南，……又東合涇水、桐水，又東徑安吳縣，……又東，旋溪水注之。……又東徑寧國縣南，……又東徑故鄣縣南，……安吉縣北，……又東北為長瀆，東注於具區，謂之五湖口。」此下南江又分二派，一派東出為松江，下七十里分為三江口入海。一派又東至會稽餘姚縣東入海。以此二派合北江為三江。……又案曰《水經注》：松江上承太湖，東徑笠澤，流七十里，江水奇分，謂之三江口。《吳越春秋》稱范蠡去越乘舟，出三江之口，

入五湖之中者也。此別為三江、五湖，雖稱相亂，不與《職方》同。庾仲初《揚都賦》注曰：「今太湖東注為松江，下七十里有水口，分流東北入海為婁江，東南入海為東江，與松江而三也。」……考酈氏言三江口非《職方》「三江」，要亦非《禹貢》「三江」。……其後張守節《史記正義》於《夏本紀》解曰：「三江者，在蘇州東南三十里，名三江口。一江西南上七十里至太湖，名曰松江，古笠澤江也。一江東南上七十里至白蜆湖，……名曰上江，亦曰東江。一江東北下三百餘里入海，名曰下江，亦曰婁江。於其分處號曰三江口。」俗儒注《禹貢》因之。

【小結】此條抄自《尚書後案》卷三《虞夏書》、《禹貢錐指》卷六。作偽方式有三：第一，點竄字句；第二，增加句子；第三，多源組合，A、C段抄自《尚書後案》，B段抄自《禹貢錐指》。

217.《禹貢》九州

【A】案《禹貢》九州：冀、沇、青、徐、揚、荊、豫、梁、雍，此夏制也。《釋地》云：「兩河間曰冀州，河南曰豫州，河西曰雝州，漢南曰荊州，河南曰揚州，濟、河間曰沇州，濟東曰徐州，燕曰幽州，齊曰營州。」孫炎注此文與《職方》、《禹貢》並不同，疑是殷制。《職方》云：「東南曰揚州，正南曰荊州，河南曰豫州，正東曰青州，河東曰沇州，正西曰雍州，東北曰幽州，河內曰冀州，正北曰并州。」鄭注云：「此州界揚、荊、豫、沇、雍、冀與《禹貢》略同，青州則徐州地也。幽、并則青、冀之北也，無徐、梁。」賈公彥疏云：「周改《禹貢》，以徐、梁二州合之於雍、青，分冀州地以為幽、并。」蓋冀、沇、荊、揚、豫、雍，唐虞三代所同，餘州沿革互異。孔穎達疏云：「王者廢置，理必相因。《職方》有幽、并，無徐、梁。周立州名必因於古，知舜時當有幽、并。《職方》幽、并山川，於《禹貢》皆冀州之地，知分冀州為之也。《釋地》無梁、青，有幽、營，云『燕曰幽州，齊曰營州』。《爾雅》是殷制，則營州亦有所因，知舜時亦有營州。齊即青州地，知分青州為之也。」是九州外益幽、并、營三州為十二州也。《漢·地理志》云：「堯遭洪水，襄山襄林，天下分絕為十二州，使禹治之。水土既平，更制九州。」皇甫謐《帝王世紀》亦云：「堯遭洪水，分為十二州，今《虞書》是也。及禹平水土，還為九州，今《禹貢》是也。」《宋書·州郡志》亦云：「唐堯之世，置十有二牧。及

禹平水土，更制九州。」【B】以輿地約之，今山西太原、平陽、汾州、潞安、蒲州、澤州、大同、寧武、朔平等府，平、定、忻、代、保、德、解、絳、吉、隰、遼、泌等州，河南懷慶、衛輝、彰德等府，直隸順天、永平、保定、廣平、順德、宣化等府，及真定、河間二府之西北境，東北則奉天、錦州等府，北則踰塞，直抵陰山下，西起東受降城之北，東訖於大遼水，皆《禹貢》冀州域也。

【C】今河南衛輝府東南境，直隸大名府及真定、河南二府東南境，山東東昌府及兗州、曹州、濟南、青州四府之西北境，皆為《禹貢》兗州域也。【D】今山東登州、萊州、青州等府及濟南、泰安二府之北境，東北跨海，為今奉天、錦州等府及朝鮮國，皆《禹貢》青州域也。【E】今江南徐州府泗州、海州及鳳陽、淮安二府北境，山東兗州、沂州二府，濟寧州、泰安府南境，曹州府東南境，皆《禹貢》徐州域也。【F】今江南江淮、蘇松、安徽三布政司所轄，及江西、浙江，西則河南之汝寧，湖北之黃州等府，皆《禹貢》揚州域也。【G】今湖北武昌、漢陽、安陸、黃州、德安、荊州、宜昌、施南等府及襄陽之南境，湖南全省及四川敘州、重慶、夔州等府之江南地，廣西、桂林、貴州、遵義等府，皆《禹貢》荊州域也。【H】今河南之河南、開封、陳州、歸德、南陽、汝寧六府，許、陝、汝、光四州，及直隸大名、山東曹州、江南潁州之西境，湖廣襄陽、德安之北境，鄖陽之東境，皆《禹貢》豫州域也。【I】今陝西漢中府之南境及興安府、商州，甘肅鞏昌府之南境及階州、秦州，湖北之鄖陽府，四川全省（內敘州、重慶、夔州等府江南境，宜屬荊）及雲南、貴州北境，皆《禹貢》梁州域也。【J】今陝西之西安、同州、鳳翔、延安、榆林、興安，甘肅之蘭州、平涼、鞏昌、慶陽、寧夏、西寧、涼州、甘州、鎮西十五府，乾州、邠州、鄜州、綏德、肅州、迪化、安西七州，洮洲一廳，漢中府除鳳縣，秦州除徽縣、兩當為梁州，餘皆《禹貢》雍州域也。其在化外者，南至西傾、積石，西踰三危，北至沙漠，遼闊不可紀極矣。

【探源】《尚書後案》卷一《虞夏書》：

【A】冀、沇、青、徐、揚、荊、豫、梁、雍，夏制也。《釋地》云：「兩河間曰冀州，河南曰豫州，河西曰雝州，漢南曰荊州，江南曰揚州，濟、河間曰沇州，濟東曰徐州，燕曰幽州，齊曰營州。」孫炎注此文與《職方》、《禹貢》並不同，疑是殷制。《職方》云：「東南曰揚州，正南曰荊州，河南曰豫州，正東曰青州，河東曰沇州，正西曰雍州，東北曰幽州，河內曰冀州，正北曰并州。」鄭彼注云：

「此州界揚、荊、豫、沇、雍、冀與《禹貢》略同，青州則徐州地也。幽、并則青、冀之北也，無徐、梁。」賈公彥疏云：「周改《禹貢》，以徐、梁二州合之於雍、青，分冀州地以為幽、并。」蓋冀、沇、荊、揚、豫、雍，唐虞三代之所同，餘州沿革互異。……孔穎達疏云：「王者廢置，理必相沿。《職方》有幽、并，無徐、梁。周立州名必因於古，知舜時當有幽、并。《職方》幽、并山川，於《禹貢》皆冀州之域，知分冀州為之。《釋地》無梁、青，有幽、營，云『燕曰幽州，齊曰營州』。《爾雅》是殷制，則營州亦有所因，知舜時亦有營州。齊即青州地，知分青州為之。」則此十二州自是九外益四也。……《漢·地理志》則云：「堯遭洪水，懷山襄陵，天下分絕為十二州，使禹治之。水土既平，更制九州。」皇甫謐《帝王世紀》亦云：「堯遭洪水，分為十二州，今《虞書》是也。及禹平水土，還為九州，今《禹貢》是也。」《宋書·州郡志》亦云：「唐堯之世，置十有二牧。及禹平水土，更制九州。」

《尚書後案》卷三《虞夏書》：

【B】以今輿地約之，山西太原、平陽、汾州、潞安、蒲州、澤州、大同、寧武、朔平等府，平、定、忻、代、保、德、解、絳、吉、隰、遼、沁等州，河南則懷慶、衛輝、彰德等府，直隸則順天、永平、保定、廣平、順德、宣化等府，及真定、河間二府之西北境，東北則奉天、錦州等府，北則踰塞，直抵陰山下，西起東受降城之北，東訖於大遼水，皆冀州域也。

【C】以今輿地約之，河南衛輝府東南境，直隸大名府及真定、河間二府東南境，山東東昌府及兗州、曹州、濟南、青州四府之西北境，皆兗州域也。

【D】以今輿地約之，山東登州、萊州、青州等府及濟南、泰安二府之北境，東北跨海，為今奉天、錦州等府及朝鮮國，皆青州域也。

【E】以今輿地約之，江南徐州府泗州、海州及鳳陽、淮安二府北境，山東兗州、沂州二府，濟寧州、泰安府南境，曹州府東南境，皆徐州域也。

【F】以今輿地約之，江南江淮、蘇松、安徽三布政司所轄，及

江西、浙江，西則河南之汝寧，湖北之黃州等府，皆揚州域也。

【G】以今輿地約之，湖北武昌、漢陽、安陸、黃州、德安、荊州、宜昌、施南等府及襄陽之南境，湖南全省，及四川敘州、重慶、夔州等府之江南地，廣西、桂林、貴州、遵義等府，皆荊州域也。

【H】以今輿地約之，河南之河南、開封、陳州、歸德、南陽、汝寧六府，許、陝、汝、光四州，及直隸大名府、山東曹州府、江南潁州府之西境，湖廣襄陽府、德安府之北境，鄖陽府之東境，皆豫州域也。

【I】以今輿地約之陝西漢中府之南境及興安州、商州，甘肅鞏昌府之南境及階州、秦州，湖北之鄖陽府，四川全省（內敘州、重慶、夔州等府江南境，宜屬荊），及雲南、貴州北境，皆梁州域也。

【J】以今輿地約之，陝西之西安、同州、鳳翔、延安、榆林，甘肅之蘭州、平涼、鞏昌、慶陽、寧夏、西寧、涼州、甘州、鎮西十四府，乾州、邠州、興安、鄜州、綏德、肅州、迪化、安西八州，洮州一廳，漢中府除鳳縣，秦州除徽縣、兩當為梁州，餘皆雍州。其在化外者，南至西傾、積石，西踰三危，北至沙漠，遼闊不可紀極矣。

【小結】此條抄自《尚書後案》卷一《虞夏書》、卷三《虞夏書》。A 段抄自卷一，B、C、D、E、F、G、H、I、J 段抄自卷三。作偽方式為點竄字句。

218. 九河遺跡

【A】案《爾雅‧釋水》載九河之名，徒駭、太史、馬頰、覆釜、胡蘇、簡、潔、鉤盤、鬲津。郭璞云：「徒駭，今在成平。東光縣今有胡蘇亭。」
【B】漢李尋、解光云：「議者常欲求九河故跡而穿之。」韓牧云：「可於《禹貢》九河處穿之，總不能為九，但為四、五宜有益。」觀此，漢時九河猶有可考。【C】至成帝時，河堤都尉許商上書曰：「古記九河，名有徒駭、胡蘇、鬲津。今見在成平、東光、鬲縣界中。自鬲津北至徒駭，相去三百餘里。是九河所在，徒駭最北，鬲津最南。蓋徒駭是河之本道，東出分為八枝也。」許商上言三河，下言三縣，則徒駭在成平，胡蘇在東光，鬲津在鬲縣，餘不復知。
【D】其言三河，確有可據。其後酈道元於《水經‧河水》注云：「自鬲盤、東光、河間、樂成以東，城地並存，川瀆多亡。」《漳水》注云：「九河既播，八

枝代絕。遺跡故稱，往往時存。」唐以下諸家紛紛訪求，各自立說。如謂鉤盤
在景城郡界，馬頰、覆釜在平原郡界者，杜佑《通典》也；謂河北道德州安德
縣馬頰河在縣南五十里，平昌縣馬頰河在縣南十里，棣州陽信縣鉤盤河經縣北
四十里者，李吉甫《元和郡縣志》也；謂簡河在貝州歷亭縣界者，張守節《史
記正義》也；謂河北道冀州蓚縣馬頰河經邑界，德州安德縣馬頰河在縣南五十
里，德平縣馬頰河在縣南十里，棣州滴河縣馬頰河在縣北二十里，陽信縣鉤盤
河在縣北四十里，滄州樂陵縣馬頰河在縣東六十里，鉤盤河在縣東南五十里
者，樂史《太平寰宇記》也。皆不如許商所言，約略在三百里間者為可信也。
【E】今直隸、河間府交河東有成平故城，東光縣東有東光故城，山東濟南府
德州北有鬲縣故城，皆漢縣也。

【探源】《尚書後案》卷三《虞夏書》：

【A】《釋水》載九河之名「徒駭、太史、馬頰、覆釜、胡蘇、
簡、潔、鉤盤、鬲津」。郭璞云：「徒駭今在成平。東光縣今有胡蘇
亭。」

【C】成帝時河堤都尉許商上書曰：「古記九河名，有徒駭、胡
蘇、鬲津，今見在成平、東光、鬲縣界中。自鬲津北至徒駭相去三
百餘里。」是九河所在，徒駭最北，鬲津最南。蓋徒駭是河之本道，
東出分為八枝也。許商上言三河，下言三縣，則徒駭在成平，胡蘇
在東光，鬲津在鬲縣，餘不復知。

【E】今直隸、河間府交河縣東有成平故城，東光縣東有東光故
城，……山東濟南府德州北有鬲縣故城，皆漢縣也。

【B】又案曰漢李尋解光云：「議者常欲求九河故跡而穿之。」
韓牧云：「可於《禹貢》九河處穿之，縱不能為九，但為四五宜有
益。」觀此，漢時九河猶有可考。

【D】其言三河，確有可據。其後酈道元於《水經》第五卷《河
水》注云：「自鬲盤、東光、河間、樂成以東，城地並存，川瀆多
亡。」第十卷《漳水》注云：「九河既播，八枝代絕。遺跡故稱，往
往時存。」唐以下諸家紛紛訪求，各自立說。如謂鉤盤在景城郡界，
馬頰、覆釜在平原郡界者，杜佑《通典》也。謂河北道德州安德縣，
馬頰河在縣南五十里；平昌縣馬頰河，在縣南十里；棣州陽信縣，
鉤盤河經縣北四十里者，李吉甫《元和志》也。……謂簡河在貝州

歷亭縣界者，張守節《史記正義》也。謂河北道冀州蓨縣，馬頰河
經邑界；德州安德縣，馬頰河在縣南五十里；德平縣，馬頰河在縣
南十里；棣州滴河縣，馬頰河在縣北二十里；陽信縣，鉤盤河在縣
北四十里；滄州樂陵縣，馬頰河在縣東六十里，鉤盤河在縣東南五
十里者，樂史《太平寰宇記》也。皆不如許商所言約略在三百里間
者為可信。

【小結】此條抄自《尚書後案》卷三《虞夏書》。作偽方式有二：第一，
點竄字句；第二，改變順序（原文順序為 A、C、E、B、D）。

219. 九江非湖漢九水

【A】案《潯陽地記》云：「一曰烏白江，二曰蚌江，三曰烏江，四曰嘉靡
江，五曰畎江，六曰源江，七曰廩江，八曰提江，九曰箘江。」張須元《緣
江圖》云：「一曰三里江，二曰五州江，三曰嘉靡江，四曰烏土江，五曰白蚌
江，六曰白烏江，七曰箘江，八曰沙提江，九曰廩江。」參差隨水長短，或百
里，或五十里。始於鄂陵，終於江口，會於桑落洲。《漢·地理志》，楚考烈
王自陳徙壽春，秦滅楚，以其都置九江郡。高帝更為淮南國，尋陽縣屬焉。文
帝析為廬江郡，尋陽改屬廬江。武帝又復淮南國為九江郡，尋陽屬廬江如故。
【B】應氏於九江郡曰：江有廬江尋陽分為九。王莽改豫章郡曰九江郡，柴桑
縣曰九江亭，九江郡曰延平郡，後漢復故。故司馬彪《郡國志》仍曰廬江郡尋
陽縣南有九江也。【C】漢尋陽在江北，今黃州府蘄州東潯水城，一名蘭池城，
是九江在南。東晉成帝咸和中，溫嶠始移於江南，則九江在縣北矣。今九江府
德化縣西十五里，是非漢尋陽也。【D】又《江圖》曰「始鄂陵，終江口，會桑
落洲」者，今桑落洲在九江府城東北五十里江中。鄂陵，今黃州府武昌縣。
《縣志》云：「江入縣境，過中洲，至雙柳夾，又自崢嶸洲過磧磯，至太洲為
三江口者是也。」《釋文》引《地記》曰：「九江，劉歆以為湖漢九水，入彭蠡
澤者。」非也。案湖漢亦得名九江，但九水注於彭蠡，且《通典》以湖漢水隸
揚州，非荊州也。

【探源】《蛾術編》卷四十五說地九「九江」：

　　【A】《潯陽地記》云：「一曰烏白江，二曰蚌江，三曰烏江，四
　　曰嘉靡江，五曰畎江，六曰源江，七曰累江，八曰堤江，九曰箘江。」
　　張須元《緣江圖》云：「一曰三里江，二曰五州江，三曰嘉靡江，四

曰烏土江，五曰白蚌江，六曰白烏江，七曰菌江，八曰沙提江，九
曰廩江。」參差隨水長短，或百里，或五十里。始於鄂陵，終於江
口，會於桑落州。案鄭引《地志》云云者，楚考烈王自陳徙都壽春，
秦滅楚，以其都置九江郡，高帝更為淮南國，尋陽縣屬焉。文帝析
為盧江郡，尋陽改屬盧江。武帝又復淮南國為九江郡，尋陽屬盧江
如故。

【C】其地在江北，今黃州府蘄州東潯水城，一名蘭池城是，故
云九江在南。東晉成帝咸和中，溫嶠始移於江南，則九江在縣北矣。
今九江府德化縣西十五里是，非漢尋陽也。

《尚書後案》卷三《虞夏書》：

【B】應氏於九江郡曰：江自盧江尋陽分為九。王莽改豫章郡曰
九江郡，柴桑縣曰九江亭，九江郡曰延平郡，後漢復故。故司馬彪
《郡國志》仍曰盧江郡尋陽縣南有九江也。……

【D】又《江圖》云「始鄂陵，終江口，會桑落洲」者，今桑落
洲在九江府城東北五十里江中。鄂陵，今黃州府武昌縣。《縣志》云：
江入縣境，過中洲，至雙柳夾，又自崢嶸洲過磧磯，至大洲為三江
口者是。……《釋文》引《地記》曰：「九江，劉歆以為湖漢九水，
入彭蠡澤也。」……按湖漢亦得名九江，……但九水注於彭蠡。……
《通典》以湖漢水隸揚州，非荊州也。

【小結】此條抄自《蛾術編》卷四十五「九江」條、《尚書後案》卷三《虞
夏書》。作偽方式有二。第一，點竄字句；第二，多源組合，A、C 段抄自「九
江」條，B、D 抄自《虞夏書》。

220. 太原六名

案杜預《春秋釋例》云：「晉、大鹵、太原、大夏、參虛、晉陽，一地六
名。」考昭元年「晉荀吳帥師敗狄於大鹵」，三傳皆作「太原」。《穀梁》云：
「中國曰太原，夷狄曰大鹵。」此大鹵之名所出。《禹貢》「既修太原」，《左傳》
「臺駘處太原」云云，此太原之名所出。又《左傳》「遷實沈於大夏」，《史記》
「禹鑿龍門，通大夏」，「齊桓公西伐大夏」，此大夏之名所出。又《春秋》定
十三年，「晉趙鞅入於晉陽以叛」，此晉陽之名所出。皆即太原一地也。在漢則
晉陽縣屬太原郡，為刺史治所，今為太原縣，屬山西太原府。《詩》「薄伐玁狁，

至於太原」,《國語》「宣王料民於太原」,毛萇、鄭康成皆不詳,其地當在雍州,即原隰,與此太原無涉。《後漢·西羌傳》:「穆王西征犬戎,獲其五王,遂遷戎於太原。」又云:「夷王命虢公率六師伐太原之戎,至於俞泉。」又云:「宣王二十七年,遣兵伐太原戎,不克。」事亦見《汲郡古文》。此三言太原,皆與「伐玁狁」、「料民」之太原為一。司馬相如《上林賦》「延蔓太原」,阮籍《東平賦》「蕭條太原」,此古人通稱,並與此太原無涉。

【探源】《尚書後案》卷三《虞夏書》:

> 杜預《春秋釋例》云:「晉、大鹵、太原、大夏、參虛、晉陽,一地六名。」考《昭元年》「晉荀吳帥師敗狄於大鹵」,三傳皆作「太原」。《穀梁》云:「中國曰太原,夷狄曰大鹵。」此大鹵之名所出。此經及《左傳》「臺駘處太原」云云,此太原之名所出。又《左傳》「遷實沈於大夏」、《史記》「禹鑿龍門,通大夏」、「齊桓公西伐大夏」,此大夏之名所出。……又《春秋》定十三年,「晉趙鞅入於晉陽以叛」,此晉陽之名所出。皆即太原一地也。在漢則晉陽縣屬太原郡,為刺史治所,今為太原縣,屬山西太原府。……(《詩》「薄伐玁狁,至於太原」,《國語》「宣王料民於太原」,毛萇、鄭康成、韋昭皆不詳,其地當在雍州,即原隰,與此太原無涉。《後漢書·西羌傳》:「穆王西征犬戎,獲其五王,遂遷戎於太原。」又云:「夷王命虢公率六師伐太原之戎,至於俞泉。」又云:「宣王二十七年,遣兵伐太原戎,不克。」事亦見《汲郡古文》。此三言太原,皆與「伐玁狁」「料民」之太原為一。司馬相如《上林賦》「延蔓太原」,阮籍《東平賦》「蕭條太原」,此古人通稱,並與此太原無涉。)

【小結】此條抄自《尚書後案》卷三《虞夏書》。作偽方式有二:第一,點竄字句;第二,改注文為正文。

221. 孟津在河北

【A】案《左傳·昭四年》椒舉曰:「周武有孟津之誓。」杜不注孟津所在,孔穎達《書序疏》云:「孟者,河北地名,《春秋》所謂『向盟』是也。」「盟」古通「孟」,其地在河北,其漸訛而南者,自東漢始也。考更始二年使朱鮪等屯洛陽,光武亦使馮異守孟津以拒之。是時孟津猶在河北。安帝永初五年,羌入寇河東,百姓驚奔,南渡河。使朱寵將五營士屯孟津。靈帝中平六年,

何進謀誅宦官，使丁原燒孟津，火照城中。城中者，洛陽城中也。則已移其名於河南。【B】猶蒲津關在蒲州，臨晉關在朝邑，而《史記正義》於「漢王出臨晉關」下云：「即蒲津關，在臨晉縣。」唐臨晉屬蒲州，是移河西之關名於河東。黎陽津在浚縣，白馬津在滑縣，而《通典》黎陽下有白馬津。延津在延津縣北，而《唐志》新鄉縣有延津關。棘津在胙城縣北，而《寰宇記》云在汲縣南七里，則又皆移河南之津名於河北。大抵歷代浸久，土俗傳訛，類多如是。西漢河南無孟津，杜預云河陽縣南孟津，確不可易也。

【探源】《禹貢錐指》卷十三中之上：

【B】猶蒲津關在蒲州，臨晉關在朝邑，而《史記正義》於「漢王出臨晉關」下云：「即蒲津關，在臨晉縣。」唐臨晉屬蒲州，是移河西之關名於河東也。黎陽津在浚縣，白馬津在滑縣，而《通典》於黎陽下曰有白馬津。……大抵歷代浸久，土俗傳訛，類如此也。

渭按：延津在延津縣北，而《唐志》新鄉縣有延津關，棘津在胙城縣北，而《寰宇記》云在汲縣南七里，此皆移河南之津名於河北，……

預云：「河陽縣南孟津。」確不可易。

《蛾術編》卷四十四說地八「孟津」：

【A】昭四年「椒舉曰：『周武有孟津之誓。』」杜不注孟津所在。孔穎達《書序》疏云：「孟者，河北地名，《春秋》所謂向盟是也。」「盟」古通「孟」。其地本在河北，其漸訛而南也，自東漢始。考更始二年，使朱鮪等屯洛陽，光武亦令馮異守孟津以拒之。是時孟津猶在河北。安帝永初五年，羌入寇河東至河內，百姓驚奔南渡河，使朱寵將五營士屯孟津。靈帝中平六年，何進謀誅宦官，使丁原燒孟津，火照城中。城中者，洛陽城中也。則已移孟津名於河南。

【小結】此條抄自《蛾術編》卷四十四說地八「孟津」條、《禹貢錐指》卷十三中之上。作偽方式有二。第一，點竄字句；第二，多源組合，A 段抄自「孟津」條，B 段抄自《禹貢錐指》。

222. 傅岩在虞虢之間

傅岩在虞虢之間。（虢有三，此與虞相近，則北虢也）王應麟云：「在陝州平陸縣北。」平陸今屬山西解州，傅岩在縣東北二十五里，一名隱賢社。《水經注》云：「沙澗水出虞山，東南徑傅岩，歷傳說隱室前，俗名謂之聖人窟。

岩東北十餘里，即《左傳》之顛軨阪。有東西絕澗，左右幽空窮深，地壑中則築以成道，指南北之路，謂之軨橋也。」說執役正於此地。《尸子》以為在北海之洲者，非也。

【探源】《國語正義》卷十七《楚語》上：

> 王應麟曰：「傅岩在陝州平陸縣北。」平陸今屬山西解州，傅岩在縣東北二十五里，一名隱賢社。《水經·河水》注云：「沙澗水出虞山，東南徑傅岩，歷傅說隱室前，俗謂之聖人窟。岩東北十餘里，即《左傳》之巔軨阪。有東西絕澗，左右幽室窮深，地穴壑中則築以成道，指南北之路，謂之軨橋。」說執役正於此地。墨子、尸子並言傅岩在北海之洲，荒遠不足信。

【小結】此條抄自《國語正義》卷十七《楚語》上。作偽方式有二。第一，點竄字句；第二，增加句子。

223. 太湖非笠澤

案孔傳：「震澤，吳南太湖名。」《山海經》「浮玉之山，北望具區」，注云：「太湖也。」《爾雅》「十藪，吳越之間曰具區」，注云：「具區，今吳縣西南。太湖即震澤也。」按《周禮》「揚州澤藪曰具區」，班固以為即震澤。蓋澤自吳西南境東出為松江，一名笠澤，在今吳江縣界，北去吳五十里。《水經注》云：「笠澤在吳南松江左右。」《國語》「越伐吳，吳禦之笠澤。越軍江北，吳軍江南」者是也。孔、郭指此為太湖，誤矣。《越絕書》曰：「太湖周三萬六千頃。」《水經注》引韋昭曰：「方員五百里。」盧熊《蘇州府志》引顏真卿《石柱記》云：「四萬四千頃。」王鏊《姑蘇志》云：「東西二百餘里，南北一百二十里，占蘇、湖、常三州。」今案蘇之吳、吳江，湖之烏程、長興，常之宜興、武進、無錫，此七縣者，皆頻太湖。楊脩《五湖賦》云：「頭首無錫，足蹄松江，負烏程於背上，懷大吳以當胸。」數言可作圖經也。湖中有七十二山，其最著者曰包山、夫椒山、胥母山、大雷山、小雷山、三山。其上源西北有宜歙、金陵、九陽。江之水由常州之百瀆以下，西南有苕、霅諸水，由湖州之七十二溇以入焉。百瀆，在宜興者七十四，在武進者二十六。七十二溇，在烏程者三十八，在長興者三十四，皆所以宣通脈絡，殺其奔沖之勢，而歸於太湖者也。其下流為松江，江水東北流，岐分為三江口。

【探源】《禹貢錐指》卷六：

孔傳云：「震澤，吳南太湖名。」《山海經》：「浮玉之山，北望具區。」注云：「太湖也。」《爾雅》「十藪，吳、越之間曰具區」，注云：「具區，今吳縣西南太湖即震澤也。」今按：《周禮》：「揚州澤藪曰具區。」班固以為即震澤。蓋澤自吳西南境，東出為松江，一名笠澤，在今吳江縣界，北去吳五十里。《水經注》云：「笠澤在吳南松江左右。」《國語》「越伐吳，吳禦之笠澤，越軍江北，吳軍江南」者是也。孔、郭指此為太湖則誤矣。《越絕書》曰：「太湖周三萬六千頃。」《水經注》引韋昭曰：「方員五百里。」盧熊《蘇州府志》引顏真卿《石柱記》曰：「四萬八千頃。」王鏊《姑蘇志》曰：「東西二百餘里，南北一百二十里，占蘇、湖、常三州。」……今按：蘇之吳、吳江，湖之烏程、長興，常之宜興、武進、無錫，此七縣者，皆瀕太湖。楊脩《五湖賦》云：「頭首無錫，足蹄松江，負烏程於背上，懷大吳以當胷。」數言可作圖經也。湖中有七十二山，其最著者曰包山、……夫椒山、……胥母山、……大雷山、小雷山、……三山。……其上源西北有宣、歙、金陵九陽江之水，由常州之百瀆以下，西南有苕、霅諸水，由湖州之七十二溇以入焉。百瀆在宜興者七十四，在武進者二十六；七十二溇在烏程者三十八，在長興者三十四。……皆所以宣通脈絡，殺其奔沖之勢，而歸於太湖者也。其下流為松江，江水東北流，岐分為三江口。

【小結】此條抄自《禹貢錐指》卷六。作偽方式為點竄字句。

224. 五湖即太湖

案《周禮》：「揚州浸曰五湖。」據《國語》、《史記》、《吳越春秋》，則即是太湖。虞翻曰：「太湖東通松江，南通霅溪，西通荊溪，北通滆湖，東連韭溪，凡有五道，故名五湖。」韋昭曰：「五湖者，胥湖、蠡湖、洮湖、滆湖就太湖而五，實一湖也。」前說較長。張勃、酈道元、張守節、陸龜蒙、李宗諤諸家之說，雖名稱各殊，道里互別，然皆在太湖上下二三百里之間。惟李善以洞庭、彭蠡、震澤、巢湖、鑒湖為五湖，司馬貞以具區、洮、滆、彭蠡、青草為五湖。夫洞庭、青草在荊域，而以為五湖之一，殊與《職方》不合，非也。

【探源】《禹貢錐指》卷六：

《周禮》:「揚州浸曰五湖。」據《國語》、《史記》、《吳越春秋》，則即是太湖。虞翻曰:「太湖東通松江，南通霅溪，西通荊溪，北通滆湖，東連韮溪，……凡有五道，故名五湖。」韋昭曰:「五湖者，胥湖、蠡湖、洮湖、滆湖就太湖而五，實一湖也。」前說較長。張勃、酈道元、張守節、陸龜蒙、李宗諤諸家之說，雖名稱各殊，道里互別，然皆在太湖上下二三百里之間。唯李善以洞庭、彭蠡、震澤、巢湖、鑒湖為五湖，司馬貞以具區、洮、滆、彭蠡、青草為五湖。夫洞庭、青草在荊域，而以為五湖之一，則顯與《職方》相背矣。不可從。

【小結】此條抄自《禹貢錐指》卷六。作偽方式為點竄字句，將「不可從」改為「非也」。

225. 塗山不得有二

考《哀七年左傳》云「禹會諸侯於塗山。」《昭四年左傳》云「穆有塗山之會。」杜預注並云:「塗山在壽春東北。」則塗山不得有二。《漢志》:「九江郡治壽春，有當塗，侯國。」應劭曰:「禹所娶塗山侯國也。有禹墟。」《續漢志》:「九江郡治陰陵，屬縣有當塗，有平阿。」平阿下注「有塗山」。二志所言亦是一處。杜預據刺史治而言，二志據所在而言。而劉昭注於當塗，則云「禹會諸侯塗山」;於平阿，則云「穆有塗山之會」。分而為二，將何所據?考其致誤之由，平阿本當塗地，故《晉志》淮南郡（仍治壽春）平阿則云「有塗山」，當塗則云「古塗山國」。至宋齊，但有當塗無平阿，蓋縣省也，則非兩地各有塗山明矣。《隋志》塗山縣屬鍾離郡，舊曰當塗有塗山。《唐志》鍾離縣屬濠州鍾離郡，武德七年，省塗山縣入焉，有塗山。以上數條所說塗山，皆在鍾離，即《漢志》之當塗。宋又析置懷遠軍，山在其境。元改軍為縣，明仍之。故《明志》鳳陽府懷遠縣，荊山在縣西南，塗山在縣東南，淮水經兩山峽間，本朝因之。乃《史記索隱》又據皇甫謐說，謂九江當塗有禹廟，則塗山在江南也。考九江本秦郡，漢高帝為淮南國，武帝為九江郡，晉武帝又為淮南郡，隋開皇為豪州，大業為鍾離郡，唐為濠州鍾離郡，宋屬淮南路，元屬安豐路，其地皆在今鳳陽府。其九江得名本因尋陽。九江惟因漢文帝分淮南（即九江）為廬江，尋陽來屬，則九江反不屬九江郡界。王莽嘗改豫章郡為九江，柴桑縣曰九江亭。後漢復故，而溫嶠遂移尋陽於江南。（見《通典》。）隋又以尋陽為九江。（即

溢城，見《隋志》）然則漢九江治壽春，即今壽州，從九江分屬廬江之尋陽縣，即今之黃梅縣，皆在江北。而其後，以二名皆移之江南，今為江西九江府治德化縣矣。晉中原亂，淮南民南渡，成化初於江南僑立淮南郡，割丹陽之於湖，僑立當塗縣，（見《晉志》。）隋屬丹陽郡，唐屬宣州宣城郡，宋改為太平州，元為路，明為府，治當塗，本朝因之。然則漢九江所屬之當塗，即今鳳陽懷遠縣，亦在江北，而其後亦移之江南，今為太平府治當塗縣矣。此塗山所以訛也。皇甫謐在西晉初所言九江當塗，正指江北。小司馬據後代所置，指為江南，其誤甚矣。塗山當以在今懷遠縣為正。

【探源】《尚書後案》卷二《虞夏書》：

> 考《哀七年左傳》云「禹會諸侯於塗山。」《昭四年左傳》云「穆有塗山之會。」杜預注並云：「塗山在壽春東北。」則塗山不得有二。《漢志》：「九江郡治壽春，有當塗，侯國。」應劭曰：「禹所娶塗山侯國也。有禹虛。」《續漢志》：「九江郡治陰陵。……屬縣有當塗，有平阿。」平阿下注「有塗山」。二志所言亦是一處。杜預據刺史治而言，二志據所在而言。而劉昭注於當塗，則云「禹會諸侯塗山」；於平阿，則云「穆有塗山之會」。分而為二，將何所據？考其致誤之由，平阿本當塗地，故《晉志》淮南郡（仍治壽春）平阿則云「有塗山」，當塗則云「古塗山國」。至宋齊，但有當塗無平阿，蓋縣省也，則非兩地各有塗山明矣。《隋志》塗山縣屬鍾離郡，舊曰當塗有塗山。《唐志》鍾離縣屬濠州鍾離郡，武德七年，省塗山縣入焉。有塗山。以上各條所說塗山，皆在鍾離，即《漢志》之當塗。宋又析置懷遠軍，山在其境。元改軍為縣，明仍之。故《明史志》鳳陽府懷遠縣，荊山在縣西南，塗山在縣東南，淮水經兩山峽間，是本朝因之。乃《史記索隱》又據皇甫謐說，謂九江當塗有禹廟，則塗山在江南也。考九江本秦郡，漢高帝為淮南國，武帝為九江郡，晉武帝又為淮南郡，隋開皇為濠州，大業為鍾離郡，唐為濠州鍾離郡，宋屬淮南路，元屬安豐路，其地皆在今鳳陽府。其九江得名本因尋陽。九江惟因漢文帝分淮南（即九江）為廬江，尋陽來屬，則九江反不屬九江郡界。又王莽嘗改豫章郡為九江，柴桑縣曰九江亭。……後漢復故，而溫嶠遂移尋陽於江南（見《通典》）。隋又以尋陽為九江。（即溢城，見《隋志》）然則漢九江治壽春，即今之壽州，從九江分屬廬江之尋

陽縣，即今之黃梅縣，皆在江北。而其後，以二名皆移之江南，今
為江西九江府治德化縣矣。……晉中原亂，淮南民南渡，成帝初於
江南僑立淮南郡，割丹楊之於湖，僑立當塗縣（見《晉志》），隋屬
丹楊郡，唐屬宣州宣城郡，宋改為太平州，元為路，明為府，治當
塗，本朝因之。然則漢九江所屬之當塗，即今鳳陽懷遠縣，亦在江
北，而其後亦移之江南，今為太平府治當塗縣矣。此塗山所以訛也。
皇甫謐在西晉初所言九江當塗，正指江北。小司馬據後代所置，指
為江南，其誤甚矣。……塗山當以在今懷遠縣為正。

【小結】此條抄自《尚書後案》卷二《虞夏書》。作偽方式為點竄字句。

226. 河徙始末

考自周定王五年，河徙而不詳其所以徙。鄭以屯氏為禹河，則漢之北瀆，
是定王時徙矣，至王莽遂空。自後代有變遷，歷東漢及唐，至宋橫隴之決河，
已改流，然猶存京東故道。至和二年，李仲昌開六塔河，北流遂閉。至金明昌
五年，河徙自武陽，而東至壽張，注梁山濼，分為二派，汲胙之流遂絕。元至
元間，又徙自新鄉，出武陽之南，合泗奪淮河，又一大變。時會通河成，資河
以利漕。明孝宗時，築斷黃陵岡，更以一淮受全河，汴、泗、沂亦全注之。此
河徙之大略也。

【探源】《尚書後案》卷三《虞夏書》：

> 又案曰自周定王五年，河徙而不詳其所以徙。鄭以屯氏為禹
> 河，則漢之北瀆，是定王時徙矣，至王莽遂空。自後代有變遷，歷
> 東漢及唐，至宋橫隴之決河，已改流，然猶存京東故道。至和二年，
> 李仲昌開六塔河，北流遂閉。至金明昌五年，河徙自陽武，而東至
> 壽張，注梁山濼，分為二派，汲胙之流遂絕。元至元間，又徙自新
> 鄉，出陽武之南，合泗奪淮河，又一大變。時會通河成，資河以利
> 漕。明孝宗時，築斷黃陵岡，更以一淮受全河，汴、泗、沂亦全注
> 之。此河徙之略也。

【小結】此條抄自《尚書後案》卷三《虞夏書》。作偽方式為點竄字句。

227. 漢水有二源

考桑欽《水經》歷敘西漢源流，而其首乃云：「漾水出隴西氐道縣嶓冢
山，東至武都沮縣為漢水。」案「漾水出隴西氐道縣，東至武都沮縣為漢水」，

此十七字的係東漢源,乃以為西漢源,且又插入「嶓冢山」三字,則是氐道亦有此山。《水經》作於魏晉間人,因《班志》似不合《禹貢》,故錯互其詞。郭璞注《山海經》,遂云「嶓冢,今在武都氐道縣南」,皆非也。常璩《華陽國志・漢中志》則云:「漢水有二源,東源出武都氐道縣漾山,西源出隴西嶓冢山。」璩心知氐道嶓冢是後撰,故改為漾山。但氐道本屬隴西,如璩與郭說,則曾改屬武都。又於西源舉隴西,不舉西縣,皆未詳。酈注於此下又引《漢中記》:「嶓冢以東,水皆東流。嶓冢以西,水皆西流。」《漢中記》不知何書,所云嶓冢似即指在沔陽者,故酈故駁之,以為沔水無西入之理。因引劉澄之、郭景純云「東漢從沔陽分支南流,入穴通山,入西漢」一說,又引庾仲邕云「東漢通穀水,自武遂川至關城,合西漢」一說,而總之云:「諸言漾者,多言西漾水至葭萌入東漢,是以經雲漾水出氐道縣,東至沮縣為漢水。」診其沿注,似與劉、郭、庾三說相符。東西兩川,俱受沔、漢之名者,義或在茲矣。此則酈自以注家之體,迴護《水經》之文耳。其實酈此注言二漢通流,正可以調停《尚書》與《班志》不合之處,而圓融其說。若《水經》則以東漢源為西漢源,與《禹貢》以西漢源為東漢源,正互相牴牾,似不可據。其以氐道亦有嶓冢,則當直斥其附會矣。

【探源】《尚書後案》卷三《虞夏書》:

《水經》卷二十歷敘西漢源流,而其首乃云:「漾水山隴西氐道縣嶓冢山,東至武都沮縣為漢水。」愚謂「漾水出隴西氐道縣,東至武都沮縣為漢水」,此十七字的係東漢源,乃以為西漢源,且又插入「嶓冢山」三字,則是氐道亦有此山。《水經》作於魏晉間人,因《班志》似不合《禹貢》,故錯互其詞。郭璞注《山海經》遂云「嶓冢,今在武都氐道縣南」,皆非也。常璩《華陽國志・漢中志》則云:「漢水有二源,東源出武都氐道縣漾山,西源出隴西嶓冢山。」璩心知氐道嶓冢係後撰,故改為漾山。但氐道本屬隴西,如璩與郭說,則曾改屬武都。又於西源舉隴西,不舉西縣,皆未詳。酈注於此下又引《漢中記》「嶓冢以東,水皆東流。嶓冢以西,水皆西流」。《漢中記》不知何書,所云嶓冢似即指在沔陽者,酈故駁之,以為沔水無西入之理。因引劉澄之、郭景純云「東漢從沔陽分支南流,入穴通山,入西漢」一說,又引庾仲邕「東漢通穀水,自武遂川至關城,合西漢」一說,而總之云:「諸言漾者,多言西漾水至葭萌入

東漢，是以經云漾水出氐道縣，東至沮縣為漢水。」診其沿注，似與劉、郭、庾三說相符。東西兩川，俱受沔、漢之名者，義或在茲矣。此則酈自以注家之體，迴護《水經》之文耳。其實酈此條言二漢通流，正可以調停《尚書》與《班志》不合之處，而圓融其說。若《水經》則以東漢源為西漢源，與《禹貢》以西漢源為東漢源，正互相牴牾，似不可據。其以氐道亦有嶓冢，則並可直斥其附會，而不必迴護也。

【小結】此條抄自《尚書後案》卷三《虞夏書》。作偽方式為點竄字句。

228. 漢人用字不同

【A】案《中庸》「子庶民」，鄭注：「子猶愛也。」《皋陶謨》：「予弗子。」故不子為不愛。【B】《金縢》：「若爾三王，是有丕子之責於天」，鄭注：「丕讀曰不。」【C】《說文》：「丕，大也。從一，不聲。」丕既以不為聲，自可借為不字。《尚書》以丕為不，不為丕者甚多。《史記》「丕」作「負」，蓋不有跗音，又有浮音，負與跗、浮皆語有輕重，是假借字也。《白虎通》曰：「天子曰不豫，言不復豫政也。諸侯曰負子，子，民也，言憂民不復子之也。」《公羊傳》曰：「屬負茲。」《禮記音義》曰：「天子曰不豫，諸侯曰不茲。」然則子可通作茲，不亦可通作負，猶《禹貢》「陪尾」，《史記》作「負尾」也。隗囂移檄曰「庶無負子之責」，亦以負為不。《索隱》乃云「謂三王負於上天之責」，是不識負字故也。而又妄改鄭讀不為負以遷就《史記》，大謬。是漢人所用之字，唐人已罕識矣。

【探源】《尚書後案》卷十三《周書》：

　　【B】若爾三王，是有丕子之責於天。……鄭曰：「丕讀曰不。」

　　【A】《中庸》「子庶民」，鄭注：「子猶愛也。」《皋陶謨》曰：「予弗子。」故不子為不愛。

　　【C】《說文》云：「丕，大也。從一，不聲。」丕既以不為聲，自可借為不字。《尚書》以丕為不，不為丕者甚多。鄭讀「丕」為「不」。……《史記》「丕」作「負」，蓋不有跗音，又有浮音，負與跗、浮皆語有輕重耳，是假借字也。《白虎通》曰：「天子曰不豫，言不復豫政也。諸侯曰負子，子，民也，言憂民不復子之也。」《公羊傳》曰：「屬負茲。」《禮記音義》曰：「天子曰不豫，諸侯曰不茲。」

然則子可通作茲，不亦可通作負，猶《禹貢》「陪尾」，《史記》作「負尾」也。隗囂移檄曰「庶無負子之責」，亦以負為不。《索隱》乃云「謂三王負於上天之責」，是不識負字故也。且云鄭讀丕為負妄改鄭讀以遷就《史記》，大可異矣。……可見漢人所用之字，唐人已罕識矣。

【小結】此條抄自《尚書後案》卷十三《周書》。作偽方式有二。第一，點竄字句；第二，改變順序（原文順序為 B、A、C）。

229. 唐宋人不識采字

案《說文》：「采，辨治也。象獸指爪分別也。讀若辨，蒲莧切。平，從亏從八。語平舒也。」又「正也，符兵切」。二字不同而形聲易混。考《詩·小雅·采菽》「平平左右」，疏云：「《堯典》『平章百姓』，《書傳》作『辨章』。」司馬貞《史記索隱》曰「今文作辨章」是也。鄭注《周禮·馮相氏》引「辨秩東作」、「辨秩南訛」、「辨秩西成」、「辨在朔易」，賈疏謂「是據《書傳》，《史記》作「便」，假借同音字耳，世皆誤為平，遂訓為和。《洪範》「王道采采」，亦改為平。《詩》「平平」，《韓詩》作「便便」，云「閑雅貌」。《毛傳》云：「平平，辨治也。」《襄十一年左傳》引《詩》作「便蕃左右」。《爾雅》：「便便，辨也。」則《詩》亦當作「采」，《洪範》雙聲與《詩》正同，亦當作「采」。陸德明《釋文》、孔穎達《詩疏》、徐廣《史記注》，皆不識「采」字而誤認。平，亦有便音，《三輔皇圖》長安城南出第三門曰「便門」，亦作「平門」，亦「采」字之誤。《廣韻》二仙「平，房連切」，注云：「辨治也。」十二庚「平，符兵切」，注云：「正也，和也，易也」，俱誤認平可兩讀。唐宋以來宰輔銜名皆誤用平章，而辨治之「采」，世遂無識之者矣。

【探源】《尚書後案》卷一《虞夏書》：

《說文》：「采，辨別也。象獸指爪分別也。讀若辨，蒲莧切。……」，「平，從亏從八。語平舒也。」又：「正也，符兵切。」……二字不同而形聲易混。……《詩·小雅·采菽》「平平左右」，疏云：「《堯典》『平章百姓』，《書傳》作『辨章』。」……司馬貞《史記索隱》曰「今文作辨章」是也。鄭注《周禮·馮相氏》引「辨秩東作」、「辨秩南訛」、「辨秩西成」、「辨在朔易」，賈疏謂「是據《書傳》」。……《史記》作「便」，假借同音字耳，偽孔誤為平，遂訓為

和。並《洪範》「王道采采」，亦改為平。《詩》「平平」，《韓詩》作「便便」，云「閒雅貌」。《毛傳》云：「平平，辨治也。」《襄十一年左傳》引《詩》作「便蕃左右」。《爾雅》：「便便，辨也。」則《詩》亦當作「采」，而《洪範》雙聲與《詩》正同，亦當作「采」。《三輔黃圖》長安城南出第三門曰「便門」，一作「平門」，亦「采」字之誤耳。……《廣韻》二仙「平，房連切」，注云：「辨治也。」十二庚「平，符兵切」，注云：「正也，和也，易也。」俱誤認平可兩讀。唐宋以來宰輔銜名皆誤用平章，而世無識采字者矣。〔註1〕

【小結】此條抄自《尚書後案》卷一《虞夏書》。作偽方式為點竄字句。

230. 甄故有二音

【A】案莊季裕《雞肋》篇：「甄徹，字見獨。登進士時，林攄為樞密，當唱名，讀『甄』為『堅』，上以為『真』。攄辨不遜，坐貶。」《吳志》：「孫堅入洛，屯軍城南，甄宮井上，旦有五色氣，令人入井，探得傳國玉璽，以甄與己名音協，為受命之符。」是三國以前未有音之人切者。孫權即位，孫堅為帝，江左諸儒為吳諱，始改音「真」。孫奕《示兒編》甄有二音，【B】學者皆押入先韻，獨真韻反未嘗押，皆相承之久，信耳不信目之過。然《文選·女箴》云：「散氣流形，既陶既甄，在帝包義，肇經天人。」則已押入真韻矣。【C】又考《史記·田敬仲完世家》「昔日趙攻甄，子弗能救」，《正義》曰：「甄，地名，在濮州甄城縣北，音絹。」是堅音轉為絹。《周禮·春官·典同》「薄聲甄」，注：「甄讀為甄耀之甄，甄猶掉也。」《釋文》「甄音震」，是真音轉為震。據此知甄故有二音也。

【探源】《正字通》卷七：

【A】宋莊季裕《雞肋》篇曰：「甄徹，字見獨。登進士時，林攄為樞密，當唱名，讀堅音，上以為真音。攄辯不遜，坐貶。」《吳書》：「孫堅入洛，屯軍城南，甄宮井上，旦有五色氣，令人入井，探得傳國璽，以甄與己名音叶，為受命之符。」則三國以前未有音之人切者。孫權即位，尊堅為帝，江左諸儒為吳諱，故改音「真」。

〔註1〕清梁玉繩《史記志疑》卷二十「毋黨毋偏王道平平」條亦有考證，與此大致相同。梁氏稱「《九經古義》糾其誤，嘉定王光祿鳴盛《尚書後案》辨之尤詳」。

孫奕《示兒編》曰甄有二音，張華《女箴》云：「散氣流形，既陶既甄，在帝包義，肇經天人。」即已押真韻。

元熊忠《古今韻會舉要》卷四平聲上：

【B】《示兒編》曰「甄有二音」，學者皆押甄字在先韻，獨真韻反未嘗押，此皆相承之久，信耳不信目之過。《文選》張華《女箴》云：「散氣流形，既陶既甄，在帝庖義，肇經天人。」則已押入真韻矣。

【小結】此條抄自《正字通》卷七、《古今韻會舉要》卷四平聲上。作偽方式有三：第一，點竄字句；第二，增加句子；第三，多源組合，A 段抄自《正字通》，B 段抄自《古今韻會舉要》。C 段出自《史記正義》、《周禮注疏》。

231. 婦人識字

【A】案宋錢沈伯之妻瀛國夫人，正肅公孫也。紹興初隨其姑長公主入謝欽聖向後於禁中。先有戚里婦數人在焉。俱從後步過受釐殿，同行者皆仰視，讀「釐」為「離」。夫人笑於旁曰：「受禧也。」蓋取宣室受釐之義耳。後喜回顧主曰：「好人家男女終是別。」【B】考《說文》：「釐，家福也。從里**犛**聲。」徐氏據《唐韻譜》為里之切，則音「離」。許氏訓「家福也」，**從犛**，當作虛其切，音禧為正。《前漢·賈誼傳》：「上方受釐宣室。」注：「徐廣曰：『祭祀福胙也，讀禧』為是。」

【探源】A 段出自宋王明清《揮麈後錄》卷之七百三五：

錢忱伯誠妻瀛國夫人，唐氏正肅公介之孫。既歸，錢氏隨其姑長公主入謝欽聖向後於禁中，時紹聖初也。先有戚里婦數人在焉。俱從後步過受釐殿，同行者皆仰視，讀「釐」為「離」。夫人笑於旁曰：「受禧也。」蓋取宣室受釐之義耳。後喜回顧主曰：「好人家男女終是別。」

【小結】此條 A 段抄自《揮麈後錄》，B 段引自《說文》、《漢書注》。作偽方式有二：第一，點竄字句；第二，增加句子。

232. 漢時俗字

【A】案漢時即多俗字。如《易·噬嗑》象曰：「先王以明罰勅法。」《釋文》：「勅，恥力反。《字林》作勅。鄭云：『勅猶理也。一曰整也。』」古或借作飭，或作飾。《漢·藝文志》引《易》曰「明罰飭法」。《史記·五帝紀》云

「信飭百官」，徐廣曰：「飭，古勅字。」此字古本作敕，《說文‧攴部》：「敕，誠也。臿地曰敕。從攴，束聲。」《易‧噬嗑》及《尚書‧皋陶謨》：「敕我五典五惇」，「敕天之命」，《康誥》「惟民其敕懋和」，《多士》「敕殷命終於帝」，「告敕於帝」，本皆作敕。《毛詩‧小雅‧楚茨》「既匡既敕」，箋云：「祝釋嘏辭，以敕孝孫。」蓋古者教戒之辭亦曰敕。《陳咸傳》言「公移敕書」，而孫寶告督郵，何並遣武吏，俱載其文為「敕曰」。韋賢、丙吉、趙廣漢、韓延壽、王尊、朱博、龔遂《傳》言敕者十數，《後漢書》乃變為勑。《隸釋》韓勑《孔廟禮器碑》勑字，叔節《西嶽華山碑》「京兆尹勑」，《監都水掾霸陵杜遷市石沛相楊統碑》「孝以勑內」，《仙人唐公房碑》「勑尉部吏收公房妻子」，皆作勑，而《易‧噬嗑》敕字亦皆作勑矣。【B】《說文》：「昃：日在西方，時側也。從日，仄聲。」徐鉉曰：「俗則作昗，非是。」《離》九三「日昃之離」，荀爽曰：「初為日出，二為日中，三為日昃。」《豐》象「日中則昃」，孟喜作「稷」。《中候握河紀》云：「昒明備禮，至於日稷。」鄭注：「稷讀曰側。」《穀梁春秋》云「戊午日下稷」，《公羊》、《左傳》皆作「昃」。范甯曰：「稷，昃也。」《隸釋‧成陽靈臺碑》「日稷不夏」，李翕《析裏橋郙閣頌》：「勄勞日稷」，《費鳳別碑》「乾乾日稷」。然樊毅《復華下民租田口算碑》仍云「勞神日昃」，是昃字之俗作昗，自漢已然矣。【C】肜，《說文》訓為船行也。從舟，彡聲。並無肜字從肉，為祭名者。祭名之字，見《尚書》、《爾雅》及何休《公羊‧宣八年》注，當從肉，讀若融。鄭箋《絲衣》詩作融，不作肜，今本注疏皆為俗人改作肜。賴陸德明《釋文》足本，尚仍其舊。然《文選》張平子《思元賦》「展泄泄以肜肜」，衡自注云「和貌」，李善注引《左傳》「其樂也融融」，而云「融與肜古字通」。《後漢書‧馬融傳》「豐肜對蔚」，《隸釋‧殽阬君神祠碑陰》郡吏名有「馬肜仲選」，是肜亦漢俗字，非魏晉人改也。【D】又《尚書》「亮采惠疇」，「寅亮天工」，「亮采有邦」及「亮陰」，皆作亮。《說文》無亮字，《禮記‧郊特牲》「祊之為言，倞也」注：「倞，猶索也。倞或作諒。」【E】唐楊倞注《荀子》亦作倞，愚謂倞疑亮之正文，移人於下，誤京為亠，遂作亮耳。然今觀石經，蔡邕已以《周書》「天命自度」之度為亮，而諸葛武侯亦以此為名，則知其從來久矣。【F】景，光也。《說文》：「從日，京聲」，葛洪《字苑》始加彡。鄒季友云：「景，古影字。」又天寶三年衛包改。考高誘注《淮南子》云：「景古影字。」誘，漢末人，時已有加彡者，非始於葛洪。又考《尚書》，惟「影響」景加彡，見《顏氏家訓‧書證》篇，則顏氏所見本亦如此，亦非衛包所改。

切。」而無從肉為祭名之字。……祭名則見《尚書》、《爾雅》及何休《公羊·宣八年》注，當從肉，讀若融。……鄭康成《絲衣》詩箋作融，不作肜，今本注疏亦為俗人改作肜。賴陸德明《釋文》足本，尚仍其舊。……然《文選》張平子《思玄賦》「展泄泄以肜肜」，衡自注「和貌」，李善注引《左傳》「其樂也融融」，而云「融與肜古字通」。又《後漢書》六十上《馬融傳》「豐肜對蔚」，洪适《隸釋》卷二《殷坑君神祠碑陰》郡吏名有「馬肜仲選」，則肜乃漢俗字，非魏晉人造也。

D 段抄自《蛾術編》卷二十六說字十二：

　　《舜典》「亮採惠疇」，「欽哉！惟時亮天功」。《皋陶謨》「亮採有邦」，《說命》「王宅憂亮陰」。

F 段抄自惠棟《九經古義》三：

　　《大禹謨》惟影響依字當作景向，劉向奏云：神明之應，應若景向。是也。鄒季友曰：影，古文作景。葛洪始加彡。此天寶三載衛包改古文從今文時所易也。棟案：高誘《淮南子注》曰：景古影字。誘，漢末人，當時已有作景旁彡者，非始於葛洪《字苑》。景旁從彡，已見《顏氏家訓》，亦非衛包所改。〔註2〕

【小結】作偽方式有三：第一，點竄字句；第二，增加句子；第三，抄自多書，A 段抄自《尚書後案》卷二，E、B 段抄自《尚書後案》卷二十一，C 段抄自《尚書後案》卷七，D 段抄自《蛾術編》，F 段抄自惠棟《九經古義》三。

233. 古字多假借

【A】古人漆書竹簡，傳寫維艱。師弟相傳，多由口授。往往同音異字，每多假借。【B】如《說文》：「假，非真也。古雅切。一曰至也。」引《虞書》曰：「『假於上下』，古頟切。」「格，木長兒。古百切。」又「叚，借也。古雅

〔註2〕清孫志祖《讀書脞錄》卷四「景古影字」條對惠棟之說有所駁斥：《顏氏家訓·書證》篇，景字至晉世葛洪《字苑》傍始加彡，而惠氏棟《九經古義》乃云：高誘《淮南子》注曰：「景古影字。」誘，漢末人，當時已有作景旁彡者，非始於葛洪《字苑》。志祖案：高誘《淮南注》並無此語。俗刻《原道篇》注有之，乃明人妄加。唯《大戴禮·曾子天圓篇》注有景，古以為影字語，盧辯固在葛洪後也。段懋堂則云：惠定宇說漢張平子碑即有影字，不始於葛洪，然則古義之說蓋誤據俗本《淮南子》，當改引張平子碑方合。

切。」凡叚借、真假，字皆作假。而「至也」一解，專屬之格字。《尚書》二十八篇，格字凡十九見，而無假字。除《說文》所引《虞書》外，《益稷》「格則承之庸之」，又「祖考來格」，《高宗肜日》「惟先格王」，《西伯戡黎》「格人元龜」，《大誥》「矧曰其有能格知天命」，《召誥》「天迪格保」，《洛誥》「王賓殺禋，咸格」，《多士》「則惟帝降格」，《君奭》「格於皇天」，「格於上帝」，又「矧曰其有能格」，又「天壽平格」，《多方》「惟帝格於夏」，《呂刑》「罔有降格」，又「庶有格命」，《舜典》「格汝舜」，《湯誓》「格爾眾庶」，《盤庚》上「格汝眾」。《詩·大雅·抑》篇「神之格思」，《禮記·大學》篇「格物」。以上諸格字，皆當作假。惟《商頌·烈祖》篇「鬷假無言」，鄭云「至」，尚存本字。余經史類皆叚借作格。考漢碑薛尚功《鍾鼎欵識·趠鼎銘》「惟王來格於成週年鎬」，《伯姬鼎銘》「王格太室」，《散敦銘》「王格於太室」，《郘敦銘》「王格於宣榭」，《牧敦銘》「王在周在師保父宮，格太室」，《敔敦銘》「王格於成周」。凡金石文字亦皆借作格。【C】《說文》：「艾，冰臺也。从艸乂聲。五蓋切。」此艸名。「乂，芟艸也。从丿从乀相交。魚廢切。」又刈字注云：「乂或从刀。」《辟部》：「嬖，治也。从辟乂聲，魚廢切。」三字音義互異凡一切訓治之嬖，又假借作乂，此字《尚書》屢見。《堯典》「有能俾乂」，「烝烝乂」，《皋陶謨》「俊乂在官」，「萬邦作乂」；《禹貢》「淮沂其乂」，「雲土夢作乂」；《微子》「用乂讎斂」；《洪範》「從作乂」，「乂用明」，「乂用昏不明」；《康誥》「用保乂民」，「乃其乂民」，「惟民其康乂」，「乃非德用乂」，「用康乂民」，又重句；《召誥》「其自時中乂」，「亦敢殄戮用乂民」；《洛誥》「其自時中乂」；《多士》「保乂有殷」、「用乂厥辟」又「保乂有殷」；《多方》「爾曷不夾介乂我周王」；《立政》「以乂我受民」，「惟正是乂之」，「茲乃俾乂」；《康王之誥》「保乂王家」；《呂刑》「率乂於民棐彝」。一概皆假借作乂，訓為治。《爾雅·釋詁》亦云：「乂，治也。」《五行志》又假借作「艾」。應劭曰：「艾，治也。」師古曰：「艾讀曰乂。」蔡邕石經亦假借作「艾」。【D】《儀禮·士冠禮》「贊者奠纚笄櫛於筵南端」，櫛借為節。「束帛儷皮」，儷借為離。「戒賓曰：『某有子某。』」某借為謀。「以病吾子」，病借為秉。「眉壽萬年」，眉借為麋。「嘉薦宣時」，宣借為瘨。《士昏禮》「授如初禮」，禮借為醴。「臘一肫髀不升」，肫借為鈞，髀借為脾。「贊見婦於舅姑」，舅借作咎。《士相見禮》「問夜膳葷」，葷借為薰。「在野曰草茅之臣」，茅借作苗。皆見鄭康成注者。【E】《爾雅·釋詁》「逆，迎也」，郭璞注云：「《公羊傳》『跛者逆跛者。』」邢昺疏云：「《公羊·成二年》傳文，引

以證迓為迎也。」《宣二年左傳》「狂狡輅鄭人」，杜注「輅，迎也。」《周禮‧秋官》有「訝士」，及《聘禮》「厥明訝賓於館」，鄭注皆云：「訝，迎也。」《召南‧鵲巢》「百兩御之」，鄭注：「御，迎也。」《說文‧言部》：「訝，相迎也，从言牙聲。《周禮》曰：『諸侯有卿訝發。』吾駕切。」又迓注云：「訝或从辵。」迓、訝、御字形雖別，音義實同，當以訝為正，餘皆假借也。【F】又《說文》：「卟，卜以問疑也。從口卜讀，與稽同，古兮切」「禾，木曲頭，止不能上也。古兮切。」「稽，留止也，從禾從尤旨聲。古兮切。」卟本卜問字，因與稽同音，假借作稽。如「明用稽疑」是也。稽考之稽亦當作卟，亦以同音假借作稽，如無稽之言是也。《堯典》「稽古」當作「禾」，以極於上而止，有上同義也，乃亦假借作稽。於是一稽字或為卜問，或為稽考，或為上同，其實惟留止一義，彼三義皆假借也。略舉數字可以類推矣。

【探源】《四庫全書總目》卷三十三經部三十三《九經古義》提要：

【A】古者漆書竹簡，傳寫為艱。師弟相傳，多由口授。往往同音異字，輾轉多岐。

《尚書後案》卷七《商書》

【B】《說文》卷三下《又部》云：「叚，借也。闕。古雅切。」又卷八上《人部》云：「假，非真也。從人，叚聲，古疋切。一曰至也。《虞書》曰『假於上下』，古額切。」又卷六上《木部》云：「格，木長皃。從木，各聲，古百切。」自後世叚字廢而不用，叚借之叚、非真之假，皆作假。而「至也」之解，則專屬之格字。《尚書》二十八篇，格字十九見，而無假字。除《說文》引《虞書》外，《益稷》「格則承之庸之」，又「祖考來格」，此經「格王」，《西伯戡黎》「格人」，《大誥》「矧曰其有能格知天命」，《召誥》「天迪格保」，《洛誥》「王賓殺禋，咸格」，《多士》「則惟帝降格」，《君奭》「格於皇天」，又「格於上帝」，又「天壽平格」，《多方》「惟帝降格於夏」，《呂刑》「罔有降格」，又「庶有格命」，……《君奭》「矧曰其有能格」……《舜典》「格汝舜」，……《湯誓》「格爾眾庶」，《盤庚》上「格汝眾」。……據《說文》及《史記》、《漢書》等所引推之，則凡格皆當作假。……若《商頌‧烈祖》為「鬷假無言」，鄭云「至」，……則尚存古字。……《詩‧大雅‧抑》篇「神之格思」，……《禮記‧大學》篇「格物」。……薛尚功《鍾鼎欵識》卷九《趙鼎

銘》云「惟王來格於成周年鎬」，卷十《伯姬鼎銘》云「王格大室」，卷十四《敨敦銘》云「王格於大室」，又《邠敦》云「王格於宣榭」，《牧敦》云「王在周在師保父宮，格大室」，《敔敦》云「王格於成周」。

《經義雜記》卷十九「《儀禮》古文」：

【D】《儀禮·士冠禮》「贊者奠纚笄櫛於筵南端」，古文櫛為節。「束帛儷皮」，古文儷為離。「戒賓曰：『某有子某。』」古文某為謀。「以病吾子」，古文病為秉。「眉壽萬年」，古文眉作麋。「嘉薦宣時」，古文宣為徧。《士昏禮》「授如初禮」，古文禮為醴。「臘一肫髀不升」，古文肫為鈞，髀為脾。「贊見婦於舅姑」，古文舅皆作咎。《士相見禮》「問夜膳葷」，古文葷作薰。「在野則曰草茅之臣」，古文茅作苗。皆見鄭康成注。

《尚書後案》卷十一《周書》：

【E】《釋詁》云：「逆，迎也。」郭璞注云：「《公羊傳》『跛者逆跛者』。」邢昺疏云：「《公羊·成二年》傳文，引以證逆為迎也。」《宣二年左傳》「狂狡輅鄭人」，杜注：「輅，迎也。」《周禮·秋官》有「訝士」，及《聘禮》「厥明訝賓於館」，鄭注皆云：「訝，迎也。」《召南·鵲巢》「百兩御之」，鄭注：「御，迎也。」字形雖別，音義實同，……當以逆為正，餘皆假借。考《說文·言部》訝字注云：「相迎也。從言，牙聲。《周禮》曰：『諸侯有卿訝發。』吾駕切。」又迓字注云：「訝或從辵。」

《尚書後案》卷十二《周書》：

【C】案曰「乂」，《五行志》作「艾」。應劭曰：「艾，治也。」師古曰：「艾讀曰乂。」蔡邕石經亦作「艾」。……考《說文》卷一下《艸部》艾字注云：「冰臺也。從艸乂聲，五蓋切。」此乃草名。……「芟草也。從丿從乀相交。魚廢切。」又刈字注云：「乂或從刀。」……惟卷九上《辟部》嬖字注云：「治也。從辟乂聲，《虞書》曰：『有能俾嬖。』魚廢切。」……《堯典》文有「烝烝乂」，《皋陶謨》「俊乂在官」，「萬邦作乂」；《禹貢》「淮沂其乂」，「雲土夢作乂」；《微子》「用乂讎斂」；《洪範》「從作乂」，「乂用明」，「乂用昏不明」；《康誥》「用保乂民」，「乃其乂民」，「惟民其康乂」，「乃非德

用乂」、「用康乂民」，又重句；《召誥》「其自時中乂」、「亦敢殄戮用乂民」；《洛誥》曰「其自時中乂」；《多士》「保乂有殷」；《君奭》「巫咸乂」、「王家保乂」、「有殷用乂」、「厥辟乂」、「保乂有殷」；《多方》「爾曷不夾介乂我周王」；《立政》「以乂我受民」、「惟正是乂之」、「茲乃俾乂」；《康王之誥》「保乂王家」；《呂刑》「率乂於民棐彝」……一概皆作乂，訓為治。《爾雅·釋詁》亦云：「乂，治也。」

【F】《禾部》「木曲頭止不能上也。古兮切。」又《稽部》「留止也，從禾，從尤，旨聲。古兮切。」卟本為卜問字，因與稽同音，借作稽。……稽考之稽，亦當作卟，亦以同音借作稽。偽《大禹謨》「無稽之言」是也。《堯典》「稽古」，本當作禾，以極於上而止，有上同義也。乃又借稽用之。於是一稽字或作卜問，或作稽考，或作上同，其實本義惟留止，彼三義皆假借也。……《說文》：「卟，卜以問疑也。從口、卜，讀與稽同，《書》云『卟疑』。古兮切。」

【小結】此條抄自《四庫全書總目》卷三十三《九經古義》提要、《尚書後案》卷七《商書》、卷十一《周書》、卷十二《周書》、《經義雜記》卷十九「《儀禮》古文」條。作偽方式有三：第一，點竄字句；第二，增加句子；第三，抄自多書，A 段抄自《九經古義》提要，B 段抄自《尚書後案》卷七，C、F 段抄自《尚書後案》卷十二，D 段「儀禮古文」條，E 段抄自《尚書後案》卷十一。

234. 古字多通用

【A】古人質樸文省，經典之字，類多通用。談經者不考其源，每以近代之形聲測古書之義旨，誤矣。【B】如《鄉飲酒禮》「眾賓辯有脯醢」注云：「今文辯皆作徧。」《鄉射禮》云「司射乃比眾耦辯」，注云：「眾賓射者降，比之耦乃徧。」《大射儀》「大夫辯受酬」注：「今文辯作徧」。又「辯獻大夫」，又「射爵辯」，又「士旅於西階上辯」。《曲禮》：「主人延客食胾，然後辨殽，主人未辨，客不虛口。」《左傳》「子言辯舍爵於季氏之廟」，杜預云：「辨，徧也。」《荀子·修身》篇云「扁善之度」，注云：「扁讀為辯。」《韓詩外傳》云：「君子有辨善之度。」是辯、徧通也。【C】《禮記·大學》「在親民」，程子曰：「親當作新。」義本漢儒。鄭康成於《書》注及《詩》箋文皆作「親」，而訓則為

新。蓋古親與新通也。熊朋來遽謂程子讀親為新，非漢儒所及，妄矣。【D】《尚書大傳》：「文王有四鄰，以免於牖里之害。」又《商傳》云：「太王與三子見文王於羑里。」《周本紀》亦言「西伯囚羑里」，羑與牖通。老子《德經·鑒遠》篇「不窺羑，見天道」，《釋文》云：「羑、牖通。」《板》篇疏又云：「牖與誘古字通。」《韓詩外傳》「牖作誘」，是羑與牖、誘並通也。【E】《覲禮》「太史是右」，注「古文是為氏」。《曲禮》「五官之長曰伯是。」《職方》注云：「是或為氏。」《漢·地志》「西河有觬是」，《說文》作「觬氏」。「造父後有非子元孫氏為莊公」，師古曰：「氏與是同。」漢《韓敕孔廟後碑》以「于氏」為「於是」，班固《通幽賦》「氏中葉之炳靈」，亦以氏為是。漢末有是儀，亦作「氏」。陳壽《魏志》以為孔融改氏為是，不知營陵是姓，順帝前已見於碑載。洪适《隸釋》豈漢季始改乎？【F】《洪範》「無有作好」「無有作惡」，《呂覽》引云：「毋或作好，毋或作惡。」高誘曰：「或，有也。」《韓非子》曰：「無或作利，從王之指；無或作惡，從王之路。」皆以「或」為「有」。《詩·小雅·天保》「無不爾或承」。箋云：「或之言有也。」《商頌·元鳥》「正域彼四方」，傳云：「域，有也。」又「奄有九有」，傳云「九有，九州」。《韓詩》作「九域」，訓與《毛傳》同。《說文》「或」重文「域」，從土。是或即域，九或即九有。《隱三年穀梁傳》「有，內辭也，或，外辭也」，是有、或、域並通也。【G】《易·履》上九「視履考祥」，《釋文》云：「祥本亦作詳。」《公羊·昭十一年》經「盟於侵羊」，疏云：「《穀梁》作『祲祥』，服氏注引作『詳』。」《呂刑》「告爾祥刑」，《後漢·劉愷傳》引作「詳刑」，鄭氏《周禮》注亦云：「度作詳刑，以詰四方。」皆古「祥」字。故《左傳》「祲祥」，服氏引《公羊》作「詳」，今《公羊》作「侵羊」者，《春秋繁露》云羊之為言祥也。與鄭眾《百官六禮辭》亦云：「羊者，祥也。」是祥可通詳，又可省作羊也。【H】《說文》：「噫，飽食息也。」經典皆作歎詞。而馬注《周書》則作「懿」。《詩·大雅·瞻卬》「懿厥哲婦」，箋云：「懿者，有所傷痛之詞也。」又《大雅》有《抑》篇，楚詞作「懿」。韋昭云：「懿，讀曰抑。」《小雅·十月之交》「抑此皇父」，箋云：「抑之言噫。」徐邈音噫，《韓詩》云：「抑，意也。」《周頌》「噫嘻成王」，定本作「意」。《淮南·謬稱》曰：「意而不戴。」高誘曰：「意，悳聲。」蔡邕石經《論語》云：「意與之與？」古文「意」作「抑」。劉熙《釋名·釋言語》篇云：「噫，憶也。憶念之，故發聲憶之也。」是噫、意、懿、抑皆通也。【I】又《說文》：「譸，詶也。」引《周書》：「無或譸張為幻」。郭璞

注《爾雅》本則作「俯張」。《詩・陳風・防有鵲巢》云：「誰俯予美。」箋云：「誰俯張欺詆我所美之人也。」《釋文》馬又以「俯」作「輴」。《後漢・皇后紀》孝仁董皇后詈何后曰：「汝今輴張，怙汝兄。」是也。揚雄《國三老箴》曰：「負乘覆餗，奸寇侏張。」《魏書・恩倖傳》「侏張不已」，《北齊書・源彪傳》「吳賊侏張」，侏張即譸張。郭忠恕《汗簡》謂「嘲，《古文尚書》作□」。今考《尚書》，今「嘲」字「□」，即嘲也。譸、俯、輴、侏、□，字體五變，古字、古音實通也。由此以推，不可枚舉矣。

【探源】《四庫全書總目》卷三十三《九經古義》提要：

【A】古人字數無多，多相假借。沿流承襲，遂開通用一門。談經者不考其源，每以近代之形聲，究古書之義旨。穿鑿附會，多起於斯。〔註3〕

《尚書後案》卷一《虞夏書》：

【B】《鄉飲酒禮》「眾賓辯有脯醢」注云：「今文辯皆作徧。」《鄉射禮》云「司射乃比眾耦辯」，注云：「眾賓射者降，比之耦乃徧。」《大射儀》「大夫辯受酬」注：「今文辯作徧。」又「辯獻大夫」，又「射爵辯」，又「士旅於西階上辯」。《曲禮》：「主人延客食胾，然後辨殽，主人未辨，客不虛口。」《左傳》「子言辨舍爵於季氏之廟」，杜預云：「辨，徧也。」《荀子・修身》篇云「扁善之度」，注云：「扁讀為辯。」《韓詩外傳》云「君子有辨善之度」是也。

《尚書後案》卷十三《周書》：

【C】鄭於《書》注及《詩》箋文皆作「親」，而訓釋則為新。蓋古親與新通也。……《禮記》「在親民」，程子曰「親當作新」，語本漢儒。熊朋來遽謂程子讀親為新，非漢儒所及也，妄也。

《尚書後案》卷二十五《周書》：

〔註3〕清方東樹《漢學商兌》卷中之下：「《四庫提要》論惠氏《九經古義》曰：『古者漆書竹簡傳寫為艱，師弟相傳多由口授，往往同音異字，輾轉多歧；又六體孳生，形聲漸備，豪釐辨別，後世乃詳。古人字數無多，多相假借，沿流承襲，遂開通用之門。談經者不考其源，每以近代之形聲，究古書之義旨，穿鑿附會，多起於斯。』云云。按以此義求之，近人說經，無過高郵王氏《經義述聞》，實足令鄭朱俛首，自漢唐以來未有其比也。然王氏所以援據眾說，得真得正，確不可易者，不專恃《說文》一書也，故謂說經者不可不治《說文》，此同然之論也。揭說文以為幟，攘袂掉臂，以為之宗，則陋甚矣。」方氏此說甚確。

【D】《尚書大傳》云:「文王有四鄰,以免乎羑里之害。」又《商傳》云:「太公與三子見文王於羑里。」《周本紀》亦言:「西伯囚羑里。」則羑與牖通。老子《道德經‧鑒遠》篇:「不窺牖,見天道。」《釋文》云:「牖、牖通。」《板》篇疏又云:「牖與誘古字通用。」《韓詩外傳》「牖作誘」。……然則羑與牖、誘並同。

《尚書後案》卷十二《周書》:

【E】《覲禮》「太史是右」注云:「古文是為氏。」《曲禮》:「五官之長曰伯是。」《職方》注云:「是或為氏。」《漢‧地志》「西河有觬是」,《說文》作「觬氏」。又「造父後有非子元孫氏為莊公」,師古曰:「氏與是同。……」《韓敕修孔廟後碑》,以「于氏」為「於是」,班固《幽通賦》「氏中葉之炳靈」,亦以「氏」為「是」。漢末有是儀,亦作氏。陳壽《魏志》以為孔融改氏為是,不知營陵是姓,順帝前已見於碑載。洪适《隸釋》豈漢季始改乎!

《尚書後案》卷二十《周書》:

【F】《洪範》:「無有作好,遵王之道。無有作惡,遵王之路。」《呂覽》引云「毋或作好,毋或作惡」,高誘曰:「或,有也。」《韓非子》曰:「無或作利,從王之指。無或作惡,從主之路。」……皆以「或」為「有」。《詩‧小雅‧天保》「無不爾或承」,箋云:「或之言有也。」《商頌‧元鳥》「正域彼四方」,傳云:「域,有也。」又「奄有九有」,傳云「九有,九州」。《韓詩》作「九域」,訓與《毛傳》同。《說文》卷十二下《戈部》「或」字……重文域字注云:「或又從土。」是或即域,九或即九有。《隱三年穀梁傳》:「有,內辭也,或,外辭也。」是或即有也。

《尚書後案》卷二十二《周書》:

【G】《易‧履》上九「視履考祥」,《釋文》云:「祥本亦作詳。」……《公羊‧昭十一年》經「盟於侵羊」,疏云:「《穀梁傳》作『祲祥』字,服氏注引者作『詳』。」《呂刑》「告爾祥刑」,《後漢‧劉愷傳》引作「詳刑」。鄭氏《周禮》注亦云:「度作詳刑,以詰四方。」皆古祥字。故《左傳》「祲祥」,服虔引《公羊》作「詳」。今《公羊》作「侵羊」者,《春秋繁露》云:「羊之為言猶祥與?」鄭眾《百官六禮辭》亦云:「羊者,祥也。」……然則祥可通詳,又可省作羊。

《尚書後案》卷十三《周書》：

【H】《說文》云：「飽食息也。」經典皆借為歎詞，而馬作懿者，《詩‧大雅‧瞻卬》「懿厥哲婦」，箋云：「懿者，有所傷痛之詞也。」……又《大雅》有《抑》篇，《楚語》作「懿」。韋昭云：「懿讀曰抑。」《小雅‧十月之交》「抑此皇父」，箋云：「抑之言噫。」徐邈音噫，《韓詩》云：「抑，意也。」《周頌》「噫嘻成王」，定本作「意」。《淮南‧繆稱》曰「意而不戴」，高誘曰：「意，志聲。」蔡邕石經《論語》云：「意與之與？」古文「意」作「抑」。……劉熙《釋名》卷四《釋言語》篇云：「噫，憶也。憶念之，故發此聲憶之。」

《尚書後案》卷二十一《周書》：

【I】《說文》卷三上《言部》云：「譸，詶也。……《周書》曰：『無或譸張為幻。』」……郭璞注《爾雅》本則作「侜張」。《詩‧陳風‧防有鵲巢》云：「誰侜予美。」彼箋云：「誰侜張誑欺我所美之人乎！」是也。據《釋文》，則馬又以「譸」作「輈」。《後漢‧皇后紀》孝仁董皇后嘗何后曰：「汝今輈張，怙汝兄。」是也。揚雄《國三老箴》曰：「負乘覆餗，奸寇侏張。」……又郭忠恕《汗簡》卷上之一謂「啁，《古文尚書》作啁」。今考《尚書》無啁字。……譸、侜、輈、侏、啁，字體五變，古字、古音實同也。

《四庫全書總目》卷十九經部十九《周官集傳》提要：

【J】揚雄《國三老箴》「負乘覆餗，奸寇侏張」，……《魏書‧恩倖傳》「侏張不已」，《北齊‧源彪傳》「吳賊侏張」，侏張即譸張。

【小結】此條抄自《尚書後案》卷一《虞夏書》、卷十二《周書》、卷十三《周書》、卷二十《周書》、卷二十一《周書》、卷二十二《周書》、卷二十五《周書》、《四庫全書總目》卷十九《周官集傳》提要、卷三十三《九經古義》提要。作偽方式有四：第一，點竄字句；第二，增加句子；第三，改變順序；第四，多源組合，A段抄自《九經古義》提要，B段抄自《尚書後案》卷一，C段抄自《尚書後案》卷十三，D段抄自《尚書後案》卷二十五，E段抄自《尚書後案》卷十二，F段抄自《尚書後案》卷二十，G段抄自《尚書後案》卷二十二，H段抄自《尚書後案》卷十三，I段由《尚書後案》卷二十一與《周官集傳》提要捏合而成。

235. 古字音義相兼

【A】《詩·衛風·芄蘭》「能不我甲」，傳云：「甲，狎也。」箋云：「狎，習也。」徐邈音胡甲反，顏師古《匡謬正俗》曰：「甲雖訓狎，自有本音，不當便讀為狎。」其說非也。漢儒訓故音義相兼。此「甲」字據《釋文》、《韓詩》本作「狎」，古文省少，以甲為狎。既有狎音，即從狎義，非假借也。徐氏釋音，獨得古人之意，小顏斥以為非，過矣。《釋詁》云：「狎，習也。」《釋言》云：「甲，狎也。」郭璞曰：「謂習狎。」《書·多方》：「甲於內亂」，鄭、王亦皆以甲為狎。《說文·犬部》「狎，犬可習」是也。【B】《邶風·匏有苦葉》「人涉卬否」，《小雅·白華》「卬烘於煁」，《大雅·生民》云「卬盛于豆」，《毛傳》並云：「卬，我也。」《釋詁》，卬、身皆為我。郭璞曰：「卬，猶姎也，語之轉耳。」【C】古以而為汝，《中庸》「抑而強與」，鄭注「而之言汝也」。《論語》「且而從闢人之士」，《周書·洪範》：「其害於而家，凶於而國」，《史記·高祖本紀》：「此非而所知」，《陳平世家》「顧而父知田耳」是也。【D】又以如為而，《顧命》「其能而亂四方」，傳釋為如。《易》「用晦而明」虞翻注，《詩》「垂帶而厲」鄭箋，《左傳》隱七年「插如忘」服虔注，《莊七年》「星隕如雨」、《僖二十六年》「室如縣磬」、《昭四年》「牛謂叔孫見仲而何」杜預解，《孟子》「九一而助」趙岐解，皆作如。「而」又讀為「能」。《禮運》「耐以天下為一家」，注云：「耐，古能字，後乃假借鱉三足為能。」《樂記》「人不耐無樂」，仍作耐。亦有不安寸直作而，則《易·屯卦》「利見侯而不寧」，劉向《說苑》「能」字皆為「而」也。能又讀曰如。《詩·大雅·民勞》云：「柔遠能邇。」鄭箋「能，猶伽也」。《廣雅》云：「伽，若也。」伽即如也。【E】《士喪禮》「牢中旁寸」，注「牢讀為樓」。《焦氏易林》曰：「失羊補牢，無益於憂。」與憂為韻。《淮南子·本經訓》「牢籠天地，彈壓山川」，高誘注云：「牢讀如『屋溜』之『溜』，楚人謂牢為溜。」蓋蕭、肴、豪、尤四韻，古音本通也。【F】《淮南子》：「人知其一，不知其他。但知暴虎，不知馮河。鹿生三年，其角乃墮；子生三年，而離父母之懷（音窠）。」墮字乃平上通也。《釋文》作許規反，非也。今人讀此字以墜落解者，作徒果切。以毀壞解者，別為許規反，尤謬。《說文》本作「隓」，從阜𡸫聲。徐鉉曰：「《說文》無𡸫字。」蓋從二左也，眾力左之。古人尚右，左有毀敗之象，亦取諧聲。《春秋·定十二年季》「叔孫州仇帥師墮郈。」「季孫斯、仲孫何忌帥師墮費。」杜預云：「墮，毀也。」是墮為敗城阜。《昭二年傳》「寡君將墮幣焉」，注「輸也」。《隱六年公羊傳》「輸平，猶墮威也」，

《哀十二年傳》「是墮黨崇讎也」，是凡事降墜廢壞皆為墮也。今俗訛作「隳」，讀如許規反，非也。

【探源】《尚書後案》卷二十三《周書》：

【A】案曰鄭、王皆以甲為狎。……《詩·芃蘭》云：「能不我甲。」傳云：「甲，狎也。」箋云：「狎，習。」徐邈音「胡甲反」。顏師古《匡謬正俗》曰：「甲雖訓狎，自有本音，不當便讀為狎。」其說非也。漢儒訓故音義相兼。此甲字據《釋文》，《韓詩》本作狎，古文省少，以甲為狎。既有狎音，即從狎義，非假借也。徐氏釋音，獨得古人之義，小顏斥以為非，何也？又《釋詁》云：「狎，習也。」《釋言》云：「甲，狎也。」郭璞曰：「謂習狎。」《說文·犬部》云「狎，犬可習也」是也。

桂馥《說文解字義證》卷三十九：

【B】《釋詁》：「卬，我也。」郭云：「卬，猶姎也，語之轉耳。」《詩·匏有苦葉》「人涉卬否」，《白華》「卬烘于煁」，《生民》「卬盛于豆」，傳並云：「卬，我也。」

《尚書後案》卷十二《周書》：

【C】而為汝者，《中庸》「抑而強與」，鄭注「而之言女也」是也。……案曰：鄭以而為汝者說見上文。又《論語》「且而從闢人之士」，《史記·高祖本紀》「此非而所知」，……「顧而父知田耳」是也。

《尚書後案》卷二十九《周書》：

【D】蓋古「如」字作「而」。（《顧命》「其能而亂四方」，傳釋為如。《易》「用晦而明」虞翻注，《詩》「垂帶而厲」鄭箋，《左傳》隱七年「歃如忘」服虔注，《莊七年》「星隕如雨」，《僖二十六年》「室如縣罄」、《昭四年》「牛謂叔孫見仲而何」杜預解，《孟子》「九一而助」趙岐解，皆作「如」。）而讀為能。（《禮運》「耐以天下為一家」，注云：「耐，古能字。」疏云：「……後乃假借鱉三足為能。此及《樂記》『人不耐無樂』，仍作耐。亦有不安寸直作而，則《易·屯》象云：『利建侯而不寧。』及劉向《說苑》能字皆為而也。」）能讀曰如。（《詩·大雅·民勞》云「柔遠能邇」，鄭箋云：「能猶伽也。」……《廣雅》云：「伽，若也。」然則伽即如也。）

《四庫全書總目》卷二十經部二十《儀禮小疏》提要：

【E】又《士喪禮》「牢中旁寸」，注云：「牢讀為樓。」……考焦延壽《易林》……又曰「失羊補牢，無益於憂」為韻。《淮南子·本經訓》「牢籠天地，彈壓山川」，高誘注曰：「牢讀如『屋溜』之『溜』，楚人謂牢為溜。」蓋蕭、肴、豪、尤四韻，古音本通。

《尚書後案》卷二《虞夏書》：

【F】《淮南子》：「人知其一，未知其他。但知暴虎不知馮河。鹿生三年，其角乃墮；子生三年，而離父母之懷。」懷音窶，此平上通。《釋文》云「許規反」，非也。今人讀此字以墜落解者，為徒果反。以毀壞解者，別為許規反，尤謬。考墮《說文》本作「陸」，……從自羍聲。徐鉉曰：「《說文》無羍字。蓋從二左也，眾力左之。」古人尚右，左有毀敗之象，亦取諧聲。《春秋·定十二季》，「叔孫州仇帥師墮郈。」「季孫斯、仲孫何忌帥師墮費。」杜預云：「墮，毀也。」是墮為敗城阜。《昭二年傳》「寡君將墮幣焉」，注「輸也」。《隱六年公羊傳》「輸平猶墮成也」，《哀十二年傳》「是墮黨而崇讎也」。是凡事降墜廢壞，皆為墮也。……今俗皆書墮為隳。

【小結】此條抄自《尚書後案》卷二《虞夏書》、卷十二《周書》、卷二十三《周書》、卷二十九《周書》、《說文解字義證》卷三十九、《四庫全書總目》卷二十《儀禮小疏》提要。作偽方式有三：第一，點竄字句；第二，增加句子；第三，多源組合，A 段抄自《尚書後案》卷二十三，B 段抄自《說文解字義證》，C 段抄自《尚書後案》卷十二，D 段抄自《尚書後案》卷二十九，E 段抄自《儀禮小疏》提要，F 段抄自《尚書後案》卷二。

236. 古人校書最精

《文選·魏都賦》注引《風俗通》曰：「按劉向《別錄》，讎校，一人讀書，校其上下，得謬誤為校；一人持本，一人讀書，若怨家相對，為讎。」又張景陽《雜詩》十首注引《風俗通》曰：「劉向為孝成皇帝典校書籍，皆先書竹，為易刊定，可繕寫者以上素也。今東觀書，竹素也。」此亦當本劉氏《別錄》。西漢無紙，故先書於竹簡，有誤者用書，刀刊削之。及讎校已定，則繕寫於縑素也。案今校書，皆一人校其上下。據《風俗通》知劉子政用二人對校，蓋一人並看兩本，恐有漏略，故一人讀書，一人持本，視聽兩用，庶可無失。然猶

恐有音同文異者，故必一人先校，是讎、校不同，闕一不可。可見古人校書之精也。

【探源】《經義雜記》卷三「劉向校書」：

> 《文選·魏都賦》注引《風俗通》曰：「按劉向《別錄》，讎校，一人讀書，校其上下，得繆誤為校；一人持本，一人讀書，若怨家相對，為讎。」案：今人校書，皆一人校其上下。據《風俗通》知劉子政用二人對校，蓋一人並看兩本，恐有漏略，故一人讀書，一人持本，視聽兩用，庶可無失。然猶慮有音同文異者，故必一人先校，此校與讎之不同然，闕一不可也。又張景陽《雜詩》十首注引《風俗通》曰：「劉向為孝成皇帝典校書籍，皆先書竹，為易刊定，可繕寫者以上素也。今東觀書，竹素也。」此亦當本劉氏《別錄》。西漢無紙，故先書於竹簡，有誤者用書刀刊削之。……及讎校已定，則繕寫於縑素。

【小結】此條抄自《經義雜記》卷三「劉向校書」條。作偽方式為點竄字句。

徵引文獻

按作者姓氏音序排列

C

1. 陳鱣：《簡莊疏記》，民國四年張氏刻適園叢書本，《續修四庫全書》第
   1157 冊，上海：上海古籍出版社，2002 年版。

D

1. 董增齡：《國語正義》，清光緒六年章氏式訓堂刻本，《續修四庫全書》第
   422 冊，上海：上海古籍出版社，2002 年版。

G

1. 顧炎武：《顧炎武全集》，上海：上海古籍出版社，2011 年版。
2. 桂馥：《說文解字義證》，北京：中華書局，1987 年版。

H

1. 胡承珙，《毛詩後箋》，清道光十七年求是堂刻本，《續修四庫全書》第 67
   冊，上海：上海古籍出版社，2002 年版。
2. 胡渭，《禹貢錐指》，上海：上海古籍出版社，2006 年版。

J

1. 焦循：《孟子正義》，北京：中華書局，1987 年版。

Q

1. 秦蕙田：《五禮通考》，《文淵閣四庫全書》第 135 冊，臺北：臺灣商務印
   書館，1983 年版。
2. 清高宗敕撰：《四庫全書總目》，北京：中華書局，1965 年版。

S

1. 孫志祖：《讀書脞錄》，清嘉慶刻本，《續修四庫全書》第 1152 冊，上海：上海古籍出版社，2002 年版。

W

1. 汪師韓：《韓門綴學》，清乾隆刻上湖遺集本，《續修四庫全書》第 1147 冊，上海：上海古籍出版社，2002 年版。
2. 王明清：《揮塵後錄》，上海：上海古籍出版社，2012 年版。
3. 王鳴盛：《蛾術編》，上海：上海書店出版社，2012 年版。
4. 王鳴盛著、顧寶田、劉連朋校點：《尚書後案》，北京：北京大學出版社，2012 年版。
5. 吳騫：《皇氏論語義疏參訂》，抄本，《續修四庫全書》第 0153 冊，上海：上海古籍出版社，2002 年版。

X

1. 熊忠：《古今韻會舉要》，北京：中華書局，2000 年版。

Y

1. 閻若璩著、黃淮新、呂翊欣校點：《尚書古文疏證》，上海：上海古籍出版社，2010 年版。

Z

1. 臧琳：《經義雜記》，清嘉慶四年臧氏拜經堂刻本，《續修四庫全書》第 172 冊，上海：上海古籍出版社，2002 年版。
2. 張自烈：《正字通》，清康熙二十四年清畏堂刻本，《續修四庫全書》第 234 冊，上海：上海古籍出版社，2002 年版。
3. 趙翼著、曹光甫校點：《廿二史箚記》，上海：上海古籍出版社，2011 年版。
4. 鄭玄注、孔穎達疏：《禮記正義》，上海：上海古籍出版社，2008 年版。
5. 鄭之僑：《鵝湖講學會編》，清乾隆九年述堂刻本，《四庫全書存目叢書》史部第 247 冊，濟南：齊魯書社，1997 年版。
6. 中國科學院圖書館整理：《續修四庫全書總目提要（稿本）》，濟南：齊魯書社，1996 年版。